いちばんやさしい

西洋占星術入門

ルネ・ヴァン・ダール研究所＝著

ナツメ社

はじめに

あなただけの運命を星に聞いてみたいと思いませんか？　「○○座生まれ」という大きなガイドラインではなく、あなただけのための星からの出生証明書「ホロスコープ（出生天球図）」は、たった１つのオリジナル。今、この時に生きるあなたの運命や運勢を鮮やかに描き出してくれます。

普段、「○○座生まれ」と言っているのは、生まれた時に太陽があった星座です。太陽は太陽系でただ１つ、自ら輝く星ですから、重要なのは言うまでもありません。けれど、その他にも太陽系には惑星があり、地球には衛星である月があります。ホロスコープには、太陽を含めて10個の星が使われ、「○○座生まれ」だけの情報よりも、ずっと詳細です。ＴＶや雑誌の星座占いが既製品だとすれば、ホロスコープは完全オーダーメイド。あなた自身がまだ気づいていないあなたのことも浮かび上がらせてくれるでしょう。仕事は？　恋は？　金運は？　未来は？　星空のベールをそっとめくってみてください。

動きの速い星、遅い星、様々な星が織りなして運命の糸をつむぎます。ホロスコープの中には個人の才能や資質だけでなく時代を示す星もあります。生まれた環境や時代は、変えることはできません。けれど、これからやってくる未来は変えられます。あなたにとって、一番、大切なものは何でしょう？　まだ眠っている才能、愛、たくさんの未知の可能性に目を向けてみてください。星が語る未来を最高のカタチで実現しましょう。

ホロスコープを有効活用すれば、夢は現実になります。

ルネ・ヴァン・ダール研究所

西洋占星術の世界にようこそ！

西洋占星術の起源

大空に浮かぶ星に人間が自らの運命を見ようとしたのは、いつ頃のことでしょうか。太古の昔から、人は星を通して未来や希望を占ってきました。西洋占星術の起源は古く、星辰崇拝《せいしんすうはい》※にまで遡ります。人々は太陽の通り道にある星々を「地球上に影響を与える星」として崇拝しました。その後、西洋占星術が体系づけられたのは、今から約２０００年前のこと。当時は政治にも西洋占星術が活用されていました。

※古代のアラビア・バビロニア・インドなどで起こった、星に神秘的な力を付託して尊崇する信仰・および儀礼

西洋占星術で扱う10の惑星

かつて、太陽系の惑星は太陽・月・水星・金星・火星・木星・土星までしか発見されていませんでした。肉眼ではそこまでしか確認できなかったからです。17世紀に望遠鏡が製作されるようになると、その後１７８１年に天王星、１８４６年に海王星、そして１９３０年には冥王星が発見され、今日の西洋占星術の基盤が整ったのです。２００６年に冥王星は準惑星となりましたが、西洋占星術では一つの惑星とみなし、全部で10個の惑星を扱います。

占う際に必要なもの

西洋占星術は、生年月日と出生時間、出生地の緯度・経度を使って占います。あなたが生まれた時に、生まれた場所から見上げた空の星模様が手がかりになるのです。ですので、出生データが明確であればあるほど、より正確に占えると言えます。しかし出生データが曖昧でも、占えることはたくさんあります。詳しくは各章の案内をご覧ください。

西洋占星術で占えること

西洋占星術で占えることは多種多様。恋のこと、仕事のこと、気になる人との相性など、ありとあらゆることがわかると言っても過言ではありません。なかでも西洋占星術が描くあなただけの星の地図・ホロスコープが、もっとも得意とするのは個人の性格・性質分析です。個性や才能がわかるため、恋や仕事、相性までも詳しく占うことができるのです。

星の動きで未来がわかる仕組み

西洋占星術は「天上で起きることは地上の出来事と関連している」という基本理念に基づいて蓄積された、膨大なデータをもっています。それは、あらゆる事象を経験的に集積してきたものです。またその時々の社会や価値観に合わせ、新しい研究も様々に行われてきました。私達が未来を占えるのは、数千年に及ぶこれらの研究のおかげなのです。

対人関係を占う時は……

気になる相手の出生データがわかれば、その人のホロスコープも作ることができます。ホロスコープには10個の惑星と12の星座が散らばり、各々の惑星と星座には、すべて異なる意味があります。あなたのホロスコープと相手のホロスコープ、二つ合わせて分析すれば、恋愛や友情、仕事の人間関係まで、どんな相性でも知ることができるのです。

西洋占星術の活かし方

私たちは未来のことを知りたくて、占いを頼ることが多いはず。でも、未来はいつだって決まっていません。星によって知ることができるのは「もっとも、そうなる可能性の高い未来」です。そこには今、その人が「何を考え、どう行動しているか」ということが深く関わってきます。つまり、望む未来を手に入れるには、今の行動・考え方を変えればいいということ。

西洋占星術は断定的な占いではなく「人ありき」の占いです。一番大事なのは、あなた自身の意思です。本人の意思なきところに未来はありません。望む運命を手に入れるため、進みたい未来のビジョンを明確にし、星々にヒントを尋ねてみましょう。

また、西洋占星術はカウンセリングツールとしても、優れた力を発揮します。身近な人へのアドバイスとして活用できるのも、西洋占星術の醍醐味。早速、星が導くあなたの運命をひもといていきましょう。

もくじ

CD-ROM付き いちばんやさしい西洋占星術入門

第一章

ホロスコープの成り立ち

ホロスコープとは？

あなたの運命を記す星たちの地図

別名「星の羅針盤」とも呼ばれ、生まれた時間に生まれた場所から見上げた星の位置を、一枚の図に起こしたもの。それがホロスコープです。ホロスコープは人生の羅針盤となる、あなただけの星の地図。生まれた時に、あなたがいた場所から見えた星の位置を記した地図ですから、言い換えれば「地球から見上げた星空」である――とも表現できるでしょう。

西洋占星術は、地球中心の「天動説」の宇宙観で成り立っています。人類の歴史から見ると、地球が太陽の周りを回る「地動説」が明らかになっていくのは16世紀にコペルニクスが現れてからのこと。約2000年前に成立したと考えられている西洋占星術が、「天動説」なのは当然かもしれれません。

「天動説」は、私たちの日常生活に自然に溶け込んでいます。あまりに自然なので、意識する人のほうが少ないかもしれません。太陽は東から昇り、西に沈みます。朝日や夕焼けを見ながら、「今、動いているのは太陽ではなく地球である」と考える人はあまり多くないはずです。歴史をたどれば、紀元前から「地動説」を唱える学者は時折、現れていました。しかし、それが広く人々に受け入れられなかったのは「自分の目で見た自然の有様を、多くの人が信じたから」と言えるのではないでしょうか。現代では科学の発達により、地球が自転しながら太陽の周りを公転していることは誰もが知っている事実です。

しかし、ホロスコープは地球から見た星の地図。朝生まれの人の太陽は東にあり、夕方生まれの人の太陽は西にあります。満月の日に生まれた人の太陽と月は向かい合わせにあり、新月なら太陽と月は重なり合います。あなたが生まれた時、生まれた場所から見た星は、どんな配置だったのでしょう。あなただけのホロスコープで、早速ひもといていきましょう。

ホロスコープの構造

生年月日が示す星に記された情報

ホロスコープの中に描かれる星は、太陽と月と太陽系の惑星たち（水星、金星、火星、木星、土星、天王星、海王星）。そして2006年8月、準惑星に定められた冥王星です。土星より遠い天王星、海王星、冥王星は18世紀以降に加わりました。なぜなら、精度の高い望遠鏡が発明されるまで、肉眼では土星までしか観測することができなかったから。地球から見た惑星を表した図なので、ホロスコープの中に地球は入っていません。太陽は恒星、月は地球の衛星ですが、西洋占星術では他の太陽系の惑星たちと合わせて月と太陽も惑星と呼んでいます。

10個の惑星が、生まれた時にどこにあったのか。その場所を示す番地のような役割を「星占い」でおなじみの12星座が担っています。数多くの星座がある中、なぜ12星座が、ホロスコープ上に掲載されているのでしょうか？　それは、地球から見た太陽の通り道「黄道《こうどう》」に12星座が存在するからです。多くの恵みをもたらす太陽は、昔から特別なものだと考えられていました。そして今、私たちが使っている暦は、太陽の動きをもとに定められた太陽暦です。そのことからも、私たちの生活に太陽が密接に結びついていることがわかります。太陽を基本に計算された暦なので、生年月日があれば、生まれた時に太陽が位置していた星座がすぐにわかります。「星占い」でおなじみの「○○座生まれ」というのは、実は太陽が位置していた星座を示しているのです。

また、12星座以外で、ホロスコープの中で重要な役割を示すものに「ハウス」があります。12種類あるハウスは、仕事や恋のこと、あなた自身やパートナーのことなど、様々なテーマを司《つかさど》っています。あなたの人生すべてがわかるように、ホロスコープは構成されているのです。

あなたの
ホロスコープの出し方

付属のCD-ROMを使って、出生ホロスコープを出してみましょう。
出生地と出生時間がわかれば、より詳細なホロスコープができます。

入力画面

CD-ROMのアイコンをクリックしてフォルダを開き、index.htmlをクリックしてください。

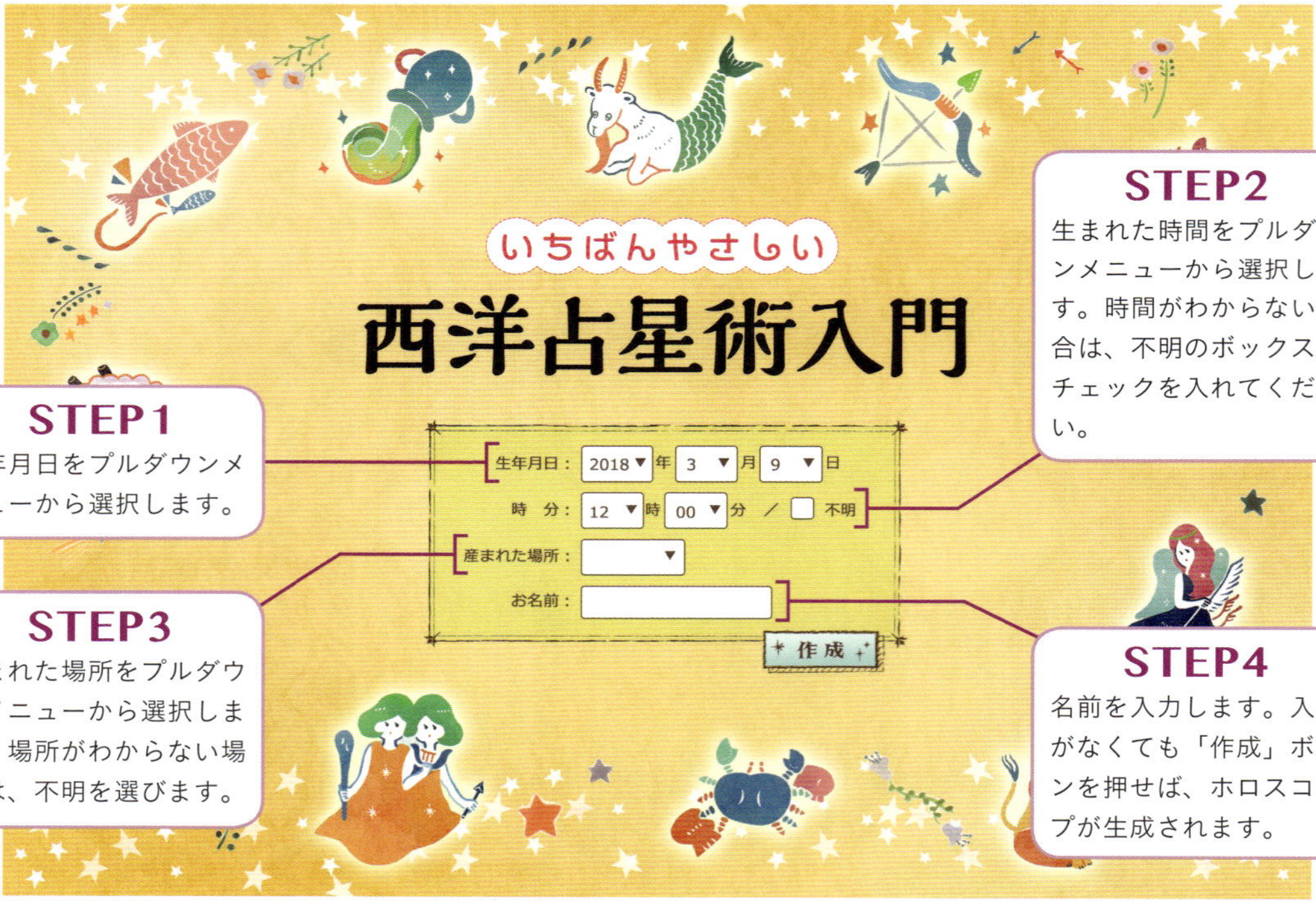

STEP1
生年月日をプルダウンメニューから選択します。

STEP2
生まれた時間をプルダウンメニューから選択します。時間がわからない場合は、不明のボックスにチェックを入れてください。

STEP3
産まれた場所をプルダウンメニューから選択します。場所がわからない場合は、不明を選びます。

STEP4
名前を入力します。入力がなくても「作成」ボタンを押せば、ホロスコープが生成されます。

■推奨環境

最新版をお持ちでない場合は、それぞれ無料でダウンロードできるのでWEBで検索し、サイトからダウンロードおよびインストールしたうえでご利用ください。それぞれ、β（ベータ）版ではなく正式版のご利用をおすすめします。

※Internet Explorerをご利用の場合スクリプトの実行制限がかかりますので、「ブロックされているコンテンツを許可」ボタンを押してご利用ください。

Windows
Google Chrome（最新版）、
Mozilla Firefox（最新版）、
Internet Explorer 11.x

Macintosh
Google Chrome（最新版）、
Safari 11.0以降

ホロスコープ画面

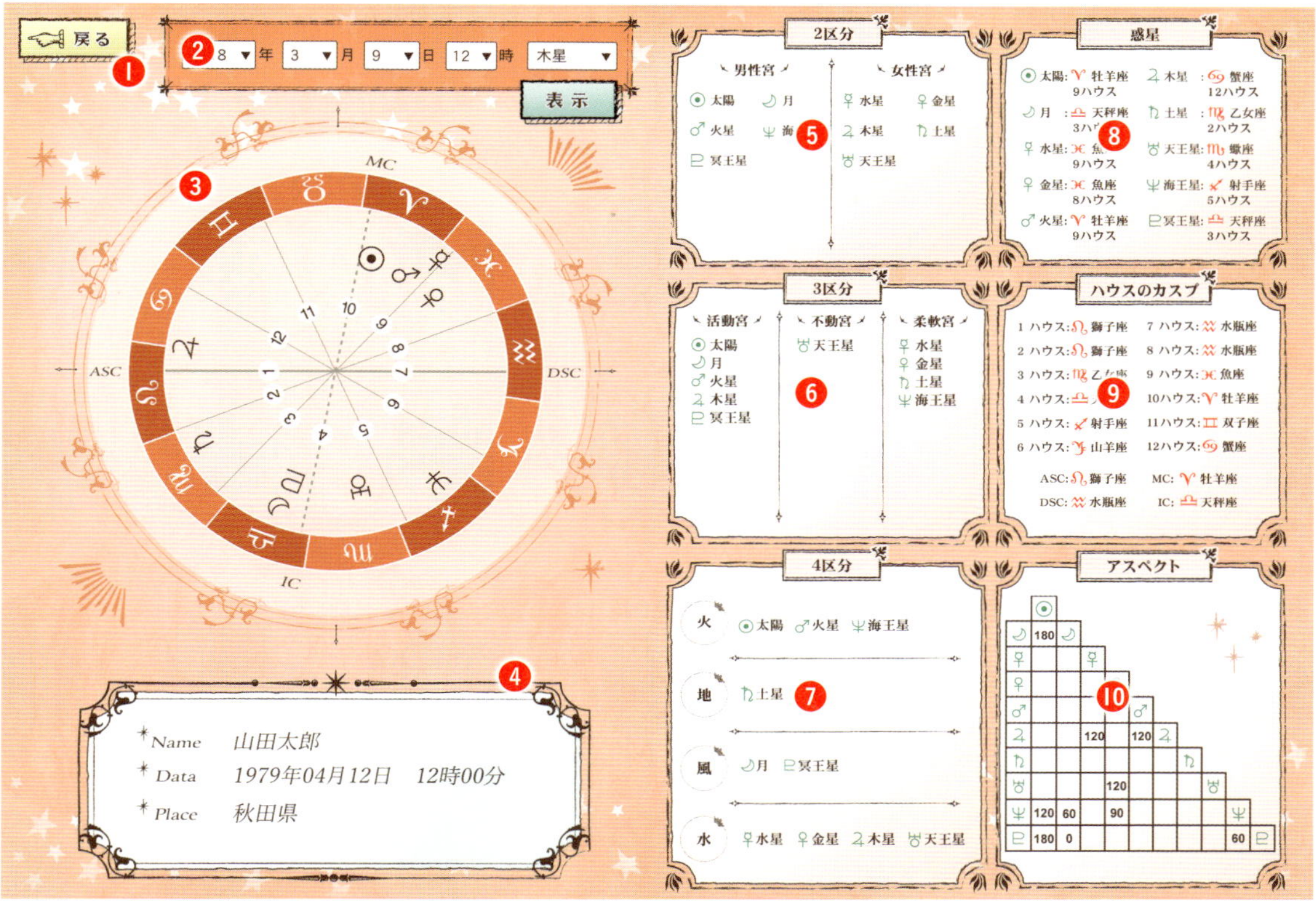

❶ 入力画面に戻ります。

❷ 第八章　西洋占星術で運勢を占う（P185～）で使用します。

❸ 出生ホロスコープです。

❹ 入力画面で入力した情報が表示されます。

❺～❼ 第二章　12星座のキーワード（P21～）で解説しています。

❽ 第三章　10惑星がもたらす性質（P33～）と第四章　12ハウスのはたらき（P77～）で解説しています。

❾ 第四章　12ハウスのはたらき（P77～）で解説しています。

❿ 第五章　5つのアスペクト（P109～）で解説しています。

※ホロスコープの背景は、太陽星座（P36）の4元素（P30）別に、火（赤）・地（黄色）・風（緑）・水（青）と異なります。

ホロスコープを印刷したい時は

各ブラウザの印刷機能から印刷してください。

Internet Explorer→「ファイル」からメニューをクリックし､「印刷プレビュー」をクリックします。

Mozilla Firefox→メニューボタンをクリックし､「印刷」をクリックします。

Google Chrome→ツールバーの「ファイル」をクリックし､「印刷」をクリックします。

Safari→ツールバーの「ファイル」をクリックし､「プリント」をクリックします。

ホロスコープの4つの半球

個性や傾向を示す東西南北の半球

ホロスコープには東西南北、4つの方位があります。ホロスコープは円形なので、それぞれを東半球、西半球、南半球北半球と呼んでいます。通常、地図では北が上ですがホロスコープでは南が上。つまり、左側の半円が東半球、右側の半円が西半球、上側の半円が南半球、下側の半円が北半球ということになります。

この4つの半球のどこに星が多く集まっているかで、その人のもつ傾向を導き出すことができます。ホロスコープは人それぞれ。中には偏りがなく、4つの半球に同数の星が入っているということもあるはず。その時はそれぞれの傾向が均一に表れると考えてください。その他の場合は、もっとも星が多く集まる半球の傾向がもっとも強く、少ない半球ほどその影響が少ないと判断しましょう。

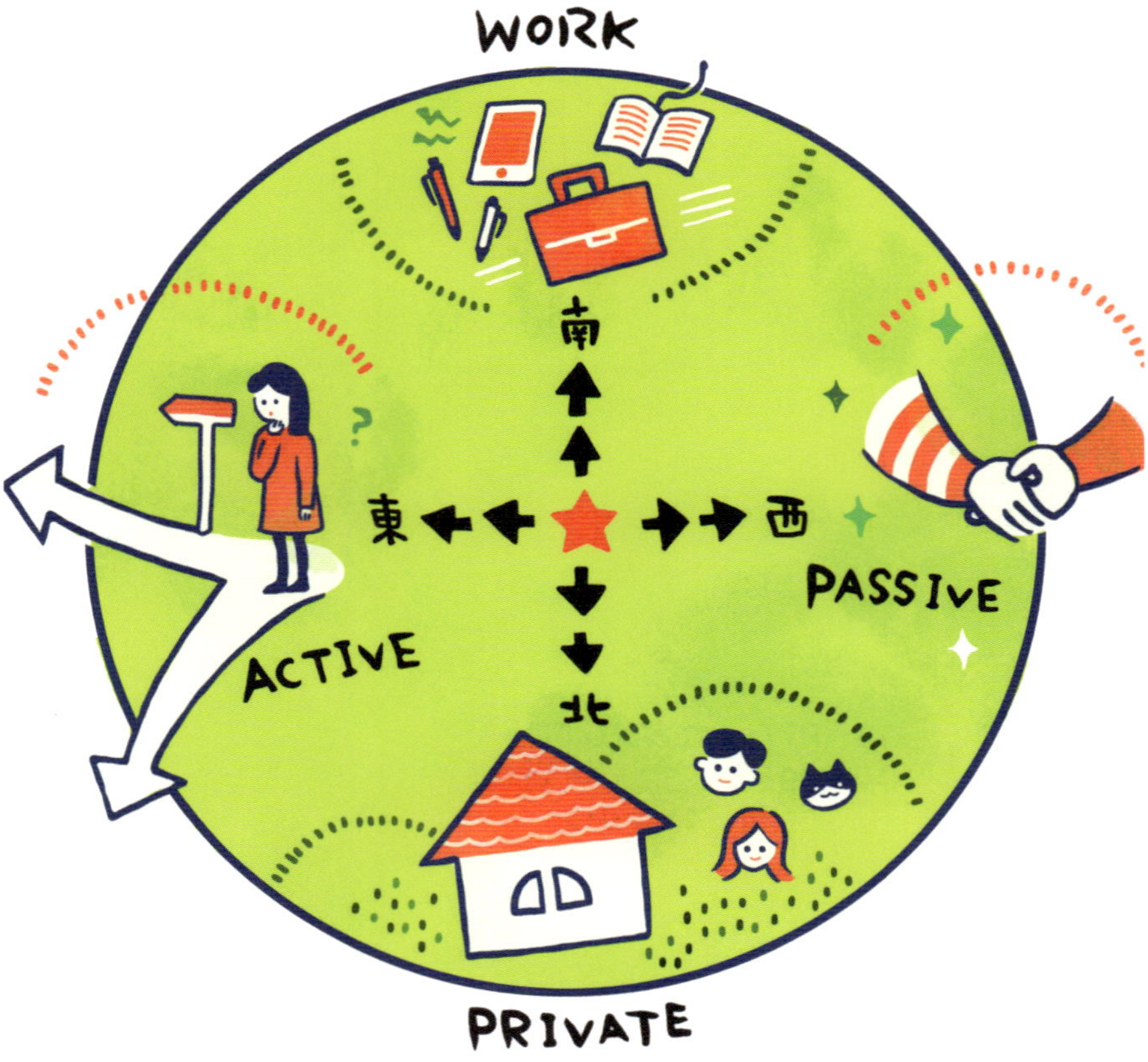

※ホロスコープを作成する際に出生時間不明を選択した場合、ここでの解説は当てはまりません。

西に惑星が多い人

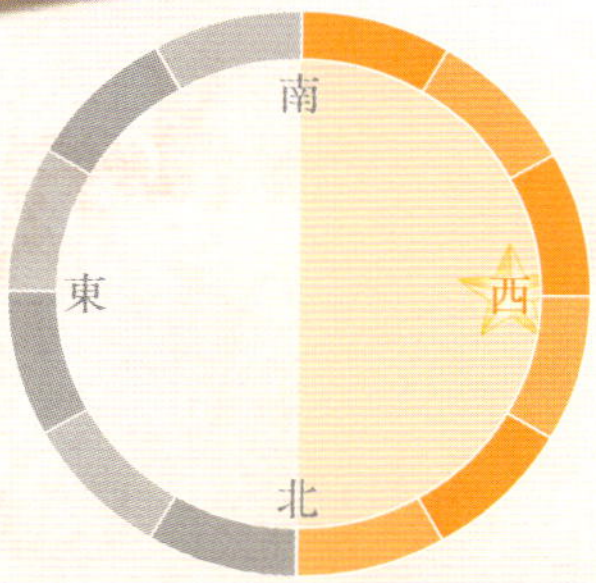

周囲からの援助や助力を得やすく、順応性の高いタイプです。それだけに周囲からの影響を受けやすく、受け身的な要素が強くなる可能性も。「誰かと人生を共に歩みたい」と、パートナーを求める気持ちが強いため、自分が先頭に立って行動するより、人に協力し、また協力してもらいながら、自分の目的を達成するほうが、スタンスとしてしっくりくるはずです。

北に惑星が多い人

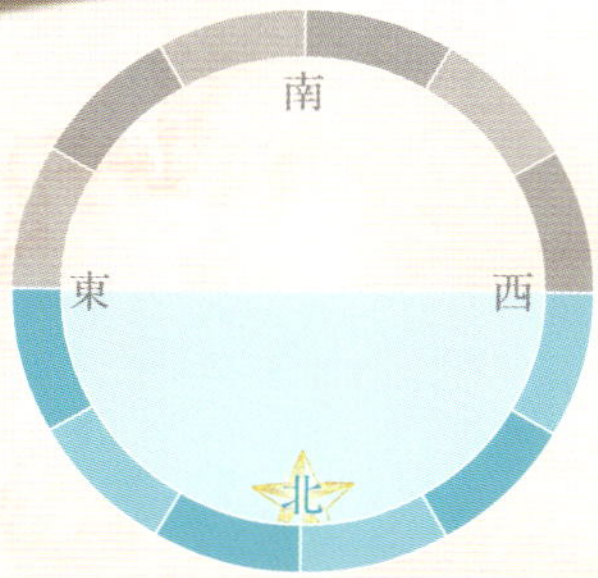

世間一般の名声や成功よりも個人的な趣味や楽しみを優先するタイプです。じっくりと目的に迫る性質をもち、目立つのは苦手かもしれません。実力を発揮するのは晩年になってから。大事なのは自身の幸せで、それ以外のことにはあまり興味を示さないことも。自分のテリトリー内にあるものを大切にするので、家族思いの良き家庭人となる人も多いでしょう。

東に惑星が多い人

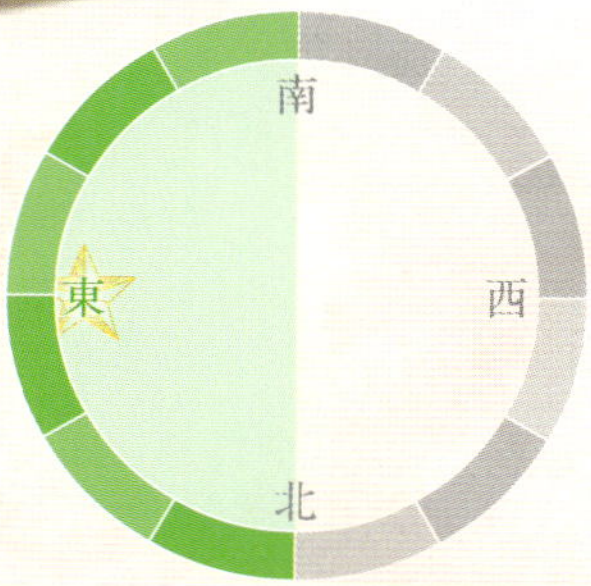

自分の意志によって人生を切り開いていく、行動力に富んだタイプ。独立心が強く我が道を行こうとします。新しいもの好きな一面があり、興味をもったものは進んでチャレンジする人でしょう。やってみて良ければ採用、良くなければ不採用と判断も早いはず。ただ、考え方がどうしても自分中心になりがちなため、集団行動を苦手に思うこともあるようです。

南に惑星が多い人

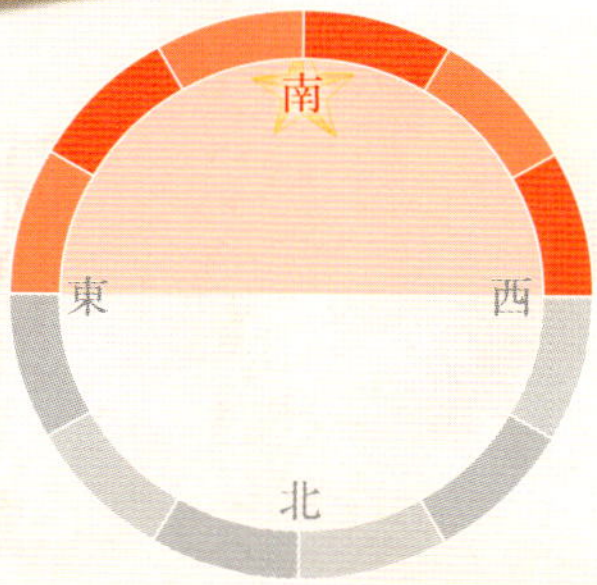

プライベートな面より、仕事など社会的な面を優先して考えるタイプです。周囲から注目されることを良しとし、賞賛されるような実績を作っていこうとします。人生の早い段階で実力を認められ、若いうちから活躍するでしょう。目的意識が高いのも特徴です。ただ、一つの物事に集中するあまり、目標以外のことには疎くなりがちな傾向もあります。

ホロスコープの7つのタイプ

ホロスコープを見ると、10個の星があちこちに散らばっているのがわかります。一見、バラバラに見える星の配置も、実はきちんとつながっていて、それぞれに別の意味があります。ここではそのつながりを、7つのタイプに分けて紹介します。星の配置は千差万別ですから、ぴったり当てはまらないこともあるでしょう。いくつかのタイプにまたがる、複合型の配置もかなり多くあるため「自分のホロスコープはどっちだろう?」と悩んだ時は、一番似ている配置タイプの影響が、もっとも強いと考えてください。

スプラッシュタイプ

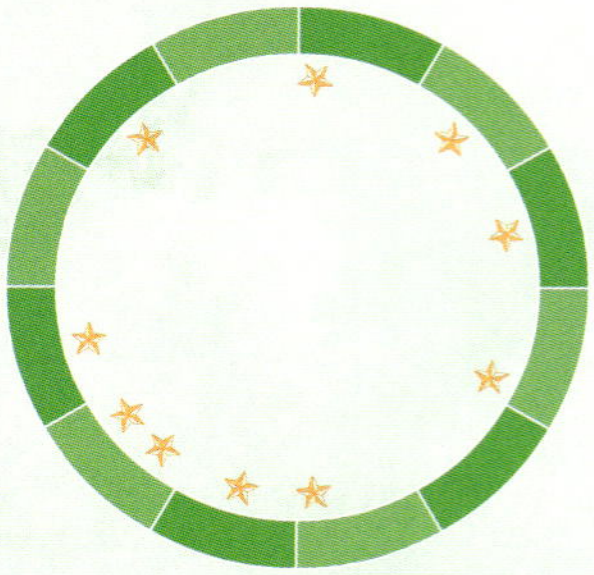

星が一ヵ所に偏らず、全体に散らばっているホロスコープです。

いろいろなことに興味をもち、調和を大切にする円満なタイプ。知識の幅も広く、何でも平均的に上手にこなす器用さの持ち主です。やや集中力に欠け、あれこれと好奇心が刺激されやすい傾向もありますが、基本的に慎重で真面目な性格なので、大きな失敗はしないでしょう。

バンドルタイプ

連続した2～5つの星座の中に、すべての星が入っているホロスコープです。

人生観やものの考え方に偏りが生まれるので、世間一般の常識にとらわれない思考の持ち主になるでしょう。1つの物事を探求することに素晴らしい才能を発揮し、専門的な知識を要する研究など、極める必要がある分野で着実に評価を得ていくタイプと言えます。

スプレータイプ

星がいくつかの群を作り、だいたい3つに分かれているホロスコープです。

環境への順応性に恵まれていて、伸び伸びと才能を伸ばしていくタイプ。自分自身も束縛されることを嫌い、のびやかに生きたいという思いが強い人でしょう。そのせいで、わがままだと勘違いされることもありますが、不思議と人に好かれるので、対人関係は良好なはず。

バケットタイプ

9個の星が一方の半球に集まり、1個の星だけ反対側に離れて位置するホロスコープです。

目的のためには、どんな努力も惜しまないタイプ。周囲の人と意見が合わなくなったり、対立してしまったとしても、自分の目的を第一に掲げ前進するでしょう。独立独歩の精神が強いため、窮地に陥った時も周囲の人を頼るより、自分の力で解決しようと考えるはず。

ボールタイプ

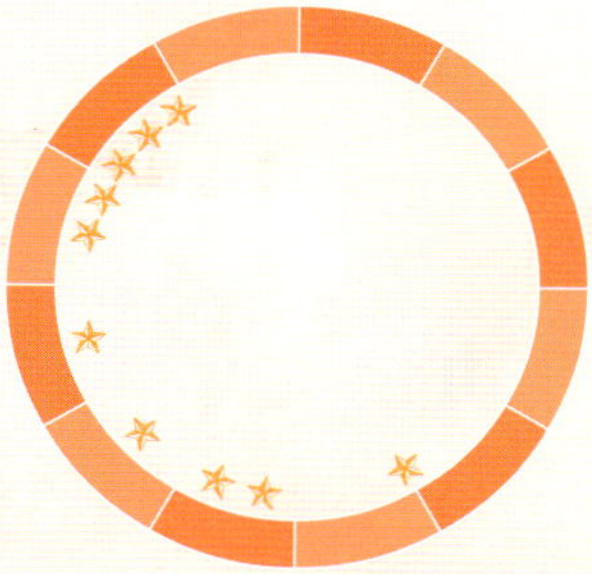

すべての星が片側に寄り、半円形を描いたホロスコープです。

自分のもつ知識と経験を、あらゆるものに活用していくタイプ。星の集まる場所により将来のステップアップのポイントとなる人生経験の種類が違います。南側なら社会的な分野、北側ならプライベート、西側なら対人関係、東側なら自分自身の行動が鍵となるでしょう。

シーソータイプ

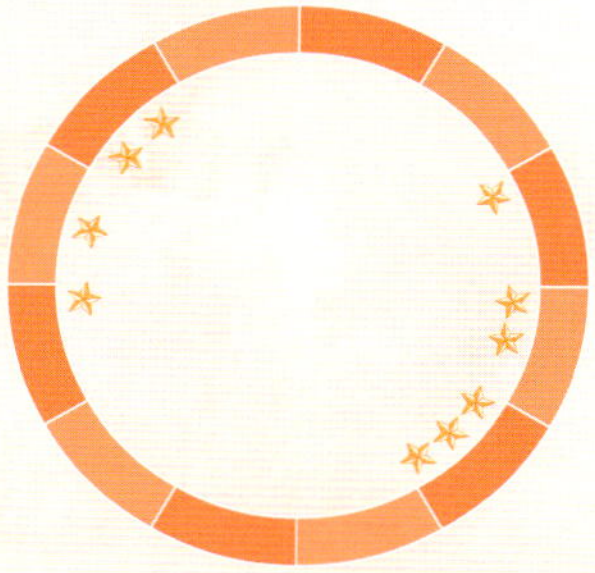

星が2つのグループに分かれ、その間に2星座以上の間隔が空いているホロスコープです。

物事を一面からではなく裏表、両方から見ることができるタイプで、偏った意見をもつことが少なく、常にシーソーのようにバランスを取ろうとします。すべての行動にこの傾向が表われるため、平日は会社勤めで休日に趣味の創作活動など、2つの異なる活動分野をもつ人も。

ロコモーティブタイプ

連続した7つ以上の星座の中に、すべての星が入っているホロスコープです。

非常に精力的な人でしょう。自分の意志のおもむくままに行動し、目標に向かって突進していくタイプと言えます。そのため、障害も多くなりますが、壁に突き当たって苦労するたびに実力をつけていきます。良くも悪くも自分のもつ才能や力を、発揮しやすい星の配置です。

COLUMN

出生時間がわからない人のホロスコープ

太陽に重点を置いてホロスコープを作る

正確なホロスコープを作成するには出生時間と出生地が必要ですが、相性などを占いたい時、相手のデータがわからないこともあるでしょう。そんな時は出生時間が不明でも作れる「ソーラーサイン・チャート」や「サンライズ・チャート」というホロスコープを作成します。「ソーラーサイン・チャート」というのは、その名の通り太陽に重きを置いて作成したホロスコープのことで、太陽のあるサインの0度を1ハウスのカプスとし、以降30度ずつ均等にハウスを割っていきます。

「サンライズ・チャート」は別名「サンライズ・マップ」ともいい、その日の日の出の時刻で作成したホロスコープです。付属のCD－ROMでは、このうち「サンライズ・チャート」を作成できます。

この方法で作ったホロスコープは、ハウスの中にある惑星の影響を「種」のようなものとして読んでいきます。芽吹く前の潜在的な意味合いをもつと考えてください。また、当然ですが後から出生時間がわかった場合、ハウスに入室してくる惑星の位置は変わります。出生時間がわかると「サンライズ・チャート」より、端的な事象を見ることができるのは確かです。

しかし、「サンライズ・チャート」も、これはこれでなかなか味があり、出生時間のわかるホロスコープでは見えにくい潜在的な影響が浮かび上がってきたりします。優先順位としては出生時間がわかるものが一番ですが、出生時間がわかる人も、試しに自分の「サンライズ・チャート」を作って比べてみてはどうでしょうか。最初から恋人や友達の「サンライズ・チャート」を作るより、自分のものを両方作って比べることで、ハウスの中にある「種」について、理解が深まるはずです。

第二章

12星座のキーワード

12星座

黄道にかかる重要な星座たち

12星座は、どのように決められたのでしょうか。P13でもお伝えしましたが、**12星座は地球から見た時の太陽の通り道「黄道《こうどう》」にあります。**私たちが生きていく上で欠かせない太陽は、昼と夜とを分ける存在。「星の動きが、人の運命に影響を及ぼすわけがない」と考えている人でも、太陽のサイクルに合わせる生活がほとんどではないでしょうか。この太陽の通り道・黄道にあるのが12星座なのです。

しかし、**天空にかかる星座は、大きさがそれぞれ異なります。**実際には牡羊座は24度、牡牛座は36度、双子座は28度、蟹座は21度、獅子座は35度、乙女座は46度、天秤座は18度、蠍座は31度、射手座は30度、山羊座は28度、水瓶座は25度、そして魚座は38度です。そこで西洋占星術では、360度ある天球を30度ずつ均等に12分割し、そこに星座を一つずつ割り振るという、一種のアレンジが加えられています。

また、星占いでは「12星座」の名称が有名ですが、正しくは「黄道12宮」です。その名称も、白羊宮《はくようきゅう》（牡羊座）、金牛宮《きんぎゅうきゅう》（牡牛座）、双児宮《そうじきゅう》（双子座）、巨蟹宮《きょかいきゅう》（蟹座）、獅子宮《ししきゅう》（獅子座）、処女宮《しょじょきゅう》（乙女座）、天秤宮《てんびんきゅう》（天秤座）、天蠍宮《てんかつきゅう》（蠍座）、人馬宮《じんばきゅう》（射手座）、磨羯宮《まかつきゅう》（山羊座）、宝瓶宮《ほうへいきゅう》（水瓶座）、双魚宮《そうぎょきゅう》（魚座）が正しい呼称（※）となります。

そして、**占星術にとってもっとも特別な日は、春分の日です。春分の日は、一年の始まりを示す元旦のようなもの。**占星術は約2000年前に、ほぼ現在の形に整えられました。しかし、長きに渡る歳差《さいさ》運動（地球の自転軸のこま振り運動）で、春分点（天の赤道と黄道の2つの交点のうち、黄道が赤道を南から北へ交わるほうの点）の位置が、現在は2000年前と変わっています。それを踏まえた上で、西洋占星術では通常、春分点を白羊宮の0度と定めています。

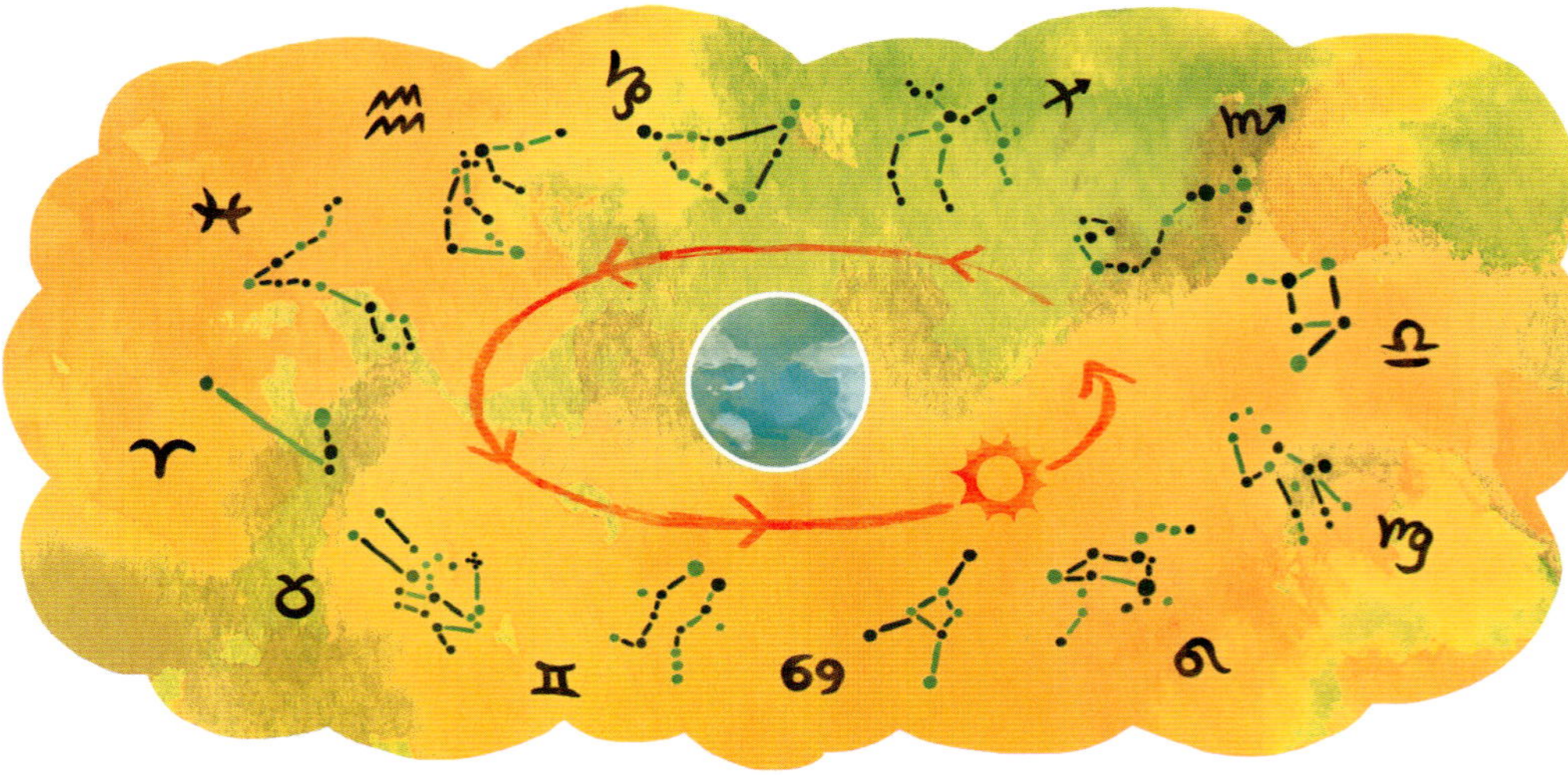

※わかりやすさを優先するため、本書では「12星座」の名称を使用しています。

牡羊座

ゼウスに遣わされた黄金の牡羊

神話

神々の王ゼウスが、継母に殺されかかった兄妹を救うために差し向けた黄金の牡羊が、牡羊座の由来です。牡羊は空を駆け、兄妹を窮地から救い出したのですが、あまりにも高く飛んだために妹のヘレーは海に落ちてしまいます。ヘレーのことを振り返りながらも牡羊は兄フリクソスの無事を守り、ゼウスにより天の星座とされました。牡羊座が天で後ろを振り返っているのは、この出来事のためと伝えられています。

性質

行動力があり、スピード重視なのが長所です。開拓精神が旺盛で積極的。前向きで自己主張がはっきりしています。神話からも読み取れるように、考えるより先に身体が動いてしまうタイプです。

双子座

神と人の間に生まれた双子

神話

スパルタ王の妻レダと神々の王ゼウスの間に生まれた双子の兄弟に由来しています。兄のカストルは人の子、弟のポルックスは神の子でした。兄弟はとても仲が良く力を合わせて戦いましたが、いとこ同士の争いが起こり、兄のカストルは命を落としてしまいます。ポルックスは兄とともに死の国で暮らすことを望み、深い兄弟愛を感じたゼウスは2人を星座にし、天の国と死の国の2つに住まわせることにしました。

性質

向学心、好奇心が強く、頭の回転も抜群。情報収集能力に優れ、何に対しても臨機応変に対処することができるでしょう。神話では双子であることから、意外な二面性をもつこともあります。

牡牛座

神が変化した白い牡牛

神話

フェニキアにはエウロペという美しい姫がいました。ある日ゼウスはこの姫を見初め、雪のように白い牡牛の姿に化けて、つみ草をする彼女を誘います。牡牛はエウロペを背に乗せると、エーゲ海を渡りクレタ島へ。そこでゼウスは本来の姿を現わし、2人はこの地で結ばれました。この逃避行の地が今のヨーロッパと言われています。ゼウスが姿を借りた牡牛は空へ上げられ、牡牛座となりました。

性質

穏やかで感受性に優れ、美しいものを好みます。神話の中でゼウスを拒絶せずすんなりと受け入れたように、意外に腹の据わった一面も。目上の人に目をかけられやすく、世話を焼かれる傾向があります。

蟹座

友のために立ち上がった蟹

神話

英雄ヘラクレスを憎む女神ヘラの刺客として送られた、巨大な蟹に由来しています。ヘラクレスはゼウスと人間の女性アルクメーネの間に生まれた子で、12の困難に立ち向かい素晴らしい功績を残しました。ヘラクレスが沼に住む怪物ヒドラに苦戦しているのを見たヘラは、ヒドラのもとへ蟹を応援に遣わしますが、蟹はヘラクレスに踏みつぶされてしまいます。あわれに思ったヘラは蟹を空に上げ、星座にしたのでした。

性　質

ヒドラのために果敢に戦った神話からもわかるように、蟹座は感受性が強く人情味があり、世話好き。嫉妬深い傾向もありますが、愛嬌があって気配り上手なため、良妻賢母の鑑とも言われています。

獅子座

勇者と戦った不死身の獅子

神話

ヘラクレスの12の困難の1つ「ネメアの獅子退治」に出てくる不死身のライオンが、獅子座の由来。獅子は人間や家畜を食い殺す恐ろしい魔物で、ヘラクレスは自慢の矢を放つのですが効果がありません。そこでこん棒でなぐりつけ、絞め殺して退治したのです。ゼウスはヘラクレスの功績をたたえ、ライオンを天にあげて星座にしました。この獅子の皮をヘラクレスは、大事の時には必ず身にまとったと言われています。

性　質

誇り高くリーダーシップがあり、サクセス精神も旺盛です。何事にも努力を惜しまず、バイタリティーと勇気に富みますが、百獣の王たるがゆえに支配欲が強く、時に高慢な一面が顔を出すことも。

乙女座

人々を導いた正義と公平の女神

神話

乙女座は豊穣《ほうじょう》の女神デーメテール、または正義と秩序の女神アストレアに由来すると考えられていますが、アストレア説が有力です。アストレアは正義と公平が地上に行き渡るようにと、人々を導きました。しかし、地上に人間が増えるにしたがい醜い争いがあちこちで起こり、アストレアはついに愛想をつかして天に帰ってしまいます。アストレアはのちに処女のまま星座となり、それが乙女座になったと言われています。

性　質

才気にあふれ、観察力、分析力に優れ、12星座の中でも、好感度の高い星座でしょう。地上に嫌気がさし、天に帰ってしまったことからもわかるように、デリケートで傷つきやすい一面があります。

天秤座

女神が遺した黄金の天秤

神話

正義の女神アストレアが持つ、黄金の裁きの天秤が天秤座の由来。アストレアは片手に天秤を持ち、片手に邪悪を断つ剣を握り、私情を混じえないために目隠しをして人々を裁きました。しかし、地上に人間があふれ、不正がまかり通るようになると天に帰ってしまいます。その時、何とか人々の心に不正を憎み、正義と公平を愛する気持ちを思い起こさせようと、使っていた天秤を星座にして空にかかげたのでした。

性質

神話の天秤に象徴されるように、バランス感覚に優れています。社交性があり、品位と調和を大切にし、センスも抜群。ただ、天秤は一度揺れ出すと定まりにくいことから、即断即決は苦手な傾向です。

射手座

知識豊かな不死身の狩人

神話

半人半馬の狩人、ケンタウロス族のケイローンが由来です。彼は古き神クロノスの息子であり、優れた学者でもありましたが、ケンタウロスとの戦いでヘラクレスが射た毒矢を誤って受けてしまいます。しかし、彼は不死身のため苦しむばかりで、死ぬことができません。そこでケイローンは、「不死身」を友人のプロメテウスに譲り、その苦しみから解放されました。ゼウスはその死を惜しみ、星座にしたと言われています。

性質

ケイローンがそうであったように、好奇心、向学心にあふれています。生来の自由人なので、好きなことには寝食を忘れて集中するタイプ。冒険心があり、何事もスピーディーに対応できるでしょう。

蠍座

剣士を一撃で仕留めたサソリ

神話

おごれるギリシャの剣士オリオンを毒針の一撃で葬った、大きなサソリが蠍座です。オリオンはハンサムで逞《たくま》しく、人々の人気者でしたが、女神ヘラは高慢な男が大嫌い。そこで、一匹の猛毒を持った大サソリをオリオンのもとに遣わします。サソリは隙を見て彼のかかとを刺し、その毒のためにオリオンは死んでしまいます。今でもサソリ座が空に昇るとオリオン座が沈んでしまうのは、このためだと言われています。

性質

隙をついてオリオンを射止めた大サソリのように、洞察力と忍耐力に優れています。目的意識が高く、一度心を許した相手に誠意を尽くすタイプ。何を考えているのか悟らせない雰囲気の持ち主です。

山羊座

音楽を愛する陽気な牧神

神話

山羊座は怪物テュフォンに追われ、逃げる際にあわてて変身した、牧神パンの姿に由来しています。パンは上半身がヤギ、下半身は魚で、音楽好きの明るい性格。ある日、神々と一緒にユーフラテス川のほとりで酒盛りをしていると、テュフォンが現われ、神々は鳥、獣、魚に変身して逃げました。しかし、パンはあまりにあわてたために上半身はヤギ、下半身は魚という奇妙な姿になってしまったのだそうです。

性　質

音楽好きで明るい牧神パンのように、元来は陽気な性格ですが、失敗を成り立ちとするためか、常に自分を律し、真面目であろうとします。慎重さや忍耐強さは、12星座の中でも随一です。

水瓶座

神に愛された絶世の美少年

神話

水瓶座は、鷲《わし》に化けたゼウスにさらわれた少年ガニメーデに由来しています。トロイの羊飼いガニメーデは大変美しい少年で、ゼウスは彼をひと目見るなり、自分の側におこうと大鷲に化けてさらってしまいました。そして、自分の側にはべらせ、神々の酒宴があるたびに、お酒をついで回らせました。ガニメーデの働きぶりに感心したゼウスは英知の水があふれる水瓶を与え、彼はこの水瓶とともに星座となりました。

性　質

英知の水があふれる水瓶を魂の内に秘めた水瓶座は、非常に独創性が豊かです。宴でお酒をついで回ったことからもわかるように、社交性が抜群。多くの人と交流して自分の世界を広げるタイプです。

魚　座

離れないように結ばれたひも

神話

美の女神アフロディーテとその子エロスが、魚に変身した姿が由来です。2人がユーフラテス川のほとりを散歩していると、突然、怪物テュフォンが襲ってきました。驚いた2人は魚に変身して川に飛び込みますが、離れ離れにならないように尾をひもで結び合いました。2人はテュフォンから無事に逃れることができ、その姿のまま天に昇り、星座となりました。魚座のマークもひもで結ばれた2匹の魚がモチーフです。

性　質

愛と美を司る女神とその子エロスをシンボルにもつ魚座は、感受性が鋭く、愛にあふれています。勘やひらめきが豊かで、時として気まぐれな一面もありますが、温厚で優しい性質の持ち主です。

12星座が司るキーワード

2区分（男性宮・女性宮）

積極性を表す12星座の2区分

12星座はその性質によって、いくつかのタイプに分類することができます。そのうちの1つが男性宮、女性宮の2分類。それぞれの星が、どちらの星座に属しているかで性質を判断できます。星が多くある分類の性質が強く出ますが、どちらにもバランスよく入っている場合には、両方の性質が表われると判断してください。どちらの性質にもプラスの面とマイナスの面があり、どちらか一方に偏っていても、吉凶の要素は含まれません。

男性宮が多い

積極的、能動的で、外交的な人柄を作ります。自分の意志や考えを外へと発信する力をもっています。星の入っている数が多いほど、この影響が強いでしょう。なかでも太陽と月が男性宮にある場合には、この傾向がさらに強まります。明るく果敢な資質ですが、あまりにも多いと、自己主張が強くなり自分中心の考えになる可能性も。

女性宮が多い

消極的、受動的で、内向的な性質が強くなります。自分の考えや意志を内に秘め、目的に迫る芯の強さをもっています。星の数が女性宮に多く、さらに太陽、月が入宮している場合は、引っ込み思案な傾向が見られることもあるでしょう。周囲からの影響を取り入れ自分のものにするのが上手ですが、アピール力は不足しがちです。

男性宮に分類される星座

牡羊座　双子座　獅子座
天秤座　射手座　水瓶座

女性宮に分類される星座

牡牛座　蟹　座　乙女座
蠍　座　山羊座　魚　座

3区分（活動宮・不動宮・柔軟宮）

行動力を表す12星座の3区分

星座の性質を行動のタイプによって3つのグループに区分したのが、この活動宮・不動宮・柔軟宮です。男性宮、女性宮と同様に、星が多く集まっているほど、性質が強まります。逆に星が少ない、あるいは入っていない場合は、その宮の性質が弱いと考えましょう。バランスよく入っている場合には、それぞれが影響し合うと考えてください。また、太陽と月が入っている宮の影響は、他の星に比べて強く表われることが多いでしょう。

活動宮が多い

活動的で抜群の指導力に恵まれます。自意識と自己顕示欲が強く、リーダー的な役割を好む人も多いでしょう。新しいことに対して積極的に取り組みますが、この時、本人がもっとも重視するのは精神的な高揚感です。基本的にエネルギッシュで、考えるよりも先に行動するタイプなので、やや衝動的な行動が増える傾向も。

不動宮が多い

忍耐強く、何事もじっくりと進めていく慎重派。着実に物事を遂行する実行力に恵まれ、諦めるということを良しとしません。時として、協調性を後回しにしてまで、譲れない信念が生まれることもあるでしょう。同時進行で複数のことを進めるよりも、1つのものに時間をかけて取り組むことに長けているタイプです。

柔軟宮が多い

変化に対応する能力が素晴らしく、柔軟性に富んでいます。臨機応変で対応上手な人柄を作る一方、持続力・継続力が必要なことは不得手なことが多いかもしれません。社交的で人に合わせるのも上手ですが、リーダーよりもサポート役向き。人に感応し、順応する力が強く、流動的な状況の中でこそ力を発揮できるタイプです。

活動宮	牡羊座　蟹座	天秤座　山羊座
不動宮	牡牛座　獅子座	蠍座　水瓶座
柔軟宮	双子座　乙女座	射手座　魚座

第二章

4区分（火地風水）

気質を表す12星座の4区分

星座の性質を火・地・風・水の4つの要素に分類したのが4区分です。別名ではエレメンツとも呼ばれ、紀元前5世紀の哲学者エンペドクレスが提唱した4元素（この世界のすべてのものは、この4元素の組み合わせで成り立っているという説）がもとになっています。3区分と同様、太陽と月のあるエレメンツの影響は強まると考えましょう。2区分、平均的に星があればバランスが取れているというサインです。

火のエレメンツが多い

火は「精神」を象徴し、ここに星が多く集まると物事を創造する力が強まります。積極的で情熱的、時に奔放であることも。独立心や自尊心が強く、情熱に任せて、衝動的な行動を取ることもあります。燃える火のごとく激しく、短気な一面ももっています。超感覚的な知覚に恵まれていて、インスピレーションに優れています。

地のエレメンツが多い

地は「物質」を象徴し、安定感と堅実な感覚がテーマです。現実的で用心深く、忍耐力に優れているのが特徴。たくさんのものを得たいと願い、得たものを守ろうとすることから、人や物品に執着する傾向があるでしょう。経済観念が発達しているため、生活力に恵まれています。理性より五感を優先し、さらに経験を重要視します。

風のエレメンツが多い

風は「知識」を象徴し、卓越したコミュニケーション能力を表しています。幅広い知識をもつ情報通で、理論や言葉を自在に操る才能に恵まれるでしょう。また、軽快なムードを兼ね備えているので、周囲に人が集まるタイプです。基本的に社交上手ですが理性的かつ合理的なので、時としてドライな一面が顔を覗かせることも。

水のエレメンツが多い

水は「感情」を象徴し、ここに星が多く集まると、情緒的な要素が強くなります。理屈よりも気持ちを優先するため、心地良いか不快かが、判断を左右する重要な鍵。情に流されやすく心優しいタイプと言えます。温厚な印象ですが、内面に多くの思いを抱えていて、時に別人のように激しい感情を表現することもあるでしょう。

火のエレメンツ
牡羊座・獅子座・射手座

積極的で情熱的なタイプ。独立心と自尊心が強い。インスピレーションに恵まれていて、ひらめいたらすぐに行動に移す。

水と地は 癒し合い、安定・安心・調和を促す

火と風は 影響し合い、成長・前進・拡大を促す

水のエレメンツ
蟹座・蠍座・魚座

情緒豊かで、理屈よりも感情を優先して物事を判断する。思いやり深い性格で人に優しく、情に流されやすい一面も。

地のエレメンツ
牡牛座・乙女座・山羊座

安定志向で堅実な性格。何事に対しても用心深く、現実的。忍耐力に優れ、感覚よりも経験を優先して判断するタイプ。

風のエレメンツ
双子座・天秤座・水瓶座

コミュニケーション能力が発達していて社交的。幅広い知識をもち、理論や言葉を自由自在に操るスマートさの持ち主。

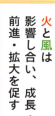

COLUMN

西洋占星術と天文学の違い

起源は同じ「星の観測」が基礎

その昔、西洋占星術と天文学は同じ学問でした。古代エジプトでは、母なる川・ナイルの氾濫《はんらん》の時期を、星の観測からつかもうとしました。星の位置を知り、人は、時間や季節の移り変わりを把握しようとしたのですね。それが、そもそもの天文学の始まり。

船で大海原を行く時も、星の位置は重要でした。一度、海に漕ぎ出せば陸地は遠く見えなくなります。太陽や星の位置を頼りに、人は自分たちの目指す方向を知ったのです。「暦=カレンダー」も星の観測からできています。現在、私たちが使っているのは太陽暦ですが、明治以前の日本では、月の位置を元にした太陰暦に太陽の動きも考慮した太陰太陽暦が一般的でした。日食や月食の時期を予測することも、天文学の役割だったのです。

西洋占星術の始まりも天文学と共にありました。各々共通しているのは「星の観測」が基礎になっているということ。西洋占星術ではマクロコスモスである宇宙と、ミクロコスモスである人が呼応していると考えています。「星の動きが人に影響を与える」と考えますので、星の運行を知ることはとても重要です。星の動きを知ることは、すなわち、国の行く末、人の運命を知ることと同じ。最初は王や国のためでしたが、次第に貴族などの特権階級へ広がり、今では誰もが使える学問になっています。

西洋占星術では、太陽系の惑星と、太陽と月の運行を元に、人の性質や性格、運勢などを占っていきます。星の運行に基づいているため、科学的と評されることもありますが、西洋占星術は科学ではありません。歴史をたどれば、科学的に証明できる部分は天文学の分野であり、科学では証明できない「人に関わる部分」が西洋占星術になったともいえるでしょう。

第三章

10惑星がもたらす性質

ホロスコープにある惑星

個性や運気を示す惑星の星座とは

出生ホロスコープには、様々な個性があります。いくつかの惑星が同じ場所に、ギュッと集まっている人もいれば、バラバラに孤立している人もいて、まさに様相は十人十色。出生ホロスコープの惑星の位置は一人ひとり違っていて、この10惑星の位置の違いこそが、その人独自の個性や人生そのものを表します。

出生ホロスコープに登場する基本の10惑星は、太陽系の太陽・月・水星・金星・火星・木星・土星・天王星・海王星・冥王星です（厳密には太陽は恒星、月は衛星、冥王星は準惑星ですが、西洋占星術上では惑星として扱っています）。

惑星には吉星・凶星の分類があり、各惑星は必ずしもいい面ばかりではなく、好ましくない意味をもつものもあります。ですが同時に、惑星の位置（ハウスやアスペクト）での吉凶も加味するため、ホロスコープの読解を進めるほどに、単なる「良し悪し」では語れないことに気づくはず。

情報番組や、雑誌の巻末で取り上げられている12星座占いでの「あなたの星座」というのは、実は太陽星座を指しています。12星座占いで「牡羊座」の人は、生まれた瞬間の出生ホロスコープにおいて、牡羊座の位置に「太陽」が運行していたという意味になるのです。太陽という惑星は、「基本のパーソナリティー」を表します。占いたい人の基本的なキャラクターを理解する時は「太陽星座」を見るだけでもいいのですが、その人の恋愛傾向や金運、仕事運や家庭運などを詳しく見るためには、他の惑星の解読が欠かせません。

このように、惑星の星座を学ぶには、まずは惑星のもつ「基本的な特徴」をとらえることが重要です。さらに、それぞれの惑星が、各々違う運気を担当しているということを、この章で身につけていきましょう。

惑星の星座の調べ方

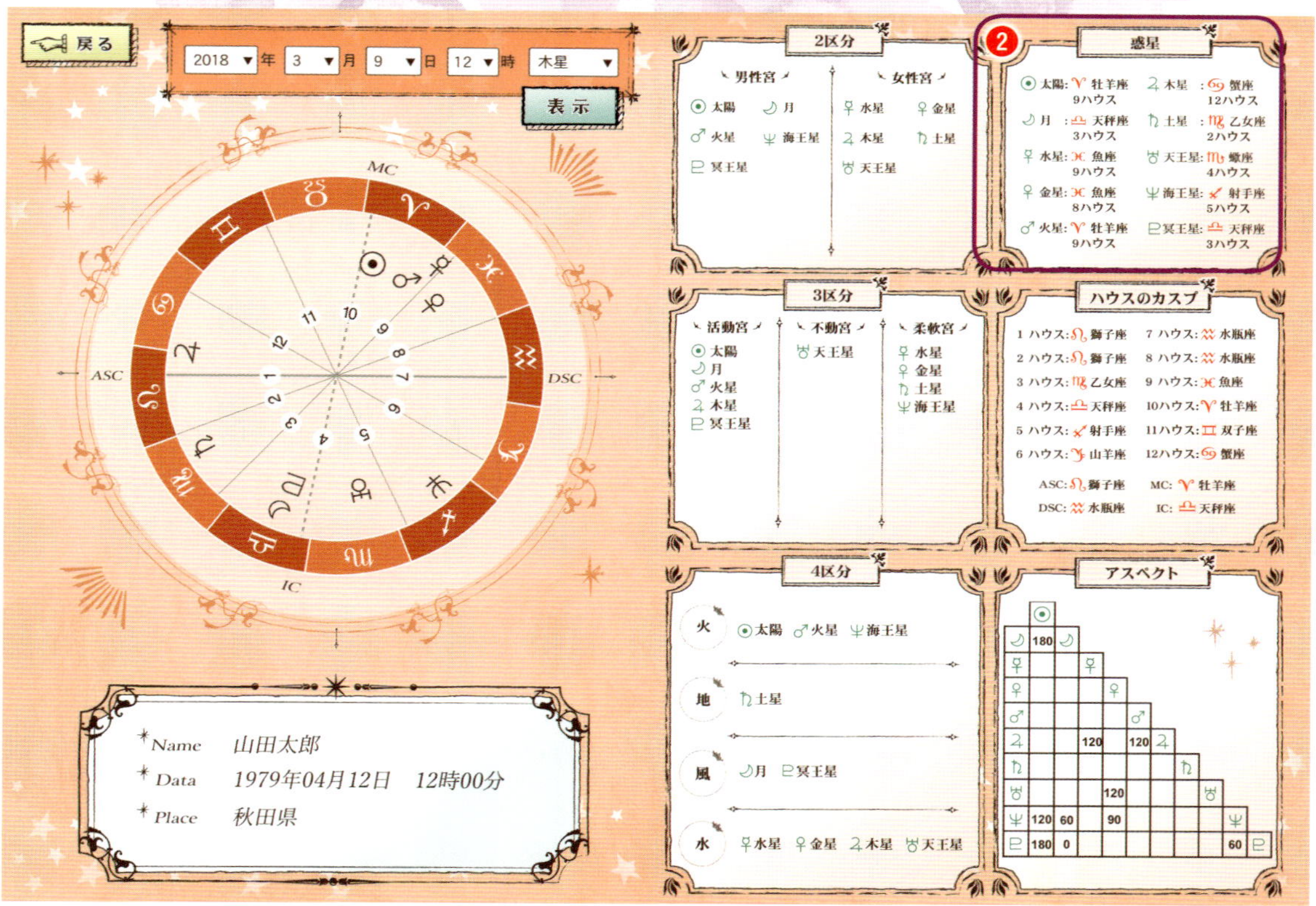

❶ あなたのホロスコープの出し方（P14～15）を参考に、出生ホロスコープを出します。

❷ 画面右上の「惑星」に表示されている星座が、あなたの惑星の星座です。

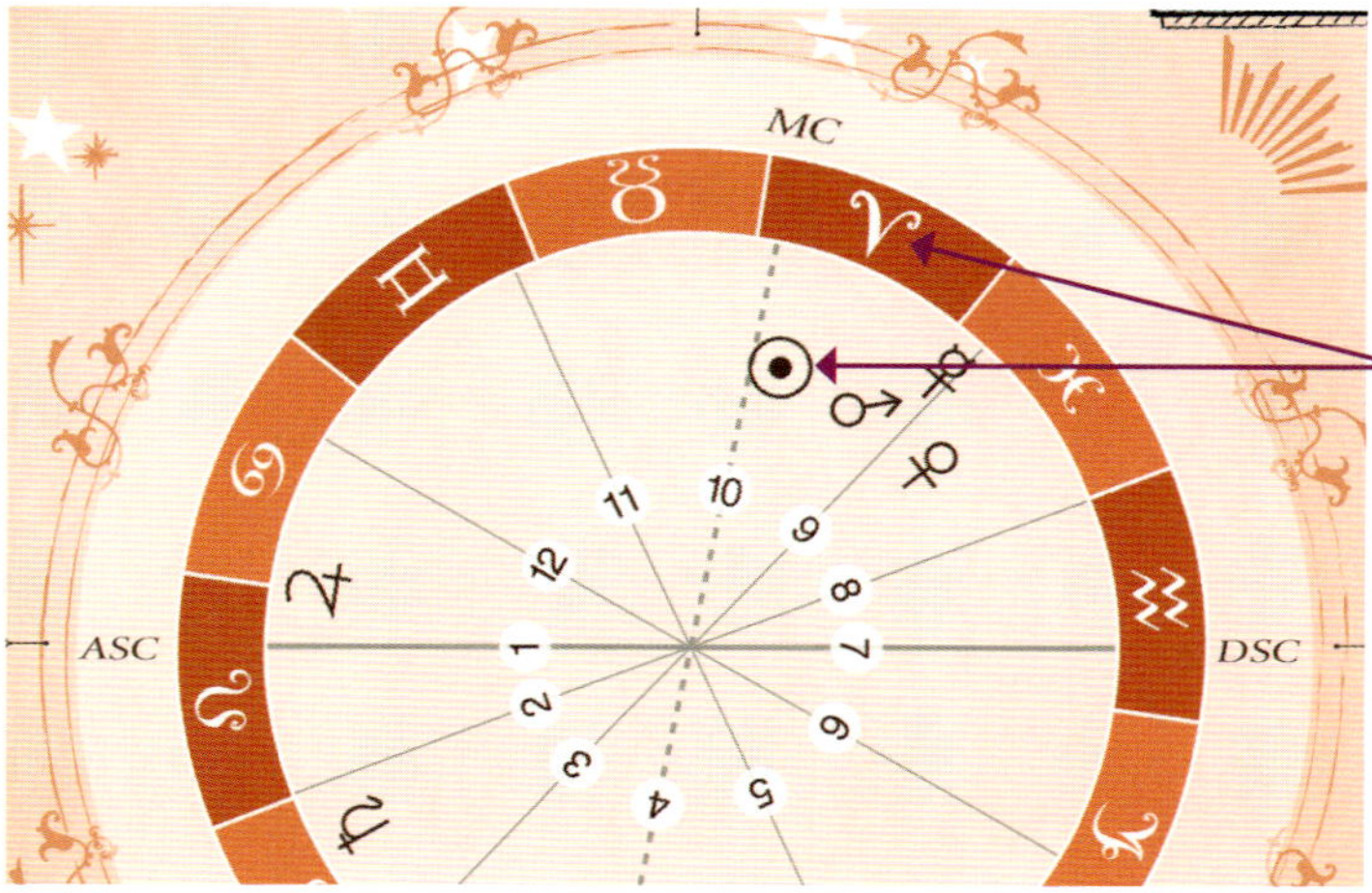

❸ 惑星の星座は出生ホロスコープの表からも確認することができます。

太陽のマークが牡羊座にあるので太陽星座は牡羊座になります。

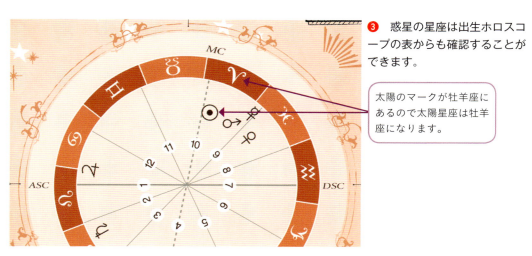

太陽
Sun

基本的な性質とその人の根幹を表す

太陽は、西洋占星術において「生命力」と「エネルギー」のシンボルです。現在、地球上に強く影響を与え、私たちの日常生活の中でも身近に感じる惑星は、太陽と月です。西洋占星術上でも太陽は、月と並んで最も重要な惑星の1つとして扱われています。

太陽の公転周期は約1年。太陽はひと星座に、約1ヵ月滞在します。そして、1年をかけて12星座を順番に移動していきます。この周期から、西洋占星術では毎月の運勢を推測する時にも、太陽が使われます。雑誌やテレビなど、メディアで目にする12星座占いは、本格的なホロスコープ解読と比較すればかなり簡略化されてはいますが、基礎と主流はしっかりととらえているはずです。

太陽がもつキーワードは、光、意志、活力、名誉、独立心、尊大、公明正大です。また、太陽が象徴する人物として、父親、夫、権力者、英雄があります。

そして、太陽は獅子座の守護星です。ギリシャ神話の太陽神アポロンが、太陽の守護神だと考えられていることが所以《ゆえん》です。

太陽はその人自身の基本的な性質を表す他、エネルギーやパワーをアウトプットする様子を示す惑星です。西洋占星術ではよく、太陽と月の関係を車に例えて「太陽はエンジン、月はハンドル」と表現することがあります。これは、太陽はその人自身の「根幹」や「原動力」を示すことに対し、月は「どこへ向かうのか」という「人生の欲求」や「その人の心のあり方」を示すと考えられているからです。

また、太陽はその光と熱によって「物事を明らかにする」という役割も担っています。ですので、誰の目にも明白な姿、「自我」を意味する惑星でもあります。「どのような人でありたいのか」や「どのように生きたいのか」という、キャラクターの根幹を占いたい時には、ホロスコープ上で太陽が位置する星座を読み取るのが一番。年齢や状況、環境によって変化することが少ない、個人の基本的な個性を、太陽の位置からひもとくことができるのです。

太陽が

双子座

向学心にあふれ スマートで器用

太陽が双子座にある人は、知的好奇心が旺盛。「知ること」が人生のテーマです。常に知性のアンテナを高く掲げています。誰よりも流行に敏感で、先見の明もあります。ただし飽き性なので、次から次へと夢中になる対象が変わりがちに。そのため、周囲の人には「ミーハー」な印象を与えたりもします。また、頭の回転が速く、生き方がスマート。ジメジメした話やせこい行為を嫌うタイプです。基本的にさっぱりクールなキャラですが、時々繊細な部分を見せたり、日によってテンションが違ったり……と、複数のキャラを内包しているイメージです。

太陽が

牡羊座

勇敢に立ち向かう 正義感あふれる開拓者

太陽が牡羊座に位置する人は、新しい世界や困難に勇敢に立ち向かっていくバイタリティーの持ち主。先陣を切って乗り込んでいくものの、勝利の見込みがないとわかると、撤退も電光石《でんこうせっ》火《か》です。例えるなら、典型的な先鋒タイプであり、短距離走者タイプ。過去の失敗に、いつまでもこだわることはありません。熱しやすく冷めやすいのが長所であり、短所でもあります。自己主張もハッキリしていて、喜怒哀楽も激しいので、周囲からは「情熱的な人」「わかりやすい人」と認識されているはず。正義感が強く、集団の中では自然とリーダー役に。

第三章

太陽が

蟹　座

家庭的で甘え上手 人当たりの良さはNo.1

太陽が蟹座にある人は甘え上手で世話焼き。愛嬌《あいきょう》たっぷりの朗らかな性格で、いつもたくさんの人に囲まれているはず。生産性も高く、家庭でも職場でも常に動き回っている印象です。ただし“愛されたい欲求”が強すぎて「いい人」をやめることができず、密かに無理をしたり、カラ回りしたりすることも……。家庭的な雰囲気があり、女性はもちろん、たとえ男性であっても“肝っ玉母さん”のような温かい愛を見せます。そのことから、結婚相手として意識されやすい傾向も。特に部下や子どもの面倒見が良く、養育＆育成に手腕を発揮するタイプ。

太陽が

牡牛座

一歩一歩前に進む 堅実な努力家

太陽が牡牛座にある人は、穏やかでおっとりしたタイプ。衣食住にこだわりをもち、「優雅で心地よい暮らし」を好みます。また、五感が鋭く発達していて、創作家や芸術家が多いのも特徴です。斬新なアイデアをどんどん生み出すと言うよりも、堅実に技術を磨いていく人。安定した人生を送るために、こつこつと努力や苦労を重ねることが苦になりません。さらに損得勘定がはっきりしているので、家族に１人、牡牛座がいるとその家庭は安泰に。生まれ持っての物質運の影響か、物への執着は他の人に比べてやや強めです。

太陽が
天秤座

【エレガントで華やか注目を集める天才】

太陽が天秤座にある人は、バランス感覚に優れています。常に優雅で上品に振る舞うので、場を和やかな雰囲気にする天才です。明るく社交性があり、程良く自己主張もできて、目上の人からの引き立て運も抜群。周囲からうらやましがられるようなハイスペックの持ち主ですが、内には誰にも言えないコンプレックスや、過度の虚栄心《きょえいしん》を抱えていることも。美しい白鳥が水面下で必死で水をかくかのごとく、密かな頑張り屋ですが、努力を表面に出すことを嫌います。社交性の高さが裏目に出ると、人の意見を尊重するあまり決断が遅れる可能性が。

太陽が
獅子座

【努力を惜しまない華やかなカリスマ】

太陽が獅子座にある人は、百獣の王にふさわしく威厳《いげん》に満ちた孤高の人。プライドが高く、トップになるための努力を惜しみません。カリスマ性も十分で、多くの人から慕われるでしょう。存在自体が華やかなので、常に注目度は高め。「失敗は許されない」とプレッシャーを感じ、格好悪いミスを恐れて必要のない見栄を張ってしまうことも。親分肌でおおらかですが、大雑把ではありません。一度任されたことは責任を持って真面目にやり通すでしょう。独立心が旺盛なので、若いうちから誰にも迷惑をかけずに、自立しようと考えるタイプです。

太陽が
蠍　座

【ミステリアスで寡黙な努力家】

太陽が蠍座にある人は、ミステリアスな雰囲気をもつ物静かなタイプ。なかなか他人に本心を見せない秘密主義者ですが、逆に周りは「不思議な人」と興味を抱かずにはいられません。本人は至って寡黙《かもく》ですが、それは孤独というわけではなく、意外とたくさんの友人に囲まれて人気者だったりします。洞察力に優れ、物事や相手の隅々にまで目を配るので、「信頼できる」と思える対象に対しては、とことんまで誠意を尽くすでしょう。強靭《きょうじん》な忍耐力があり、強い意志の持ち主でもあるので、コツコツと努力を重ねて最後に成功を勝ち取る人と言えます。

太陽が
乙女座

【堅実と安定を重んじる気配り上手】

太陽が乙女座にある人は、物静かで理知的な人。才気にあふれ、持ち前の慎重さと分析力で賢く生きていくでしょう。計画性もあるので、人生において大きな失敗はしないはず。ただ時に慎重すぎて、大成功も収めにくいかもしれません。清潔でクールな雰囲気があり、老若男女すべての人から好印象をもたれるタイプです。優しい気持ちの持ち主ですが、恩着せがましい行為は、するのもされるのも嫌い。自らもさりげない親切に徹します。生活はつつましやかで、堅実志向。独身時代も結婚してからも、生活スタイルに変わらぬ安定感があります。

太陽が

水瓶座

独創性豊かな アイデアマン

太陽が水瓶座にある人は、ユニークでエキセントリック。独創性が豊かで、「そうくるか！」と思えるような面白い発想で周囲を驚かせます。博愛主義者で、誰にでも平等＆友好的に接するため、人気は高いでしょう。とは言え人との距離は常に一定を保ち、たとえ家族に対してもベッタリはしません。「自分は自分」と風のように自由に生きるのが水瓶座の信条。多趣味で理想も高いので、いつも何かに夢中になり、追い求めています。その過程で素晴らしい発明をして、仕事に活かす可能性も。遊びと仕事とプライベートにあまり線引きはしないタイプです。

太陽が

射手座

何事も全力投球 無邪気な自由人

太陽が射手座に位置する人は、好奇心旺盛な自由人。いつまでも少年少女のような澄んだ心で、遊びに仕事に全力投球します。ころころと興味の対象が変わり、熱しやすく冷めやすいのですが、「これ」と決めたことにはずば抜けた集中力を注ぐでしょう。常識や社会的なルールに縛られるのが嫌いで、常に「思うままに」生きようとする結果、自己中心的に見られてしまうことも。しかし憎まれたり嫌われることがないのは、天衣無縫《てんいむほう》な無邪気さのおかげ。人生を通して、海外や長期的移住に縁があるタイプ。思想や哲学の分野で名をはせることも。

第三章

太陽が

魚　座

献身的に尽くす チャーミングな聖母

太陽が魚座にある人は、愛情あふれる優しい人。同情心が強く、困っている人を見つけると、救いの手を差し伸べずにはいられません。献身的に尽くしても、見返りを求めない聖母のようなタイプです。それほどの温かい心の持ち主なので、人から頼まれたことを断れなかったり、何となく周囲の意見に流されてしまったりと、やや頼りない一面も。また、勘が鋭く芸術センスが豊かなので、創作活動で名作を生む可能性が。時々見せる無邪気なワガママも、ご愛嬌で許される得なキャラクターです。まさに“チャーミング”という言葉を体現している人です。

太陽が

山羊座

冷静かつスマート 責任感ある常識人

太陽が山羊座にある人は、責任感のある常識人。知性豊かで、どんな状況でも冷静に物事を判断することができます。ふるまいは古風で控えめですが、実は強い野心を秘めているタイプ。権力やステイタスを求めて、努力を重ねていくでしょう。守護星である土星の影響を受けて、人生の歩みとしてはスロースターター。完全な大器晩成型で、年齢を重ねるごとにその魅力と実力が増幅していくタイプです。考え方が非常に現実的で、無謀な夢を思い描くことはありません。不要なものや無駄をバッサリと切り捨てる、やや冷徹な一面も持ち合わせています。

月
Moon

太陽と相対する惑星 パーソナリティーを表す

あなたは、月の引力が潮《しお》の満ち引きに働きかけていることをご存知ですか？もっとも地球に近い惑星（正確には地球の衛星）であることから、月は私たちに様々な影響を与えています。人の感情や心の動きに対しても、月の満ち欠けが関係しているのでは、と研究対象になることも多いのです。また、この月の満ち欠けによって、人は「時の概念」を身に着けたとも言われています。

この例からも伺い知れる通り、月は太陽と同じく、私たち地球上の生命体に強く影響を及ぼしている惑星の1つです。月は、人の感情や個人の感受性を表し、「どの方向に、どのようにして感情を出力するのか」を占うことができるため、西洋占星術において、とても重要視されています。

月は、太陽と相対する特徴をいくつかもっています。例えば、太陽が「社会的なアンデンティティー」を司ることに対して、月は「一人の時や家族の前で見せる素の自分」であり、「無意識の癖」や「習慣」などを意味します。そして、太陽は男性的な「父性」の象徴で、女性にとっては「夫」を示す惑星。それに対し、月は女性的な「母性」の象徴です。また、男性にとっては「妻」を表す惑星になります。

西洋占星術では、幼少期は太陽星座よりも月星座のほうが、影響が強く出ると言われています。平均的な月経周期（25～38日）との関係をみても、女性にとって、月はパーソナリティーを解読する上で、とても重要な鍵となるでしょう。月の公転周期は約27日で、1つの星座に約2、3日間滞在します。そうして、約一ヵ月をかけて12星座を一巡するため、毎日の運勢・日運は月の運行から予測しています。

その他、月は蟹座の守護星で、ギリシャ神話では月の女神セレーネ、あるいは豊穣《ほうじょう》の女神アルテミスが守護神とされています。

月がもつキーワードは、母性、生産性、保護、人気、不安、嫉妬心、浪費。象徴する人物としては、母親や妻の他に、一般大衆や保護者を意味します。

月が
双子座

社交的で器用 感情を制御できる人

月が双子座にある人は、感情が流動的。その場のノリや周りの人の意向に合わせて、気持ちをコントロールできる社交的なタイプです。本心をストレートには出さないため、「何を考えているのか、わからない」と思われることも。非常にクールな面もあり、他人への余計な情けや、嫉妬などのウェットな感情を、努めてもたないように心がけています。そんな性質だからこそ、双子座の見せる親切は、いつもシンプル。幼い頃は、何事も上手くこなす「器用な子」という印象です。人を笑わせるのが好きなひょうきん者で、多くの友達に囲まれるはず。

月が
牡羊座

頼られると張り切る 人情に厚いリーダー

月が牡羊座にある人は、激しい感情の持ち主。心が熱しやすく感激屋なので、人生において喜びも多いはず。カッと怒りやすいところもありますが、負の感情は溜め込みません。過ぎたことはサラリと後腐れなく忘れてしまうタイプ。牡羊座の最も基本的な性質である、好戦的なところを強く受け継いで、ライバルがいると俄然燃える傾向もあり、負けず嫌いです。勝負と聞くと血が騒ぐでしょう。幼い頃は特に正義感が強くて、仲間内でリーダーのポジションになりやすく、女性なら「姉御《あねご》肌」、男性なら典型的な「ヒーロータイプ」です。

月が
蟹　座

感受性豊かな 気配りの天才

月が蟹座にある人は、とても感受性が豊か。相手の些細《ささい》なひと言にもしっかりと反応し、一喜一憂するでしょう。繊細だからこそ、他人への気配りは目を見張るものが。ただし守護星・月の影響もあり、自分の親切が受け入れられないと感情的になったり、月の満ち欠けのごとく、気分が変わりやすかったりします。蟹の甲羅のような性質をもち、自分の世界を強固に守ろうとする傾向も。時に、身内や味方に敵が現れると、己が犠牲になってでも守ろうとするはず。子どもの頃は、友達や兄弟姉妹に手柄やおもちゃを譲るような、優しくおとなしいタイプ。

月が
牡牛座

おしゃれと食の興味は 幼少期から人一倍

月が牡牛座にある人は、のんびりとした心の持ち主。本来は物や人に対してこだわりが強いものの、穏やかな性格なので、他の人と争ってまで自己主張することはありません。時に他人から向けられた悪意に気づかないことがあったり、気づいても遅かったり。忍耐強いため、いい意味で痛みや苦労に鈍感なところがあります。優しさと頼りがいを持ち合わせていて、職場やクラスではまるで“寮母さん”のような存在。男女共に家庭的で、結婚願望も強めです。幼い頃はおとなしくてシャイですが、おしゃれや食べることへの興味は、人一倍だったはず。

月が
天秤座

常識的で常に冷静 感情に流されない人

月が天秤座にある人は、感情バランスがとても安定しています。常に「冷静でいたい」「常識的でありたい」と自制し、どんなシーンにおいても、過剰に一喜一憂することはありません。天秤座が「日和見主義」や「八方美人」と評されることがあるのは、感情を一定に保つべく、周囲に合わせて自分の意見を曲げることがあるため。社交的な性格なので、愛想笑いをしたり、ポーカーフェイスを貫いたりすることが、それほど苦ではないのです。小さな頃から、大人の会話に参加していても違和感のないほど、精神的に早熟しているタイプです。

月が
獅子座

プライドが高い 豪快なリーダー

月が獅子座にある人は、気持ちがおおらかです。常に「細かいことは気にしない！」と豪快でしょう。でも、自分のプライドを維持したり守ったりすることにかけては、かなり神経質。欠点や弱点を誰にも見せたくないので、つらい時も悲しい時も去勢を張ってしまいます。孤高な姿の裏に、寂しさを隠しているタイプ。支配欲が強いのも特徴です。何かを手に入れたい時は決して我慢せず、ありとあらゆる手を使うはず。子どもの頃は、勉強やスポーツでいい成績を収めて、褒められることに喜びを覚えます。集団の中では、パワフルなリーダー役。

月が
蠍　座

感情を内に秘めた クールな情熱家

月が蠍座にある人は、情念の強いタイプです。普段は感情を秘めているのでクールな印象ですが、つき合いが長い相手や家族の前では、あふれんばかりの愛情を示したり、喜怒哀楽を激しくアピールしたりします。特に嫉妬やいじけの感情を見せるのは、心を許した相手だけ。生い立ちや恋愛話など、自分の話を積極的にしないのも特徴。「聞いても面白くないかな」と思っているだけなのですが、秘密主義と言われることもあるでしょう。子どもの頃は、叱られても泣かないような気丈な子。頑張り屋で、一度決めたことは最後までやり通すはず。

月が
乙女座

ナイーブで繊細な性格 シニカルな一面も

月が乙女座にある人は、ナイーブな心の持ち主。細かいところまで気持ちや意識が行き届くので、どんな相手にも心を沿わせることができます。よく気づくからこそ、批判的な一面もありますが、総じて安定した感受性の持ち主でしょう。ただし、余計な心配をし過ぎる点は、開運の足を引っ張るので注意が必要。失敗しても冷静にリカバーできる実力を備えているので、案じるよりもアクションを起こすことを心がけて。子どもの頃は、物静かで手がかからなかったはず。時々シニカルな発言をしたり、ひょうきんな動きをして周囲を驚かることも。

月が

水瓶座

風変わりな性格で生まれながらの天才肌

月が水瓶座にある人は、どこかひょうひょうとしていて捉えどころがありません。怒るべきシチュエーションをジョークでやりすごしたり、落ち込んでいると見せかけて、状況を面白がっていたりすることも。家族や親しい人でさえ「不思議ちゃん」という印象を受けるでしょう。気持ちのコントロールが上手く、一見器用に見えますが、ネガティブな感情に対しては意外と不器用で、対処に困ることも。子どもの頃は、意表をつくような質問をしたり、集団から離れて急に単独行動をしたりするなど、風変わりな子。何でもこなせる天才肌でもあります。

月が

射手座

マイペースでオープンな性格

月が射手座にある人は、細かいことを気にしない、あっけらかんとしたタイプ。何事に対しても熱しやすく冷めやすく、また、やたらと上機嫌の日もあればムッツリしている日もあり、その時々でコロコロと表情が変わります。家族や親しい人には深い愛情を示し、たとえケンカをしても「自分に悪いところがあったのかな」と素直に思い直し、すぐに歩み寄るでしょう。子どもの頃は「したいことしかしない」というワガママ＆マイペースな子。好きなことだけに夢中になりますが、基本的に頭の回転が速く、知的好奇心が旺盛なのでいい成績を収めます。

月が

魚　座

心優しくピュア傷つきやすい面も

月が魚座にある人は、ピュアな感性の持ち主。純粋に物事のいい部分だけを見て「素敵だな」「美しいな」と喜んでいたいタイプです。だからこそ、傷つきやすさは人一倍。周りの人が驚くほど些細なことに、長い間、頭を悩ませることもあるでしょう。一緒にいる人の気持ちに同調しやすいので、悩み相談を受けるうちに、自分も落ち込んでしまうことが。家族の前では、いくつになっても無邪気でワガママ。子どもの頃は、動物や植物が好きなやさしい子のはず。おとぎ話に憧れるような、ふわふわした空想が大好きだった可能性も。

月が

山羊座

論理的で冷静感情は理性でセーブ

月が山羊座にある人は、感情を理性でセーブするタイプ。論理的で冷静なので、気持ちを動かす前に頭を使います。相手にわかってほしいがために、あえて厳しく怒って伝えるなど、感情をツールとして使うこともあるでしょう。しかし、ごく親しい人の前ではリラックスして、のびのびと感情豊かに過ごしているはず。普段は聞き上手のこの人が、会話中にボーッとしている時は、相手に気を許している証拠。子どもの頃は、生真面目な優等生。もともと凝り性で努力家なので、日々１つの趣味や勉強に、没頭することが多かったかもしれません。

☿ 水星 Mercury

コミュニケーション法や知性を読み解く鍵

水星は太陽に最も近いところを運行する、公転速度の早い小さな惑星です。「太陽から大きく離れていない」ということは、もれなく水星星座は太陽星座と同じ星座か、あるいは太陽星座の前後に隣接する惑星星座になります。

水星はギリシャ神話に登場する、神々の伝達役・ヘルメスにリンクしています。そのヘルメスと同一神である、俊足の神・メルクリウス（Mercurius）は、水星の英語名「マーキュリー（Mercury）」の由来にもなりました。ヘルメスは通信、商業、連絡、学問などを司る守護神とされています。また、風のように素早い身のこなしと頭の回転の速さ、抜け目のなさから、盗賊の守り神とも言われています。

西洋占星術では、この神のもっている性質を、そのまま水星に当てはめて考えます。話し方、ジェスチャー、物事の進め方など、表現やコミュニケーションの様式、対人運、勉強運や仕事運などをひもとく際、水星が重要なヒントを授けてくれるはず。太陽や月が示す「意志」「感情」を、自分以外の人にいかに伝達し、交流していくか……。その部分を司るのが水星なのです。

水星の公転周期は約88日。ひと星座には約2週間。長くて1ヵ月ほど滞在するので（※逆行時）、毎週の運勢や毎月の運勢を判断するのに有効です。また、水星は年に3回ほど逆行するのも、大きな特徴。実際に逆に動くわけではないのですが、水星と地球の位置関係によって、そのように見える時期があります。逆行している間は、水星の司る事柄が不安定になりやすいと、西洋占星術では判断します。連絡ミスが起こったり、物事が予定通りに進まなくなったり。逆行は、進んできた道を戻っているようにも見えるので、「過去をさかのぼる」「再会」という暗示にも結びつきます。

水星は双子座と乙女座、2つの星座の守護星です。

キーワードはスピード、向学心、知性、技術、商才、言語、詐欺。

人物としては、兄弟姉妹、商人、少年、年下の人物などを表す惑星です。

※逆行：惑星が見かけ上、普段と逆向きに運行しているかのように見える現象

水星が

双子座

仕事も勝負もスピード重視

水星が双子座にある人は、常に頭の中にたくさんの情報やアイデアが飛び交っています。話している間に、次の話題へ飛躍することもしばしば。仕事や勉強においては、クオリティーよりスピードを重視する傾向があります。そのためケアレスミスがやや目立ちますが、要所では粘り強く努力をするため、トータルの評価は高いでしょう。時流を読む力があるので、持ち前の商才を活かして独立するのも◎。対人面では、広く浅い交際が得意です。場の盛り上げ上手ですが、一対一の深いつき合いは「重い」と感じるタイプ。別人のようにシャイになることも。

水星が

牡羊座

正直でストレート自己アピール力抜群

水星が牡羊座にある人は、意思表示がとてもハッキリしているタイプ。会話中に言いよどんだり、考え込んだりすることは少ないでしょう。歯に衣を着せず、言葉のチョイスもややきつめ。それなのに周囲に嫌な印象を与えないのは、常に正直で真剣に気持ちを表現しているから。勉強や仕事では、わかりやすい目標設定と実力が拮抗《きっこう》しているライバルの存在で、めきめきと実力がアップします。初対面の相手にも物怖じせず、堂々と自己アピールができるので、説得力も抜群。営業職で大活躍するはずです。体育会系の会社や、業界との相性も◎。

水星が

蟹　座

豊かな表現力と要領のよさが強み

水星が蟹座にある人は、豊かな表現力で、自分の意志や目的を周囲に伝えることができる人。特にお願い事に愛嬌を添えるのは大得意。してもらったことに対して「ありがとう！」と大袈裟なくらいに喜ぶので、自然と協力者が増えていくでしょう。リアクションがオーバー過ぎると、少ししつこい印象になるので注意が必要。仕事や勉強では、要領がいいため、ピンポイントで功績を収めて目上の高評価を得ることも。職場では、グループや派閥を作りたがる傾向があります。小規模グループのリーダー役を任せると、驚くほどの成果を上げるでしょう。

水星が

牡牛座

時間をかけて着実に実力をつける

水星が牡牛座にある人は、話し方や身のこなしが優雅なので、古風でおっとりしたタイプに見られがち。しかし実は強い意志の持ち主で、「ここぞ」という時には自分の意見を押し通し、テコでも動かない強情さを発揮します。穏やかな印象なのに押しが強いので、交渉の場では大活躍するはず。勉強や仕事では、派手な活躍は少ないものの、時間をかけて実力を積み上げていく人です。大器晩成型で物事の進め方はスローですが、無駄がありません。対人面では礼節を重んじて、縁を長く大切にしようとします。口が堅いので友人からの信頼も厚いでしょう。

水星が

天秤座

完璧な社交術で 要領よく世を渡る

水星が天秤座にある人は、社交の天才。どんなタイプの相手とも、当たり障りのない賢いつき合いができます。相手の気持ちを汲み取ることに長け、極端に無礼のないキャラクター。完璧な社交術を身につけているゆえに、却って「本音の見えない人」と敬遠されることがあるかもしれません。人からルーズと思われたくないので、仕事場や学校では締め切りやルールを死守するでしょう。しかし要領の良さを活かして、効率化には余念がありません。営業も事務もこなせるマルチな人。起業するより組織の中にいるほうが才能を発揮します。

水星が

獅子座

カリスマを備えた 華やかなリーダー

水星が獅子座にある人は、典型的な指導者タイプ。それも圧倒的なカリスマ性で、周囲に威厳を感じさせるタイプのリーダーです。親分肌で目下には親切。もしトップになれないと判断したり、気に入らない組織であったりした場合は、一匹狼を貫くこともあります。仕事や勉強では、持ち前の管理能力で予定通りにキッチリと課題を仕上げるでしょう。ルーチン作業の信頼度は高いのですが、新しいアイデアを生み出したり、予定外の事柄に順応するのはやや苦手かもしれません。声が大きくハキハキと話すので、司会やプレゼンでは堂々とした態度が好評に。

水星が

蠍　座

秘密主義者で 交友関係は少数精鋭

水星が蠍座にある人は、対人関係の範囲が狭く、濃密です。深いつき合いができないと判断した相手とは、最初から最後まで最小限の交流しかしないでしょう。友人の数は少ないものの、親衛隊のような味方や、自分の分身のような親友がいるので、寂しさを覚えることはないはず。仕事では、ケタはずれの集中力で１つの業務を黙々とこなします。普段は物静かに働いていますが、いざ交渉の立場に立つと、押しの一手で要求を通すなど、頼りがいを見せることも。秘密主義で、余計なことは一切話さないのも特徴。口が堅いので相談を受ける機会も多そう。

水星が

乙女座

鋭い観察眼をもつ 完璧主義者

水星が乙女座にある人は、真面目で義理堅いので、職場やクラスの「名秘書」的な存在として人気を集めます。物事を計画的に、そしてミスなくこなすことに関して、右に出るものはいないでしょう。ただ完璧主義者なので、他人の失敗が気になる傾向も。自分から積極的に話すことはありませんが、得意分野の話題になると、水星パワーが働いてトークが止まらなくなるでしょう。時々飛び出すジョークや皮肉も、魅力のスパイス。どの仕事も有能にこなしますが、鋭い分析力や観察力を活かせる研究職が◎。事務仕事など、ルーチンワークも得意です。

水星が

水瓶座

ユニークな発言で分け隔てなく接する

水星が水瓶座にある人は、発言や表現がユニーク。つき合いの中でも、怒るべきところでヘラヘラしたり、逆に些細なことで怒り出したり、つかみどころがありません。一緒にいると刺激的なので、友人の数は多いでしょう。また、誰とでも分け隔てなく接することも特徴。相手によって態度を変えず、目上の人にタメ口で話しかけることも。仕事や勉強では、キレのある頭脳を活かして、常にいい成績をキープ。あまり努力をしなくても、不思議と何でもできてしまうはず。組織では、出世や派閥争いに興味がないので、独自のポジションを確立しそう。

水星が

射手座

肩書きを嫌い本音で接する正直者

水星が射手座にある人は、豪快でマイペース。あっけらかんとした態度で誰とでも仲良くなれるので、友人の数は多いでしょう。お世辞や社交辞令が苦手で、物の伝え方はいつもストレート。相手を傷つけてしまうこともあるのですが、その正直な姿勢を支持する人も多いはず。上司や年長者にも遠慮しません。異性とも、駆け引きをせずに本音でつき合うタイプ。職場の仕切り役や盛り上げ役をさせると、最高の結果を出します。ただ作業の正確さはイマイチかも。些細なきっかけで転職しやすく、ポジションによって評価が変わるかもしれません。

水星が

魚　座

見返りを求めず全力で周囲を支援

水星が魚座にある人は、人懐っこいキャラクターで人々の心を魅了します。仲間には常に親切で、困っている人がいたら全力で支援するでしょう。見返りを求める気持ちがまったくなく、無償の愛を当たり前のように捧げることができるので、絶大な信頼を集めます。受け身で周囲の意見に迎合しやすいところがありますが、周りからは好意的に見られているはず。仕事や勉強では、やや集中力が不足気味。緻密な事務作業は苦手かもしれません。コミュニケーションを必要とする営業や接客では、きめ細やかなサービスで、優秀な成績を収めるでしょう。

水星が

山羊座

洗練された社交術で人気と注目を集める

水星が山羊座にある人は、過去、多くの資料で「おとなしくて受け身。人づき合いが下手」と評されてきましたが、現代は解釈が大きく異なります。コミュニケーションが巧みで積極的。友人の数は少なくとも、社交術が洗練されていて、人気も抜群。高いプライドの持ち主で、負けず嫌いでもあります。仕事や勉強に対しては不屈の努力で挑むでしょう。入念に下調べし、準備は絶対に怠りませんが、その努力の跡は誰にも見せません。ただ、無駄がない物言いをするため、初対面の相手からは「キツそう」と思われてしまうことも。

♀ 金星 Venus

恋愛運と金運を司る愛と美の惑星

金星は「明《あ》けの明星《みょうじょう》」「宵《よい》の明星《みょうじょう》」という別名で親しまれているように明るく輝く魅力的な惑星です。古代から多くの国で、愛と美の象徴としてあがめられてきました。このことから、金星はギリシャ神話のアフロディーテ、ローマ神話ではビーナスに見立てられています。アフロディーテもビーナスも、どちらも愛と美を司る女神です。

いにしえより金星は、子孫繁栄の象徴とみなされてきました。同じく、子孫繁栄の願いを託された惑星に、月があります。ですがその役割は大きく異なり、金星が「愛情行為」を司るのに対して、月は「生殖」を指していたと考えられています。

西洋占星術では、金星で「愛」と「美」、「芸術」、「品性」を占います。何を見て、何に触れた時に「いいな」「素敵だな」と思うか。「遊び」や「趣味」、「美意識」。そして、「恋愛対象となる異性」を知る手掛かりとなるでしょう。違う視点から捉えれば、「美意識に反すること」「嫌悪する対象」「何に現実逃避しやすいか」なども、金星から読み解くことができると言えます。

男性のホロスコープ上では「好みの女性のタイプ」、女性のホロスコープ上では「男性への愛の傾向」も、金星星座で占います。また、金星は金銭も表すので金運や金銭感覚も占うことができます。

金星の公転周期は約225日。ひと星座に約1ヵ月近く滞在するので、西洋占星術では毎月の運勢、特に恋愛運と金運の予測に使われます。

また水星と同じく、金星は地球よりも太陽に近い軌道にいる惑星、いわゆる内惑星です。そして、約1年半に1度ほど逆行します。逆行時には、愛情とお金、そして美に関することが後ろ向きになるイメージ。現在の恋愛を見直すタイミングでもあり、復活愛の兆しが現れる時期でもあります。

金星は、牡牛座と天秤座、2つの星座の守護星です。キーワードは、愛、美、快楽、芸術、平和、怠惰、上品、金銭など。人物を指す場合は、若い女性や美男美女、資産家などを示します。

金星が 双子座

出費は多くとも財テクのセンス◎

金星が双子座にある人は、流行に敏感。何よりも新しいものが大好きで、ニュースや新商品をこまめにチェックし、それらに触れることで運も才能も刺激されるタイプです。遊び上手で、相手を退屈させない天才でしょう。異性・同性、どちらからも誘われやすい人気者。好奇心のかたまりゆえに、出費の機会もかなり多めです。その場のノリで不要な物まで買ったり、ネット通販でどんどん購入したり、とにかくお金を使うスピードはピカイチ。しかし、天性の財テクのセンスがあるので、本気になれば、小さなお金を大きく育てることのできる人です。

金星が 牡羊座

揺るぎない価値観で迷わずに進む

金星が牡羊座にある人は、好き嫌いが激しい傾向です。自分の中にある「正しいか、正しくないか」がすべての判断基準になっていて、好みにおいても「私が正しいと思う。だから好き」という、確固たる価値観をもっています。パッと場が華やぐような、明るい笑顔とオーラの持ち主で、ケチケチしたことは嫌い。お金の使い方はかなり大胆で「よく使い、よく稼ぐ」という風に、躍動的な金運の持ち主です。趣味や遊びには常に全力投球。やや飽きっぽい面があるので、色々な物事に着手しますが「これ！」というものに出会うとプロ並みに極めます。

金星が 蟹　座

衣食住の充実が幸せの指針に

金星が蟹座にある人は、日々の生活をセンス良く、楽しく整えたいと思っています。衣食住の充実が、幸せの指針となるはず。料理や掃除など家事への意識も高く、それらがおざなりになると生活が一気に荒《すさ》んでしまうでしょう。一日中家の中で過ごすのも苦にならないタイプ。流行を追うより、トラディショナルな品を選ぶことが得意です。金銭面では、守銭奴《しゅせんど》と言っていいほどのしっかり者。節約が苦にならず、貯蓄もかなり上手です。ただ、ストレスが過剰に溜まると、ショッピングで発散する傾向があるので、適度な息抜きを心がけることが大切。

金星が 牡牛座

堅実な金銭感覚で使うべき時に使う

金星が牡牛座にある人は、美しいものが大好き。一般的に美に優れているものを愛でるというより、自分のお眼鏡に叶った「特別、美しいもの」に耽溺《たんでき》するところがあります。いわゆる「オタク気質」も強いでしょう。金銭感覚はしっかりしていて、お金の遣い方は聡明。ただし趣味やライフワークへの出費には糸目をつけず、とことん突き詰める傾向もあります。やや執着心が強いところがあるため、生活や異性関係において「これは好き」「あれは嫌」とこだわりを見せることも。お酒や美食に関心が高く、センスのいい遊び方をするタイプです。

金星が

天秤座

美意識が高く 自分にも人にも厳しい

金星が天秤座にある人は、シンプルに「美しくて、正しいこと」を大切にします。行動や発想が洗練されていて、誰もが「素敵」とほめてくれるような、そんな自分が理想。その理想に沿うように、密かに注意深く振る舞っているはず。少々贅沢でも最高に美しく、心地いい物と時間をチョイスします。一方で美意識に反するような、鈍くさいものや不潔なもの、ルーズなものは、生活から厳しく排除する傾向も。切り捨て方が極端なので、身近な人からは「潔癖症」と思われがちです。金銭面では消費は多いですが、貯蓄への意識も高いでしょう。

金星が

獅子座

金運に恵まれ 使い方も華やか

金星が獅子座にある人は、とても華やか。人目を気にするので、適当な格好で出かけることは決してありません。一緒にいる相手にも「常にきちんとしていてほしい」と望むところがあります。ブランド物やパッと一目でわかる美しい品が大好き。それらへの投資には糸目をつけないでしょう。遊び方も豪快。よく食べよく飲み、明るく楽しむタイプです。幹事役や盛り上げ役としても、絶大な信頼を集めるはず。浪費家の傾向がある一方で、いったん貯蓄すると決めたらコツコツと貯めることもできる人。金運とギャンブル運に恵まれているのも特徴です。

金星が

蠍　座

相続運に恵まれ 大金を手にするかも

金星が蠍座にある人は、わかりやすい価値に魅力を感じないタイプです。占いやオカルトなど、少し変わった趣味や遊びにハマることが多いでしょう。周囲の人から「ツウだね」「神秘的だね」と言われると、うれしくなるはず。基本的に他人から干渉されることを嫌う傾向があり、共同生活や大人数での旅行は苦手かもしれません。ただ、お金への執着は意外にもかなり強め。会社の同期やご近所の家計が気になり、機会さえあれば根掘り葉掘り質問しそう。遺産や相続などで、予期せぬ大金が手に入る暗示もあります。総じて金運には恵まれるでしょう。

金星が

乙女座

無駄を省き リスクを排除する天才

金星が乙女座にある人は、清潔で整然とした空間にこだわるタイプ。「余計な装飾をそぎ落とし、ルールに基づいて整然としているもの」に魅力を覚えるでしょう。平日は、片づけや模様替えに没頭する傾向があります。デジタルに強かったり、歴史に詳しい人が多いことも特徴です。まるで少年のように、何かの収集に夢中になることもあるでしょう。ややオタク気質なところも。金銭面では、貯蓄＆運用の才能が光っています。稼ぐことよりも、資産管理や投資に興味津々のはず。徹底したリスクマネジメントで、確実に財を増やすタイプ。

金星が 水瓶座

金銭感覚が鋭く 効率的に稼ぐ

金星が水瓶座にある人は、「面白ければすべて良し」という感性の持ち主。ファッションやメイクも、少々奇抜なものを好むはず。「どこで買ったの？」と思わず聞きたくなるような物を身に着けていたり、好みの物が手に入らない時は自分で作ったりもします。金銭面では、効率的＆楽しく稼ぐことがモットー。もともとの金銭感覚が鋭いので、管理は大雑把でも無駄がありません。お金への執着は強くないのですが、投機の勘に優れているでしょう。また、これまでになかったような新しい作品やビジネスモデルを生み出し、一攫千金が叶う可能性もあり。

金星が 射手座

好奇心旺盛で よく稼ぎよく遊ぶ

金星が射手座にある人は、遊びの達人。お金と時間をたっぷり使って、時には周りが呆れるほど遊ぶタイプです。最新のファッションや車にも関心が高く、「欲しい」と思ったらローンを組んででもすぐに手に入れるでしょう。とにかくたくさん使ってたくさん稼ぐ人。お金は「経験のためのツール」と思っていて、貯蓄意識は低いかもしれません。ただ、その放蕩《ほうとう》ぶりが魅力と開運につながるので、あまり自制しないのが正解です。海外旅行や語学の勉強に投資をして若いうちから世界を広げていくと◎。特許権や著作権で財産を成すことも。

金星が 魚座

使途不明金を減らす 金銭管理が課題

金星が魚座にある人は、ロマンチックな世界観を愛するタイプ。たとえ男性であっても、その傾向は強いようです。甘い香り、愛らしい動物、ふわふわした手触りのものに囲まれて、癒されるのが大好き。根っからの恋愛体質で、つき合う相手に合わせて、趣味やセンスが突然変わることも。金銭面では、お金の使い方がややルーズかもしれません。使途不明金が多いので、しっかりした金銭管理が生涯の課題となりそう。勧められると断れず、お酒の誘惑に負けてしまいがちですが、酒席の盛り上げ役としての活躍が、仕事での成功につながる可能性も。

金星が 山羊座

伝統や名品を愛し 堅実に貯蓄

金星が山羊座にある人は、トラディショナルなものに価値を見出します。周りが流行を追っている中、昔からある名品をマイペースに慈《いつく》しんでいるタイプです。職人が手仕事で丁寧に仕上げた物や、美しいヴィンテージの商品が大好き。金銭面では、貯蓄と投資を上手にこなしますが、ブランド品にも執着があるので、一度に大きな金額を使ってしまうことも。株のセミナーなどを熱心に受講して、研究を重ねる傾向もあります。コツコツ貯めるので「ケチ」と思われがちですが、いざという時には気風《きっぷ》のいい使い方をして、周囲を驚かせるでしょう。

♂ 火星 Mars

戦いと健康状態を司る赤く輝く惑星

火星は「戦い」のシンボル。惑星記号もわかりやすく、盾《たて》と槍《やり》を表しています。古代ギリシャ・ローマの以前から、この惑星が「戦の星」と恐れられてきたのは、火星の色が血のように赤く、不吉な雰囲気を漂わせているところから来ていると考えられています。

ギリシャ神話では、火星は軍神・アレース（ローマ神話ではマルス）によって、象徴されています。アレースはゼウスの子で気性の激しい神であり、その姿も多くの場合、鎧兜《よろいかぶと》に身を固めた好戦的な戦士として描かれています。

中国でも火星は「熒惑《けいこく》」と言われ、やはり怪しい光を放つ妖星《ようせい》と考えられていました。そのまま古代的な象徴を取り入れれば、火星は「争い」や「トラブル」を招く凶星と思われがちですが、決して悪い意味ばかりではありません。火星は「勇気」や「バイタリティー」の象徴でもあります。「勝つために、どのように動くか」という攻撃性や闘争本能、決断のタイミングも、火星から読み取ることができるでしょう。身体及び健康状態、性的な欲求なども火星星座が手掛かりになります。

男性のホロスコープでは「女性への愛情の傾向」、女性のホロスコープでは、「好みのタイプの男性」を表します。金星がもつイメージとは正反対のキーワードをもつ惑星なので、「金星＝女性的」、「火星＝男性的」とイメージすると、覚えやすいはず。

また、火星は牡羊座の守護星です。公転周期は約687日で、ひと星座に約2ヵ月弱の間滞在します。したがって毎月の運勢、特に健康運や恋愛運、勝負のタイミングなどを占う時には火星が使われます。

火星も逆行しますが、2年に1度くらいと稀《まれ》です。しかしそのタイミングでは、ひとところに長逗留《ながとうりゅう》することがあり、運勢に比較的長期間強い影響を与えることがあります。

キーワードは情熱、勝利、冒険、緊張、リーダーシップ、短気、攻撃などがあり、象徴する人物ではアスリート、軍人、若者があります。

火星が

双子座

考えるよりも効率重視で行動

火星が双子座にある人は、そもそも攻撃性というものをあまり持ち合わせていません。攻撃されてもスルッと交わしたり、嫌味の１つでサラッと水に流したりするところがあります。ただ、一度でも本気で怒らせると、関係性をスッパリと断ち切る冷酷さが顔を出すでしょう。決断は早め。あまりに早いので「考えなし」に見えることもありますが、考えるよりも行動しながら正解を探すほうが効率的と思うタイプです。健康面では、腕、肺、神経系がキーワード。気力が削げると、それに引っ張られるように体調を崩しがち。自律神経の疾患に注意して。

火星が

牡羊座

行動力抜群で体力＆気力も十分

火星が牡羊座にある人は、行動力抜群！　火星は牡羊座の守護星なので、その性質がより強く表れます。瞬発力も目を見張るものがあり、「思い立ったら即行動」がモットーです。時には、思い立つ前に行動することさえありそう。性急な分、ミスや勘違いもありますが、その積極性と素早さは周囲から一目置かれているはず。「一番」が好きなので、「一番」になれない勝負には、端《はな》から興味を示さないのも特徴です。体力・気力が旺盛でスポーツも得意ですが、持久力はいまいち。健康面では気力が落ちると、顔や頭部周辺に悪影響が現れそう。

火星が

蟹　座

警戒心が強くリスクを排除する

火星が蟹座にある人は、蟹の固い甲羅で守るかのごとく、防衛本能がとても強いタイプ。自分の世界や身内の安全のために、常に外敵を警戒しています。いざ攻撃された時は、鉄壁のディフェンスで自衛するでしょう。そのため、自ら能動的に誰かを攻撃することはあまりないはず。警戒心が強いので、新しい行動を起こすまでにかなりの時間を要する傾向があります。大きな失敗はほとんどありません。健康面では、胸、胃、乳房がキーワードです。心配症なので、不安が胃痛につながることもありそう。食欲旺盛で、やや太りやすいので注意してください。

火星が

牡牛座

物怖じしない実直な人

火星が牡牛座にある人は、防衛本能が強いタイプ。自分のテリトリーや権限を大切にしていて、干渉されたり攻撃されたりすると強い反撃態勢を取ります。ただ、そこが脅《おびや》かされない限り「自ら喧嘩をふっかけよう」という発想はありません。だからこそ交渉事の場では、意外にズバズバと意見します。勝敗に関わらず、実直に思いを伝えようとするだけなのですが、その明確な態度は周囲から信頼を集めるでしょう。健康面ではスタミナに恵まれ、ハードな運動や徹夜も軽くこなしそう。顎《あご》や喉がキーワードなので、これらの調子が悪い時は早めに休息を。

火星が

天秤座

品のある言動で美学を貫く

火星が天秤座にある人は、行動形式がとてもエレガント。怒りの感情をあらわにしたり、能動的に他人を攻撃したりすることはめったにありません。「いざ攻撃」と言っても、嫌味のひと言で終わるくらいのアッサリしたものでしょう。本気で戦闘態勢を取るのは、自分の正義を傷つけられた時。一般的な価値観とはかけ離れていても、自分なりの美学に基づいた正義を貫くタイプなので、他人にそれを指摘されると、必死に抵抗・反論するはず。健康面では、腰や腎臓がキーワードになります。持久力はあまりないので、意識して休養することを心がけて。

火星が

獅子座

プライドが高くパワフルで野心的

火星が獅子座にある人は、例えるならパワフルな王様。いつか来たる戦いのために賛同者を集め、率いていくような生き方を好みます。もちろん味方が困っている時は、掛け値なしに助けに走るでしょう。周囲から「すごい人」と承認されることに快感を覚えるタイプなので、プライドを損ねられたり、存在を無視されたりすると、その相手に非常に激しい攻撃を仕掛けます。「これは敵わない」と逃げ出すくらい、とことんまで攻撃するでしょう。健康面では心臓、背中、血管がキーワードです。特に、血圧に関わる疾患には気をつけたいところ。

火星が

蠍　座

抜群の持久力で粘り強く対応

火星が蠍座にある人は、「自分の世界」にズカズカと踏み込んでくる勝手な人や、自分の価値観を批判する人に対しては、容赦《ようしゃ》なく攻撃を仕掛けます。持久力があるので、いったん敵とみなすと退散するまで攻撃を続けるでしょう。敵に回すと怖いタイプかもしれません。用心深く慎重なので、何事も安全性や将来性をよく調べ上げてから、行動を開始します。そのおかげで決断ミスは、ほとんどないはず。健康面では、生殖器、膀胱《ぼうこう》がキーワードに。女性は婦人系の疾患に気をつけてください。スタミナと気力は抜群。性的な欲求が強い人でもあります。

火星が

乙女座

安全確保のためなら戦いも辞さない

火星が乙女座にある人は、普段からあまり怒ったり、むやみやたらに攻撃しない物静かなタイプ。喧嘩する時間があるなら、自分の仕事や趣味に労力を注ぎたいと考える人です。攻撃本能を発揮するのは、不遠慮にテリトリーに介入された時や、仲間に危険が及んだ時。自分や家族の安全を守るため、真剣に戦うでしょう。健康面では、胃腸など消化器系がキーワード。食事を摂るタイミングが乱れないように気をつけてください。体力作り、スポーツにもストイックです。ただ、仕事では体調不良でも気力で乗り越えようとしがち。無理は禁物です。

火星が

水瓶座

［ユニークで好戦的な反逆児］

火星が水瓶座にある人は、上昇志向でとても好戦的です。上司や権力者にも構わず意見するので「扱いにくい人」と思われがちですが、「勇気ある人！」と称賛の声も同じく多いはず。また、自分自身とも常に闘っていて、昨日までの考え方や価値観は「古い」と判断すれば即破壊。日々、新たな自分を求めるタイプです。また、怒りのツボが周りの人と違ったり、突拍子もないタイミングで決断したりするのもユニークなところ。健康面では、ひざ下と血圧がキーワードです。脚がむくまないように、こまめにケアしましょう。体力・気力は平均的。

火星が

射手座

［何事もその場で即断即決］

火星が射手座にある人は、やや感情的になりやすい傾向があります。特に、周囲から束縛されたり、勝手に決めつけられたりすると、カッとなりやすいようです。ちょっとしたことでもムッとするのですが、本人がそれを隠さずに、むしろその場で相手にきちんと伝えるため、後腐れがありません。とにかく決断がスピーディーな上、考え方が前向きなので、クヨクヨと思い悩むことはないでしょう。健康面では、臀部《でんぶ》、大腿部《だいたいぶ》がキーワードになります。ダイナミックで力強い下半身の持ち主です。スポーツのセンスも抜群ですが、そのぶん怪我には注意して。

火星が

魚　座

［愛する者を守るためだけに戦う］

火星が魚座にある人は、そもそも攻撃本能自体があまり強くないタイプです。傷つきたくないし、人を傷つけたいとも思わないはず。家族や庇護《ひご》すべき対象から保護を求められた時だけ、その人を守るために戦いますが、基本的に怒りの感情は静かに内に秘め、静かにやり過ごします。決断に関しては、勘がいいのでひらめきで決断すると◎。健康面では、くるぶしと神経がキーワードです。神経が疲れやすいので、気分のリフレッシュはこまめに。体力はそれほど旺盛ではありません。生活リズムがルーズになりやすい点にも、注意が必要です。

火星が

山羊座

［緻密な頭脳戦が得意な切れ者］

火星が山羊座にある人は、闘争本能が発達していて、緻密な頭脳戦が得意です。頭の中に参謀本部があり、攻守のタイミングや相手の弱点の見極めなど、完璧な作戦を立ててから勝負に挑みます。相手の逃げ道すらも計算した上で残してあげる、典型的な政治家。あるいは参謀タイプと言えるでしょう。出世争いでもライバルや抵抗勢力を蹴散らして、最終的に勝ち抜けるタイプです。健康面では、膝や関節、皮膚がキーワード。健脚・美脚の人が多いのが特徴です。体力気力共に旺盛だからこそ、自分のタフさを過信しがちな点には注意してください。

♃ 木星 Jupiter

拡大と膨張を司る太陽系最大規模の惑星

木星は、太陽系の惑星の中でも群を抜いて大きく、直径は地球の約11倍にもなります。肉眼でも、夜空にはっきりと姿を捉えることができます。その威風堂々たる輝きから、西洋占星学術では、ギリシャ神話に登場する全知全能の神・ゼウス（ローマ神話ではユーピテル）の惑星に位置づけられています。

西洋占星術の発祥は、バビロニア（メソポタミア南部に興《おこ》った王国）であると言われています。そのバビロニアでも木星は、最も地位の高い天界の指導者・マルドゥク（バビロニア神話などに登場する男神《だんしん》）を象徴する惑星だと考えられていました。

木星は、物事をどんどん拡大&膨張させようとする性質をもつので、「発展」と「成功」の象徴になっています。ホロスコープ上では、木星はおおむねいい意味をもち、幸運をもたらす「天のサンタクロース」や「幸運の使者」と例えられるほど。

出生ホロスコープにおいては、「社会の中での成功ビジョン」が占える惑星です。その人がどのような価値観に重きを置き、それが社会的にどのように受け入れられていくのかを、木星からひもとくことができます。「膨張」のキーワードから、「甘え」や「緩慢《かんまん》さ」、「肥満」などを示すことも。

木星の公転周期は約12年です。約1年ごとにひと星座に約1年間滞在します。12星座を渡り歩くので、その年全体の運勢を占う重要な役目をもっています。木星が自分の出生ホロスコープにある太陽星座の位置にやってくると、いわゆる「12年に1度の大幸運期」の到来。多くの幸運と支援に恵まれるでしょう。12星座の間を規則的に運行することから、中国でも木星は暦を作る際に重宝されました。中国では木星は「歳星《さいせい》」と呼ばれ、災いをもたらす神として神格化されていました。

また、木星は射手座の守護星です。キーワードは、宗教、正義、向上、過大、海外、贅沢、自信過剰など。象徴する人物としては、壮年期の男性や成功者、宗教家などがあります。

木星が

双子座

苦労や努力を「楽しみ」に変える

木星が双子座にある人は、持ち前の洗練されたセンスで、苦労や努力を「楽しみ」に変えることができるタイプです。「好きなこと」を追及する間に出世することもありますが、もともと「偉くなりたい」とか「お金持ちになりたい」という欲求はそれほど強くありません。その欲のない、「風」のような生き方は目上の人の興味を却って刺激し、予期せず引き立ててもらえることも多いはず。活躍できるのは、メディアやスポーツ関係、ＩＴ関係など躍動感のある業界です。今までにない「新しいもの」を発明して、一躍時の人となる可能性もあります。

木星が

牡羊座

強運を活かして勝負に出る

木星が牡羊座にある人は、勝負運の強さを最大に活かすことが、社会的に成功を手に入れる鍵。「これは！」と思うチャンスがあったら、たとえリスキーでも飛び込んでみましょう。木星は「勝者の冠」を授けようと作用するので、勇気をもって戦うのが正解です。勝負運を活かすという意味では、スポーツや投機の世界とも相性は抜群。成功までの道のりは、最短で用意されています。忙しくて目の回るような毎日を、猛スピードで駆け抜けていく。そんな人生になりやすい暗示です。また、早めに独立して、若い間に苦労したほうが成功しやすいでしょう。

木星が

蟹　座

引き立て運により大抜擢の可能性も

木星が蟹座にある人は、人生を通じて引き立て運に恵まれています。目上の人からの引き立てによって、実力以上のポジションを手に入れる可能性も高いでしょう。恩を忘れずに精進するので、異例の大抜擢でも周囲に好意的に受け入れられていきます。また、家族との絆が強いため、人生のピンチには家族が強力にバックアップしてくれるはず。もちろん逆に家族が困っているときは、捨て身の支援をする人です。そういった「愛の交換」が、やがて大きな成功と富につながっていくでしょう。女性向けの仕事や、女性の多い環境で成功しやすいタイプです。

木星が

牡牛座

堅実かつ着実に社会的成功を収める

木星が牡牛座にある人は、真面目な努力家。自分の夢を叶えるために、時間と労力は惜しみません。名声や有り余る富を追い求めるよりも、自分らしく生きられるミニマムな環境を手に入れるほうがしっくりくるタイプです。堅実な価値観に基づき、ほどよいサイズの幸せを目指すでしょう。また、家族との絆を大切にしているので、家庭を犠牲にしてまで自分の夢を追及することはないはず。ジャンルとしては「新しいもの」より「古くからある確かなもの」に縁があります。料理研究家、財産管理のプランナーなど、生活密着型の仕事で成功する可能性も。

木星が

天秤座

[上質な暮らしが ツキを運んでくる]

木星が天秤座にある人は、社会において、人間関係を広げる役目を期待されています。紹介で人と人をつないだり、多くの人と接する仕事に就いたり、極端に言えば１人で過ごす時間がないほど、人に関わる機会を増やすと木星の加護が増します。人材紹介業や結婚相談所の仕事などが特におすすめ。容姿や暮らしぶりを美しく整えることで、さらに成功運が活性化するはず。少々無理をしてでも、上質な物に囲まれて暮らすと、ツキを引き寄せられます。共同事業の素質もありますが、パートナー選びは慎重に。相手次第で、成功の確率が変わってきそう。

木星が

獅子座

[持ち前の幸運で 世に名を残す]

木星が獅子座にある人は、仕事や趣味で成功し、世間の注目を集めます。人々に夢や希望を与える人として、後世にまで名を残す可能性も。この持ち前の幸運を最大に活かすためには「私なんて」と謙遜や卑下をせず、多少図々しいくらいに自己アピールをしていくことが大切です。権力者に目をかけてもらい、実力以上の成果を手にするという暗示もありますが、それに見合う努力や苦労も惜しまないため、嫉《ねた》まれることもありません。名誉職や賞金などにも縁があります。ワンマンなので、若いうちから独立する人も多いようです。

木星が

蠍　座

[チャンスを活かし 独自の分野で活躍]

木星が蠍座にある人は、生まれつき、幸運をつかむ握力が備わっています。人生の中で与えられるチャンスは少ないですが、それを上手に活かして、最大の幸せを手に入れることができる人。社会においては、地味でありながら息の長い活躍ができるでしょう。人間の生と死や運命に関して独自の思想をもっているのも特徴で、神秘学やオカルトなど、不思議な分野で活躍するかもしれません。カリスマ性があり、いずれ教祖のような立場になる可能性も。大きな遺産を受け継ぐ暗示もあります。予期せず、跡目争いに巻き込まれることもありそう。

木星が

乙女座

[丁寧に着実に ポジションを確立]

木星が乙女座にある人は、目の前に降ってきたチャンスを確実に拾い、丁寧に活かしていくタイプ。華やかな成功や突然の大ブレイク……と言うよりは、着実に技術や地位をステップアップさせていく人です。特に仕事では、自分にしかできない技術を手に入れて、貴重なポジションを確立していきそう。研究職で、功績を残す可能性もあります。ライフステージが変わっても、何かしら仕事を続けていたほうが賢明です。年齢を重ねるごとに、悩みや問題は解消されていくはず。独立するよりは会社勤めが◎。健康、医療に関することにツキがありそう。

木星が 水瓶座

型破りな発想のもと 独立独歩で成功

木星が水瓶座にある人は、独立独歩で成功するタイプです。社会的な地位や周りとの足並みはあまり意識しないほうが、出世しやすいでしょう。型破りな発想は、時に目上の人にたしなめられることもありますが、「人からどう思われているか」が気になり出すと、成功運の広がりはストップしてしまいます。空気が読めないくらいでちょうどいい、と思って行動するのが◎。新しいテクノロジーの研究など、未来に役立つ仕事に適性があります。ただ、お金にあまり執着がないので、とめどなく研究費をつぎ込む可能性が。意識して支出の管理を行うのが吉。

木星が 射手座

木星の加護を受け 好きなことで成功する

木星が射手座にある人は、もともと名誉や富にはあまり興味がないはず。でも、好きなことを追いかけていくうちに、自然と成功してしまった……と言うような棚ぼた運の持ち主です。なぜなら、射手座の守護星は木星。木星のラッキーパワーが増幅している状態なのです。ある日突然「飽きた」という理由で、これまでの実績を捨てて転身する自由さもあります。そうして無邪気に新たな夢を追いかける間に、再び成功してしまうのがすごいところ。自国の文化を海外に紹介したり、国外の仕事をコーディネートするなど、国際的に活躍する可能性も。

木星が 魚座

奉仕の精神と感謝が 成功への近道

木星が魚座にある人は、奉仕の精神を大切にすると、自ずと社会的成功が手に入るタイプです。チャンスを独り占めせず仲間にも分け与える。成功しても「みなさまのおかげ」と周りに感謝する。これらのことを心がけていれば、不思議と運は上向きになります。ボランティアや寄付を心がけるのもおすすめ。ステイタスや富を手に入れることを優先して生きると、潜在的に罪悪感を持ち続けることになり、苦しくなってしまうはず。「人を喜ばせたい」「愛する人に楽をさせてあげたい」という温かくて純粋な気持ちが、成功の栄養素になるでしょう。

木星が 山羊座

トップを狙える ハイブリッドの幸運

木星が山羊座にある人は、組織の中にいてもフリーであっても、トップを狙える人。木星の成功パワーに、山羊座のもつ野心が加味されて、ハイブリットの幸運が約束されています。また、歴史や伝統を重んじるので、昔からある素晴らしい文化を、後世につなげていくような役割を果たすことも。真面目な気質が目上の人や権力者の目によく映り、寵愛《ちょうあい》を受けるでしょう。ただ、成功へのスピードは、木星の緩慢《かんまん》さと山羊座のもつ重厚な性質が相まって、かなりスローである可能性が。大器晩成型と心得て、何事にも長期計画を用意しておくのが賢明です。

♄ 土星 Saturn

忍耐や努力を司り 人生の課題を示す

大きな外輪が特徴の土星。天体望遠鏡を使えば、その幻想的な姿をはっきりと見ることができます。西洋占星術上では、ギリシャ神話のクロノス（ローマ神話ではサートゥルヌス）が守護神として位置づけられています。土星の英語名は「Saturn」ですが、これはローマ神話のサートゥルヌス（Sāturnus）が由来。悪魔を意味するサタンとは別物です。

バビロニアでは、土星は古い時代の農耕の神・エヌルタの象徴として、人々にあがめられていました。それがギリシャ神話では、大空を支配する神・ウラノスと大地の神・ガイアの間に生まれた巨人族の末っ子として描かれています。父親のウラノスを母のガイアと共謀して追いやり、クロノスが父に代わって長きにわたり、天界を支配していた……というストーリー。やがてクロノスは、自分が父親を追放したように、自身の子であるゼウス、ポセイドン、プルトーの3兄弟によって帝位を追われ、奈落《ならく》に幽閉されてしまいます。

西洋占星術上では、木星の「拡大」「増大」の反対、土星は「縮小」「抑制」を表します。「試練の星」とも呼ばれ、凶星ととらえられがちですが、クロノスはもともとストイックな神様です。そこから土星は「忍耐」や「努力」を意味すると考えられています。具体的には、克服のテーマ、課題、試練、努力して得られるものなどを占うことができます。

公転周期は約29・5年。ひと星座に約2年半滞在します。木星と同様、年間の運勢を読み解く際に使われます。また、生まれた時の土星の位置に、運行中の土星が戻ってきて重なる期間を「土星回帰」や「サターンリターン」と呼んでいます。個人のホロスコープでは、誰もが30歳前後で（公転周期が29・5年なので）1回目の「サターンリターン」を経験します。この期間は土星のパワーが増幅し、現実に向き合う機会が到来。価値観の刷新や人生の再構築がテーマになるでしょう。山羊座の守護星で、キーワードは、忍耐、抑圧、伝統、時間、孤独、野心、愚鈍。人物としては、年配者、老人、政治家を意味する惑星です。

土星が 牡羊座

目上の人には 謙虚な姿勢で

土星が牡羊座にある人は、自信家ですが、周囲からの批判に打たれ弱いところがあります。抵抗勢力が生まれないように細やかな根回しをしたり、躍起になって反論したり、自尊心を守るために必死になることも。また、部下や後輩をとても可愛がりますが、上司や先輩に対しては生意気な態度を取りがちです。媚《こ》びへつらう必要はありませんが、有益な意見は感謝して受け取るよう、心がけましょう。「裸の王様」にならないように、批判の声に耳を傾ける余裕をもつことが大切です。生活面では、体力を過信してハードな運動をし過ぎないよう用心を。

土星が 牡牛座

1つのことに固執せず フレキシブルな対応を

土星が牡牛座にある人は、1つの考えに固執するところがあります。それが尋常ではない忍耐力に結びつき、大成功のきっかけになることもあるでしょう。しかし悪く作用すると、1つの事柄に足止めされて、前進や成長の機会を逃しがち……という事態に。運勢が落ち込んでいる時には、目の前のことや人物に執着しすぎていないか、客観視することが大切です。また、お気に入りの生活スタイルや習慣を大切にしているので、それを変えるにはかなりのパワーが必要。美食や喫煙、深酒などを止めたい時に、思いのほか苦労するかもしれません。

土星が 双子座

忍耐力を培い 粘り強く対応して

土星が双子座にある人は、衝動的に「今まで培った縁や実績を捨てて、現状から逃げ出したくなる」という逃避癖があります。普段は「スピーディーに、スマートに」と最新家電のような格好良さが信条ですが、しがらみに足をとられると「面倒だ」と、すべてに対して嫌気が差してしまうのです。しかしここを耐えて乗り越えると、さらなる成功が手に入ることは言うまでもありません。また、礼節にあまり関心がないので、しきたりや真心は意識して大切にしたいところ。そうすればいざという時に、目上の賢者が救いの手を差し伸べてくれるはずです。

土星が 蟹 座

他人と自分との 線引きを明確に

土星が蟹座にある人は、時に自分の疑り深さで自滅する恐れがあります。この性質は、蟹座の特徴でもある「母性」の影響を受けている証拠です。たとえ男性であっても、土星が蟹座にある人は女性的な「重さ」をもっています。それがマイナスに働くと、愛する人を「信じる」よりも「支配したい」と考えてしまい、「今日は何をしていたの？」と相手の行動まで詮索するように。常に「人は人、自分は自分」と線引きを意識することが大切です。家族や恋人が抱える問題を、まるで当事者のように背負って、悩み過ぎてしまう点にも気をつけてください。

土星が

天秤座

悩みを打ち明けて 孤独感を払拭《ふっしょく》

土星が天秤座にある人は、とても社交的。それ故に、広く浅いつき合いばかりが増え、行き詰まりを感じるかもしれません。その場限りのコミュニケーションばかりが増え、強い孤独感に襲われることも。たとえ親しい相手にも、「自分の寂しそうな姿は見せたくない」と考えるタイプなので、普段関わりのない人に、心の内を話してみるのが有効です。カウンセリングやコーチングを取り入れるのも１つの手。また、流行や美容の最先端を追いかけるうちに、センスが迷走しがちな点にも気をつけましょう。引き算のテクニックを意識することを心がけて。

土星が

獅子座

権力志向の 活かしどころが大事

土星が獅子座にある人は、周りから注目されると自信がみなぎるタイプ。でも、周囲の関心を失うと一転、不安になっていじけてしまいます。また、ライバルが現れた時も注意が必要。獅子座のテーマである「権力志向」が悪く作用すると、切磋琢磨《せっさたくま》するどころか相手を意識し過ぎて、「どう蹴落とすか」ばかり考えがちに。恋愛では、危険な恋に溺《おぼ》れやすい傾向があります。頭では「良くない」と理解しているのに、高いプライドが邪魔をして抜け出せなくなってしまうことも。獅子座のテーマを活かすために、周囲への心配りを忘れないことが大切です。

土星が

蠍　座

過去の後悔を 意識して手放して

土星が蠍座にある人は、かなりの慎重派。失敗も少ないタイプですが、石橋を叩いている間にチャンスを逃したり、熟考中にライバルに先を越されてしまったりすることも。本人には自覚がないため、周りの人から「もったいない」と思われていることでしょう。また、過去の出来事に縛られて、いつまでも後悔や恨みを手放せない点にも気をつけたいところ。土星が蠍座にある人は、放っておくと過去の方向へ意識や運気が流れやすいのです。極端なくらい未来志向を心がけると◎。異性関係では性的なコンプレックスがあり、奥手になりやすい傾向が。

土星が

乙女座

批判精神を抑えて リラックスを心がける

土星が乙女座にある人は、心の奥底にちょっとした「毒」を隠しもっています。何かの拍子にその「毒」が刺激されると、相手を過剰に批判したり、陥れようと画策したりする恐れがあります。無自覚なだけに、注意が必要です。また、仕事や勉強を完璧にこなす姿勢は見事ですが、ストイック過ぎて身体や心を酷使する傾向も。ルールを作り過ぎると自分だけではなく、家族や身の回りの人も息が詰まってしまうので、意識してこまめにリフレッシュしましょう。完璧を求め過ぎないことと、時には周囲にフォローを頼むことを心がけてください。

土星が 水瓶座

社会の中で 発想と個性を活かす

土星が水瓶座にある人は、「人とは違うこと」を好むタイプ。若い頃は自由に世界を放浪したり会社を転々としたりして、粋な生き方を楽しめますが、年齢を重ねるごとに居場所を見つけにくくなってしまうかもしれません。自然と振る舞いが天邪鬼《あまのじゃく》になり、本心を見失う可能性も。天才的な発想力や面白い価値観の持ち主なので、社会の中で、どのように活かすかを考えてみてください。家庭を築いて、地に足を着けるのもいい選択です。異性とは、モラルに反した自由交際を重ねがちに。本人に罪悪感はなくとも、トラブルの火種となりそうです。

土星が 射手座

慎重さを身につけて 足並みをそろえる

土星が射手座にある人は、後先を考えない行動で、周りの人を振り回してしまう傾向があります。もともと「来る者拒まず、去る者追わず」のスタンスですが、去って行く人には、去るだけの理由があります。晩年、人生を振り返った時に、ようやくそのことに気づくかもしれません。時には反省も必要と心得て。海外に縁があり、旅行や移住は新しい世界を広げてくれますが、苦い思いをすることが多々ありそう。すべてを忘れて熱中するところがあるため、ハードなスポーツで身体を壊すことも。肉体改造に夢中になり過ぎないように気をつけましょう。

土星が 魚座

心の健康と バランス維持がテーマ

土星が魚座にある人は、感受性が豊か過ぎて、不要なトラブルを抱えやすい暗示があります。心の機微や嘘に敏感なので、相手に配慮しすぎて苦労してしまうのです。悩んだり、不安を抱えたりする時間が長引くと、体調を崩す恐れが。心の拠《よ》り所を求めて、宗教や占いに依存しやすい傾向もあります。また性質が反作用して、逆にワガママ放題のトラブル・メーカーになることも。その無邪気さに惹かれる人も現れますが、いずれにせよ諸刃《もろは》の剣となりそう。心の健康を保つこと、バランスを維持することが、生涯のテーマになるでしょう。

土星が 山羊座

野心に振り回されず 身の丈に合った生活を

土星が山羊座にある人は、野心が強く、自分でもそれをもて余すことがあるかもしれません。土星は山羊座の守護星なので、山羊座に土星があると「権力」にこだわる性質が増強されます。その影響を受けて、愛する人や親しい人を、打算で裏切ってしまうことも……。名誉や富を必死に追いかけるあまり、気づけば周りに誰もいなくなった、ということにならないよう気をつけましょう。上昇志向に偏らないことさえ注意すれば、むしろ慎ましい生活が性に合っているタイプ。有り余る富と名誉が本当に必要なのか、常に自分に問いかけてください。

♅ 天王星 Uranus

人生に起きる突発的な事件を表す

天王星は肉眼で見ることができないほど、地球から遠く離れた軌道にある惑星です。1781年にイギリスの天文学者であるウィリアム・ハーシェルによって発見されました。太陽から土星までの惑星は肉眼で見ることができるため、「顕在《けんざい》的なこと」「常識内のこと」を表すと考えられています。一方、天王星・海王星・冥王星の3つは、太陽から数えて土星よりも遠くにある惑星です。「常識外のこと」「潜在的なこと」を表すと言われ、これらの惑星は「トランスサタニアン」と呼ばれています。

天王星の公転周期は約84年間。一つの星座に約7年の間、滞在します。時勢の移り変わりは約7年の周期をもっているという説があるように、ひと時代の流れを読み解く時は、この星が重要な鍵となるでしょう。

またギリシャ神話において、天王星はゼウスが天帝になる前の最も古い天帝・ウラヌス（ローマ神話ではカイルス）を象徴する惑星です。全宇宙を最初に統《す》べたウラヌスは、果てしなく巨大な体躯《たいく》をもち、とても荒々しい気性の神でした。思考形態が一定ではなく、いつも何を考えているのかわからない。そんな狂気と秩序が、不思議な形で入り混じった神として描かれていたため、それがそのまま、天王星の象徴するイメージへとつながっています。

天王星は「創造と改革の惑星」と言われ、「人生に起こる突発的な事柄」「ハプニング」などを示します。人生において訪れる突然の変化。それも、自分の力では到底抗《あらが》えないもの、予想すらできなかったものを、読み取ることができるでしょう。「オリジナリティー」や「独創性」、「新しいものを生み出す力」も意味し、出生ホロスコープ上では、天王星の関わる事象に「独特の癖」のようなものを与え、それを引き立たせる役割を担っています。

天王星は水瓶座の守護星で、キーワードは発明、未来、変化、分裂、平等、理論的、オリジナリティーなど。象徴する人物としては、発明家や科学者を司る惑星です。

天王星が 双子座

刺激的な変化が成功を呼び込む

天王星が双子座にある人たちは、人生において幾度か刺激的な転機を経験します。ふと訪れた旅先が気に入って、そのまま住むことになるなど、まるで映画のようなシチュエーションを体験しそう。転機ののち、一時的に運気が沈み込んでも、動いているうちに成功をつかみ取るでしょう。気をつけたいのは、旅行中のハプニング。不慣れな土地での冒険は、なるべく控えて。天王星が双子座に滞在している時は、世相がめまぐるしく変わります。教育や知識を重要視する傾向も。柔軟でフットワークのいい人が多い世代で、新しい技術が生まれやすいでしょう。

天王星が 牡羊座

変化を受け入れ奇跡の転機を経験

天王星が牡羊座にある人たちは、人生の転機が刺激的なものになりやすい暗示があります。自分でも思いも寄らないような転身、奇跡のような巡り合いなど、ドラマチックな転機を経験するはず。前向きに変化に順応すれば、大きな成功が手に入るでしょう。また、天王星が牡羊座に滞在している時は、新しい体制や価値観を築いていく、前進のパワーに満ちているタイミングです。古くからあった大切なものが消滅したり、破壊されたりするという代償を伴うかもしれません。独立心の強い人が多い世代で、目上や権力者との折り合いが悪い傾向もあります。

天王星が 蟹　座

ハプニングには積極的に挑戦して

天王星が蟹座にある人たちは、保守的なので、自ら大胆な変化を望むタイプではありません。人生の転機は、家族関係の変化や結婚相手の転身などに追従するかたちで訪れそう。愛する人の気持ちを最優先したいと考えて、自分の人生をそれに合わせることになるでしょう。単身赴任や核家族化の暗示も。いずれにしても、きたる変化やハプニングには、積極的に乗ってしまったほうが面白い人生になります。天王星が蟹座に滞在している時は、家族の在り方や女性の働き方が問われるという暗示があります。身内や個を大切にする、マイペースな人が多い世代。

天王星が 牡牛座

冒険を避け堅実に計画を進行

天王星が牡牛座にある人たちは、人生にアクシデントが起きないように、計画と管理を徹底します。突発的な事件を避けるための努力は惜しみません。だからこそ、突然のハプニングに弱いとも言えます。特に財産に関わる問題には注意が必要。それまで堅実に守ってきたものを、一瞬の気の緩みで一気に失ってしまう恐れがあります。天王星が牡牛座に滞在している時は、経済に関わる大きな動きが生まれやすい時期。お金や不動産への関心も高まります。現実的で生真面目な人が多い世代で、生活密着型の商品や、家庭的な雰囲気が流行する傾向も。

天王星が

天秤座

人との関係に独自の価値観をもつ

天王星が天秤座にある人たちは、人との関係に独特の価値観を見出すタイプ。たとえば結婚では、週末婚や別居婚など、一風変わったスタイルをあえて好むこともありそう。また「自分に良くしてくれる人は、いい人」と人選した結果、閉鎖的で偏りのある人間関係を作り上げてしまうことも。共同事業や結婚ではパートナー次第で人生が激変するので、慎重に決断してください。天王星が天秤座に滞在している時は、婚姻制度や異性関係のあり方がクローズアップされそう。誰とでも調和的な関係を築け、センスがいいので、おしゃれな世代でもあります。

天王星が

獅子座

転機を見逃さないパワフルさが持ち味

天王星が獅子座にある人たちは、「ここぞ」という転機で一気にたたみかけるように動くので、大成功を収めるでしょう。アップしたネット動画が世界的に有名になるなど、自分自身が「ラベル」になって、世に何かを送り出す機会がありそうです。遊び心たっぷりの人生を謳歌《おうか》しますが、波に乗りすぎるとついつい過激な行動をしがち。無計画な傾向にも注意が必要です。天王星が獅子座に滞在している時は、「古い体制から脱却し、自由に楽しく生きよう」という考えが支持されやすくなります。改革精神にあふれ、社会を変えていくパワフルな人が多い世代。

天王星が

蠍　座

人との関係が濃く深くなる傾向

天王星が蠍座にある人たちは、人との関わり合いが濃く深くなる傾向があります。厄介なしがらみさえも大切にするので、変化のない生活が続くかもしれません。同じ環境下で忍耐強く生きていくうちに、ある日「ここではないどこかへ行きたい！」と発作を起こすように転身することも。思い切った決断によって、人生が思わぬ方向へ進む可能性があります。天王星が蠍座に滞在している時は、オカルトや生と死に関するテーマに関心が高くなり、意識が内向しがちに。世代的には一見折り目正しいのに、上昇志向で行動力にあふれている人が多いようです。

天王星が

乙女座

知識を突き詰め常識をくつがえす

天王星が乙女座にある人たちは、時々ユニークな発想で周囲を驚かせます。特に仕事と健康の分野では、独自の「仕事管理術」や「健康法」を考案したり、常識では考えられないような新しい技術で成功を勝ち取ったりする暗示が。オタク気質をもっているので、とことん知識を突き詰めて「○○博士」と呼ばれるレベルに達することもあるでしょう。健康面では、突然の体調不良が心配です。天王星が乙女座に滞在している時は、医療技術の進歩や雇用の見直しなどがテーマになります。細かいことにまで気が回り、効率的に働ける人が多い世代です。

天王星が

水瓶座

独自の価値観で我が道を進む

天王星が水瓶座にある人たちは、自分の価値観や理想がハッキリとしていて、周りに合わせ辛いところがあります。そのため、団体行動や常識的な規範についていけず、独自路線を突き進む可能性があるでしょう。とはいえ孤立せずに、同じ主義の人を探して集まり、楽しい生き方を模索しそう。天王星が水瓶座に滞在している時は、産業の技術革新が起き、生活に広がりが出てきます。水瓶座の象徴する「平和と友好」の影響で、それを得ようと国際紛争が起こる可能性も。世代的には新しい未来の発想をもつ人が多く、他世代からは変わり者と思われがち。

天王星が

射手座

新しい思想や生活を追い求める

天王星が射手座にある人たちは、新鮮な思想や生活スタイルを追い求める傾向があります。そのため海外旅行や移住、外国人との縁を深める機会が多いでしょう。宗教にも縁があり、熱心な信者になったり、自ら宗教家になったりするかもしれません。突然出家して周囲を驚かせる、なんてことが。天王星が射手座に滞在している時は、国際情勢で大きな動きがあり、より平和や自由を求める声が高くなりそう。教育改革の暗示も。世代的には知的好奇心が高くてアクティブ。インターネットなどで国や人種を超えて、世界的に大活躍する人も増えるでしょう。

天王星が

魚　座

豊かな感性で穏やかに生きる

天王星が魚座にある人たちは、感性が豊かで自然や愛する人のそばで穏やかに生きたいと考えるタイプ。その願いが強くなると、熱心なナチュラリストになったり、スピリチュアルな世界に傾倒したりする可能性も。没頭しやすいため、極端にストイックな生活をして心や身体を壊さないように注意してください。天王星が魚座に滞在している時は、癒しや宗教で心の安定を得ようという動きが出てきます。福祉問題もクローズアップされやすい暗示です。勘が良くて愛情深い人が多い世代ですが、自分の世界を大切にするため、やや行動力に欠ける点も。

天王星が

山羊座

知略と努力で窮地を脱する

天王星が山羊座にある人たちは、知略と努力で人生の荒波を乗り越えるタイプ。ハプニングが起きても冷静に対処するため、ダメージは最少。起こりやすいトラブルは、会社の跡目問題や派閥戦争に巻き込まれる、結婚後の舅姑《きゅうと》との関係悪化など。味方が多ければ難を逃れられるでしょう。天王星が山羊座に滞在している時は、社会の骨組みや組織制度が抜本的に変わりやすい暗示があります。その過渡期にあたって、価値観が一変する可能性も。世代的には良くも悪くも冷めていますが、密かに上昇志向が強いので、サラリと大きなことをやってのけます。

♆ 海王星 Neptune

神秘的な感覚や心の問題を表す

海王星は1846年、ドイツのベルリン天文台にて、天文学者・ヨハン・ゴットフリート・ガレによって発見されました。名前は、ローマ神話のネプチューンに由来します。ネプチューンは、ギリシャ神話の海神・ポセイドンと同じであると見なされています。

海の支配者であるネプチューンは、古代戦車に乗り、三叉《みつまた》の矛《ほこ》を携えて、威厳に満ちた力強い姿で描かれています。元々は海だけではなく、泉や河川、湖沼なども司る、水の神として奉られていました。そのことから海王星は、西洋占星術上ではそのまま、海や水に関わることを示します。

基本的には、海王星は神秘的な超感覚を表す惑星として位置づけられています。「芸術性」、「不透明な事柄」、「霊的なこと」、「あいまいでわかりにくいこと」、「隠されていること」などを意味し、トラウマや嗜癖《しへき》など、本人が無意識下に抱える問題や、精神性の傾向を示す他、夢占いの手がかりに使われることも。

この惑星に関わりが深い人は、オカルトやスピリチュアルに縁が強いタイプです。いい意味ではインスピレーションが鋭く、感性が豊か。一方、悪い意味では夢想家で、騙されやすいという傾向があるでしょう。その他、海王星は「薬物」や「感染」というキーワードも、もっています。

公転周期は約165年で、ひと星座には約14年滞在します。そのため天王星が司る時勢（約7年）よりも長めの時代背景、いわゆる「世相」を読み取ることができる惑星です。

発見時、海王星は水瓶座にいましたが、2011年にようやく12星座を一周しました。海王星は約1年ごとに逆行する惑星です。逆行中は、海王星のもつあいまいさが解消されて、良くも悪くも現実に引き戻される、見失った真理や夢を取り戻す、という事柄が起こりやすいでしょう。

海王星は魚座の守護星です。キーワードは創造力、神秘、音楽、迷信、影像、精神世界、夢など。海王星が象徴する人物として、芸術家、養母などがあります。

海王星が

双子座

天性の勘の良さ 密かに心はナイーブ

海王星が双子座にある人たちは、勘がいいタイプです。見たことがない物事も、まるで今見てきたかのように話せる、詐欺師顔負けの話術を才能として隠しもっています。悪意なく話を盛ってしまう傾向があるので、誠意のない会話はしないように気をつけてください。また、頭の回転が速い分、精神をすり減らして疲れてしまうことがあるようです。単独行動が多いのは、「１人のほうが、心が休まる」という理由からかもしれません。学生時代の思い出にトラウマがあったり、兄弟姉妹との関係に心を割くことが多かったりと、気苦労が多い暗示も。

海王星が

牡羊座

強靭な身体と 精神力を重視

海王星が牡羊座にある人たちは、強靭な心と身体に価値を見出すので、ヨガや瞑想、自己啓発などに関心が高いでしょう。スピリチュアルな世界に興味があっても、実践しないと気が済まないタイプ。研究のために師事したり、渡航したりとかなりアクティブです。肉体改造や精神修行で、自分自身をストイックに追い詰め過ぎないように気をつけて。精神面はおおむね安定していて、負の感情をこじらせることがありません。心配なのは、勝負やギャンブルに依存しやすいこと。勝ち負けのスリルがないと、人生の歓びを感じにくくなってしまうので注意。

海王星が

蟹　座

無から有を 生み出す天才

海王星が蟹座にある人たちは、潜在的に大衆の心を掴《つか》む才能をもっています。きっかけさえあれば、アイドルや俳優のように、存在自体で人々を魅了することができるでしょう。イメージの具現化も得意です。作曲や作詞など、無から有を「生み出す」ことに才能を発揮するはず。ただし、マイナスの想像も実現しやすいので、なるべくポジティブ・マインドを心がけてください。また、子どもや動物の気持ちを理解し、上手に心を通わせることができるのも特徴です。蟹座が象徴する「母性」の影響からか、母親との関係が密で、やや依存しやすい面も。

海王星が

牡牛座

芸術センスに優れ 一途な性格

海王星が牡牛座にある人たちは、生まれつき芸術センスに優れています。芸術をより生活に取り入れやすいかたちにして、ビジネスに結びつけることが得意。精神面では「思い込んだら一途」なので、不誠実な恋人や、偏った思想や健康法を長く信じて、なかなか離れられないかもしれません。お金に関するトラウマを抱きやすいという暗示も。幼少期に金銭面で苦労した経験があると、大人になって極端な守銭奴《しゅせんど》になったり、異常な収集癖を見せたりする可能性が。食への執着が強く、メンタルと食欲も連動しがちです。「やけ食い」で心を癒すことも。

海王星が

天秤座

楽しさを追い求め 派手になりやすい

海王星が天秤座にある人たちは、密かに享楽《きょうらく》への強い憧れを隠しもっています。「苦労したくない」「とにかく楽しければ最高」という気持ちが心の奥底にあり、何かのキッカケでタガがはずれると、周りの人が眉をひそめるような遊び人に。精神面が早熟なため、若くして異性関係が派手になりやすい傾向もあります。結婚後も、浮気や不倫の問題に縁ができやすいので、選択を誤らないように十分注意してください。メンタル面は、弱いですが柔軟。良くも悪くも他人に追従しがちになります。つき合う人をきちんと見極める、冷静さを失わないように。

海王星が

獅子座

逆境に負けない タフな精神力

海王星が獅子座にある人たちは、タフな精神力の持ち主。たとえ気持ちが折れても、自分の力で解決しようと努力します。常に冷静で、人に騙されることがありません。逆に潜在的な才能として、人を騙すことが得意だったりします。恋愛の刺激に溺れやすく、刹那的な恋愛をしたり、相手を自分に依存させたりすることが多いでしょう。ギャンブルも上手な分、ハマり過ぎないように注意。獅子座の守護星・太陽の影響で、父親へ対抗心を抱きやすく、同時に「強いもの」への憧れも強くなります。それでいて、自分の子どもには威圧的に接してしまう傾向も。

海王星が

蠍　座

神秘的なものに 傾倒することも

海王星が蠍座にある人たちは、海王星の示すスピリチュアルやオカルトの分野に非常に縁が深いタイプ。霊感が強かったり、占いや神秘学に魅せられたり、目に見えない不思議なものを当たり前のように生活に取り込んでいくでしょう。メンタル面は、やや不安定でありながらも強め。気分が高揚している時は、周囲の人を心酔させるような多大な影響力を発揮しそう。潜在的にやや怠惰な性質があるので、「面倒なことは他人にやらせよう」といった発想に陥りがちです。カリスマ性がある分、自分の思うままに周囲をコントロールしないよう、気をつけて。

海王星が

乙女座

繊細でストイック 心のメンテナンスが大事

海王星が乙女座にあると、神経の細やかさから心が疲弊しやすくなります。特に仕事のストレスで、自分自身を追い込んでしまいがちに。休職期間が長くなり、そのまま引きこもってしまうケースもあり得ます。もともと海王星が乙女座にある人たちは、自分が社会的に機能することに何よりも喜びを感じるタイプ。「仕事が大好き」「きちんと生きなくては」という気持ちが強すぎるあまり、がんじがらめにならないように。薬の乱用や治療法の選択ミスにも注意が必要。普段からメンタルワークなどを利用し、こまめに心のメンテナンスをしておくと安心です。

海王星が

水瓶座

視野が広く 浮世離れした雰囲気

海王星が水瓶座にある人たちは、人間愛・人類愛に満ちていて、物事を広い心で捉えています。日常生活に起こる些末な出来事には興味がなく、「世界とは」「宇宙とは」と、イマジネーションを膨らませることが好きなタイプ。仮想現実の中で暮らすことにも、抵抗がないかもしれません。このように精神性や想像力は豊かですが、一方で現実感に乏しいところがあります。社会と隔絶して、インターネットの世界に没頭することも。潜在的に「自分はどこにも属さない」という意識があり、会社や組織の中でも自ら望んで孤立する傾向もあるでしょう。

海王星が

射手座

潜在的な思想と 哲学のセンス

海王星が射手座にある人たちは、潜在的に思想や哲学のセンスを備えています。ふとしたきっかけで宗教活動に熱心になったり、自らスピリチュアル活動を牽引《けんいん》する可能性があるでしょう。頭と心の中に無限の広がりをもち、常に物事を俯瞰的《ふかんてき》に見ているような感覚の持ち主です。少し感覚が浮世離れしているため、「不思議ちゃん」と呼ばれることも。また、海外に縁が強く、語学のセンスにも恵まれています。基本的にメンタルは丈夫ですが、ムラがあります。好奇心からギャンブルやインモラルな遊びにハマりやすい傾向もあるため、自制しましょう。

海王星が

魚　座

思考よりも 感覚を優先する

海王星が魚座にある人たちは、イマジネーションがとても豊か。勘や感性が鋭く、思考よりも感覚が先立つタイプです。海王星は魚座の守護星なので、魚座のもつ特性が増幅します。霊的な力やヒーリング力などに恵まれている人もいるでしょう。ただ、潜在的に常に不安や虚無感を抱えているため、時に浮世離れした頼りない印象を与えることがあります。敏感過ぎる感覚のせいで、メンタルを患ってしまう可能性も。特に環境の影響を受けやすいので、健全な生活を送れるよう、心がけることが大切。また、職場や結婚相手は慎重に選ぶようにしましょう。

海王星が

山羊座

権力志向が強く 潜在的な野心家

海王星が山羊座にある人たちは、潜在的にとても野心が強いタイプ。社会と自分の関わりについて、納得がいくまでとことんこだわるでしょう。自分の権力を高めるために、時に強引でシビアな手段を選ぶこともあります。政治家や経営者のような職業に就ければ、この潜在的な野心は満たされるはず。しかしそうでない場合は、社会や自分自身に対して、ひねくれた気持ちを抱く可能性も。メンタル的にはパワフルで頑丈。どんなシーンでも、不屈の強さを見せます。インスピレーションも優れていますが、理詰めで物事を進めるほうが性に合っています。

♇ 冥王星 Pluto

潜在的トラブルやカルマを象徴

天王星の発見以降、天文学者たちはこぞって新惑星の発見に努め、競争は過熱する一方でした。その結果、1930年アメリカ・アリゾナ州にあるローウェル天文台にて、クライド・トンボー博士がついに「冥王星」を発見したのです。

しかし発見から76年後の2006年、国際天文学連合（IAU）の総会にて、冥王星は惑星ではなく「準惑星」であると正式に発表されました。とはいえ現状の西洋占星術では、それ以降も変わらず冥王星を惑星として扱っています。

冥王星は、ローマ神話の冥府《めいふ》の帝王プルトー（ギリシャ神話ではハデス）にちなんで名づけられました。他の惑星とは明らかに違う、傾いた楕円軌道を描く冥王星。その得体の知れない怪しさに魅せられ、冥府の帝王の名前が授けられたのかもしれません。プルトニウムの語源でもあり、プルトニウムや核も冥王星のキーワードに含まれます。

トランスサタニアン（天王星・海王星・冥王星）の中でも、最も遠いところにある冥王星は、「目には見えないもの」を示唆します。「カルマ」「前世に関わること」、「破壊と再生」、「生と死」、さらに「性的な事柄」も、この惑星から読み取ることができます。

いずれにしても冥王星は、手に触って認識できる物質的なことではなく、私たちの意識の地下倉庫のような場所にあり、普段は決して見ることのない事象を暗示します。また突然の大変動、危機的状況下での火事場の底力、親戚問題などを読む時のポイントにもなるでしょう。

公転周期は約248年。ひと星座には約21年も滞在します（ただし、楕円軌道のため、ひと星座に滞在する年数には差があります）。つまり冥王星は発見されて以来、いまだホロスコープの12星座を1周していません。冥王星のもたらす効果や影響については、まだまだ研究の余地があるといえるでしょう。

冥王星は蠍座の守護星です。キーワードとしては、初めと終わり、因縁、大変動、強制、衝突、生殖、無を意味します。象徴する人物としては、先祖、黒幕、考古学者などがあります。

冥王星が
牡羊座

旺盛すぎる独立心 親戚と縁が薄め

冥王星が牡羊座にある人たちは、独立心が旺盛。その影響を受けて、人生が大きく動くタイプです。家族とケンカをして実家を飛び出したり、若いうちに単身で会社を興《おこ》したりするなど、大胆な１人立ちをするかもしれません。しかし、成功の喜びをいざ分かち合おうとしたら、周りに誰もいなかった……ということにもなりがち。いざ自立を志す時には、今までお世話になった人に敬意を払い、いつでも戻れるようないい関係を残しておくことが大切です。親戚や血縁者との絆も薄れやすいので、意識して自ら足並みをそろえるように努力するのが賢明。

冥王星が
牡牛座

「所有」に固執せず 欲しいものを見極めて

冥王星が牡牛座にある人たちは、常に潜在意識に「所有したい」という強い欲求を隠しもっています。理由もなく欲しがったり、必要のないものに執着したりすることがあるのは、ただただ「手に入れる」という目的のために、本能が暴れてしまうから。普段は常識的なのに、時々別人のような強欲さが顔を出し、トラブルを招くことも。欲しいものを手に入れると途端に興味が失せてしまい、その結果、さほど興味のないお宝に囲まれて味気ない人生を送る……ということにならないように用心してください。親戚とは、現実的ですが健全な関係を築けます。

冥王星が
双子座

故郷から離れて大成 縁遠くなる可能性も

冥王星が双子座にある人たちは、根っからの自由人。「常識やルールから離れたところで、風のように気ままに生きたい」と思うタイプでしょう。異性との関係においても、「こうあるべき」という主義・信条を持ち合わせないので、複数の異性と同時に自由交際することに、罪悪感がないかもしれません。親戚関係とは、縁が薄め。生まれ故郷から離れた地で活躍する傾向があり、「一家を背負う」「一族を盛り立てる」という気持ちには、なかなかなれない可能性も。そのため、浅い関係の人には親切なのに、家族や親戚からは水臭いと言われがちに。

冥王星が
蟹　座

家族と親戚との 関係が重要に

冥王星が蟹座にある人たちは、生家や家族との縁が強いタイプ。いい作用であれば、どんなピンチでも家族や親戚が支援してくれたり、富を受け継いだりできそう。悪く作用すれば、実家から離れられなかったり、毒親との関係に悩んだりと、ため息の多い人生になる恐れが。蟹座は多産のキーワードをもつ星座なので、子どもが生まれることによって、人生設計が大きく変わる可能性もあります。なお1914年（冥王星発見は1930年）～およそ1938年生まれの人が、冥王星in蟹座世代です。保守的で「安定した人生」に憧れが強いでしょう。

冥王星が

天秤座

身内の縁が強く 人生にも影響

冥王星が天秤座にある人たちは、生家や血縁者、または先祖から大切に守られるという暗示があります。縁を広げる性質をもっているので、家族同士の結びつきが強く、子孫にも恵まれるでしょう。結婚相手やパートナーの選び方によって、人生の良し悪しに影響が出やすい傾向も。良く作用すると、共同事業で大成功しますが、悪く作用すると、相手から巨額の損失や迷惑を被ることも。およそ1971年～1983年生まれの人が、冥王星in天秤座世代です。誰とでも和やかな関係を築ける、穏やかな人が多いでしょう。美意識が強いのも特徴です。

冥王星が

獅子座

圧倒的なカリスマ性で 偉業を成し遂げる

冥王星が獅子座にある人たちは、圧倒的なカリスマ性で偉業を成し遂げる可能性を秘めています。パワーが強すぎるせいで、それが破壊の方向に振れると、築いてきた人脈や富を一気に失ってしまう恐れも。博打的《ばくちてき》な人生を歩みがちな分、刺激に満ちた日々となり、魅力はさらに増していくでしょう。家族や親戚とは縁が薄めなので、常に孤独を抱えているかもしれません。およそ1938年～1957年生まれの人が、冥王星in獅子座世代。反骨精神が旺盛で、仕事でも遊びでも「自分たちが新しい時代をつくる」と張り切ってきた人が多いでしょう。

冥王星が

蠍　座

神がかり的な 底力の持ち主

冥王星が蠍座にある人たちは、得体の知れない底力の持ち主。トラブルや戦いの中で窮地に追い込まれるほど、圧倒的な強さを発揮できる人です。周囲から指導者として、支持されることも多いでしょう。冥王星は蠍座の守護星でもあります。力の活かし方を間違えて、このパワフルさが暴走すると、誰にも止められなくなってしまいそう。聞く耳を持たない独裁者にならないよう、謙虚な気持ちを大切に。およそ1983年～1995年生まれの人が、冥王星in蠍座世代。ひとつの事柄を粘り強く追及しますが、他の事には無関心……というギャップが持ち味です。

冥王星が

乙女座

意識して潤いと ゆとりを設けて

冥王星が乙女座にある人たちは、厳しいルールやしがらみの中でも、立ち位置を上手に確保できるタイプ。目標に向かって黙々と、脇目を振らずに歩んでいけるでしょう。心配なのは、やるべきことに邁進しているうちに、超・現実主義になってしまい、心に潤いとゆとりをなくしがちな点。ある日急に虚無になって立ち止まってしまうこともありそうです。「頑張る自分」だけではなく、「頑張らない自分」も受け入れ、許してあげてください。およそ1957年～1971年生まれの人が、冥王星in乙女座世代。堅実で実務能力が高く、「働き者」が多いでしょう。

冥王星が

水瓶座

規律や常識を嫌い 自由を愛する

冥王星が水瓶座にある人たちは、規律や常識を鬱陶しく思い、「自由に羽ばたきたい！」という気持ちを隠しもっています。普通に日常生活を送っている間は、周りの人はおろか、自分自身でもその渇望に気づいていないかもしれません。しかし、あまりにも意にそぐわないことがあると、発作的にすべてを投げ出して、遠くに逃避してしまう可能性が。また、親戚や血縁者との関係は、努力なしではうまくいかない可能性も。一般的な関係だと一方的に窮屈さを感じるため、まるで友達同士のような気さくな関係を築くよう、心がけてください。

冥王星が

射手座

束縛を嫌い 自由を追い求める

冥王星が射手座にある人たちは、「束縛を嫌い、飽き性のためひとところに長くいられない」という性質を、潜在意識の深いところに持ち合わせています。何もかもうまくいっているのに、急に自ら幸せを壊すような衝動に駆られるのは、そのためかもしれません。ですが破壊衝動を実行に移しても、別の幸せをきっちりと手に入れるたくましさを兼ね備えています。自由と引き換えに親戚や血縁者との縁は、薄めになることも。およそ1995年～2008年生まれの人が、冥王星in射手座世代。自由な発想と行動力で、海外にまで活躍の場を広げる人が多いでしょう。

冥王星が

魚　座

浮世離れした 感性に恵まれる

冥王星が魚座にある人たちは、芸術やスピリチュアルの才能の持ち主。本人の好き嫌いに関わらず、感度の高いアンテナを備えているため、人の心に強い影響を与える可能性を秘めています。きっかけさえあれば、癒しや神秘、音楽やダンスなどの世界に魅了されていくはず。その結果、現実生活とは遠い世界に生きて、「浮世離れした不思議な人」と言われるようになるかもしれません。親戚や血縁との関係では、「互いにまったく干渉しない」か「極端に依存し合う」かのどちらかです。家族問題で揉めることにより、逆に絆が深まる可能性もあります。

冥王星が

山羊座

スタミナ抜群の 大器晩成型

冥王星が山羊座にある人たちは、心の奥底に強烈な権力志向を隠しもっています。人生の要所では、「ステイタス」や「利権」を優先して、道を選択することもあるでしょう。その権力志向が暴走すると、「利にさとい要注意人物」と評されて生きづらくなってしまうかもしれません。そのせいか親戚や血縁者との関係は複雑化しがち。時には相続問題でトラブルに発展してしまうことも。およそ2008年～2024年生まれの人が、冥王星in山羊座世代。社会のルールをきちんと守り、保守的ながらも確実に成功を重ねていける人たちです。無駄を嫌うのも特徴。

※冥王星は発見されて以来、水瓶座～双子座を運行したことがないため「未知の世代」とし、世代予測を割愛しています。

COLUMN

2006年に準惑星となった冥王星

西洋占星術では1つの惑星とみなす

天文学の進歩が西洋占星術に影響し、情報が共有されることは今までにも多々ありました。天王星、海王星、冥王星の発見もその1つです。

そんな中、2006年に冥王星は惑星ではなく「準惑星」という位置づけになりました。発見時から観測が進むにつれ、一度は惑星と認定されたものの、他の惑星ほど大きくないことを理由に準惑星に変更されたのです。もし、天文学でのこの決定をそのまま西洋占星術に反映するなら、冥王星は惑星ではなく、惑星よりも影響力が小さい「小惑星」と解釈することになります。しかし、本書でも冥王星についてふれていますが、冥王星は惑星のままですね。

なぜなら、もともと西洋占星術では、主となる10個の星をすべて惑星とみなしているのです。天文学的にみれば、太陽は恒星であり、月は地球の衛星で、正確には「惑星」ではありません。つまり、天文学と西洋占星術では、とらえ方が少し違うのです。

その昔、人類は土星より先の惑星の存在を知りませんでした。天王星・海王星・冥王星の発見は、精度の高い観測機器の発達を待たなければならなかったのです。土星より遠い3つの惑星（トランスサタニアン）が「時代を反映する」といわれる要因は、こんなところにもあるのではないでしょうか。

西洋占星術では、まだ惑星として活躍している冥王星が象徴するものの一つに「核」があります。人類が核よりも有望なエネルギーを手に入れ、核が不要になる頃――もしかしたら西洋占星術でも、冥王星は惑星としての役割を終えるのかもしれません。

ですが、実際には核廃絶がまだ少し道遠そうな現在では、もうしばらく、冥王星は惑星のままのような気がしています。

第四章
12ハウスのはたらき

ホロスコープのハウス

惑星の性質が輝く「ハウス」という舞台

あなたの星の羅針盤、ホロスコープを改めて眺めてみましょう。**ホロスコープは中央から放射線状に線が引かれ、12のエリアに分かれています。これを西洋占星術では、「ハウス」と呼んでいます。**

星座はホロスコープを均等に12分割して、各々30度ずつ場所を取るように配置されていましたが、ハウスはまた、別の方法で区切っています。その手法は様々ですが、本書に付属しているCD－ROMでは、「プラシーダスシステム」と呼ばれる方法を用いて、ホロスコープのハウスを12に分割しています。

さて、ハウスが記載されたホロスコープをよく見ると、**左端にASC（アセンダント）、右側にDES（ディセンダント）、上方にMC、下方にはICと表記があります。**ホロスコープはあなたを中心にして見た宇宙の地図なので、円の中心に立っているのはあなた自身。あなたを中心にして、**ASCは東の地平線、DESは西の地平線、MCは南中点、ICはその向かい側を表しています**（地平線の下に当たる第1～6ハウスまでに入っている惑星は、存在はしているものの、あなたが生まれた瞬間、生まれた場所からは、実際には見えなかった星たちと言うことになります）。

「ハウス」とは一体、何を表すものなのでしょうか？ 各ハウスが表す意味については後述しますが、**12の星座がその人の内面的な傾向や資質、可能性などを表すのに対し、ハウスは「それらが具体的に人生の中のどのような場面で顕在化するか」を表しています。**

西洋占星術では惑星を「役者」とすれば、ハウスは「舞台」である、と言われています。あなたが生まれる時に、星たちから授かってきた様々な力が、人生の中のどの局面で、どのように発動するのか――ハウスを読み解くことで、その表れ方を知ることができるのです。

※惑星が入っていないハウスについては、P108をご参照ください

ハウスの調べ方

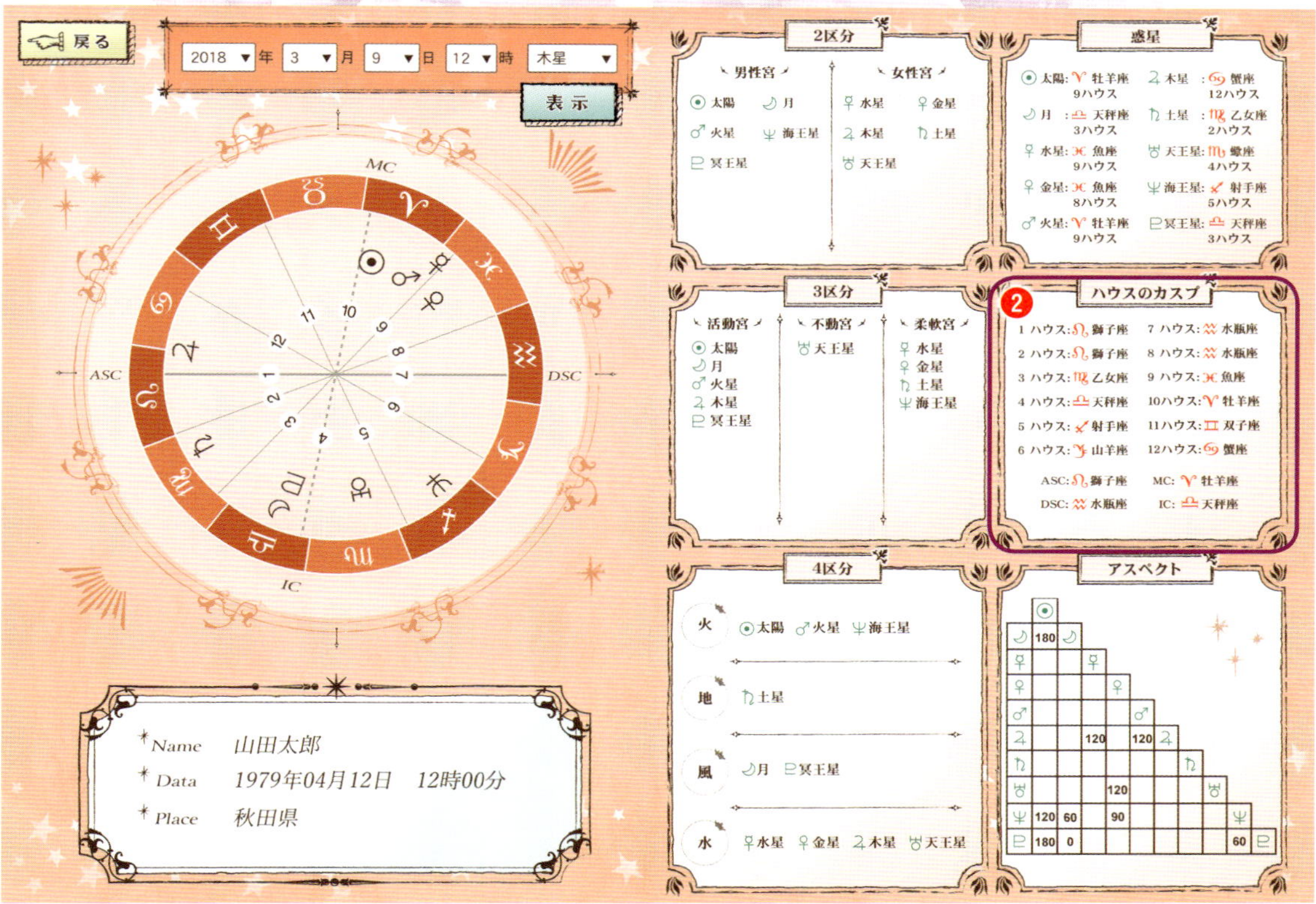

❶ あなたのホロスコープの出し方（P14～15）を参考に、出生ホロスコープを出します。

❷ 画面右中央の「ハウスのカスプ」に表示されている星座が、あなたのハウスの解説です。

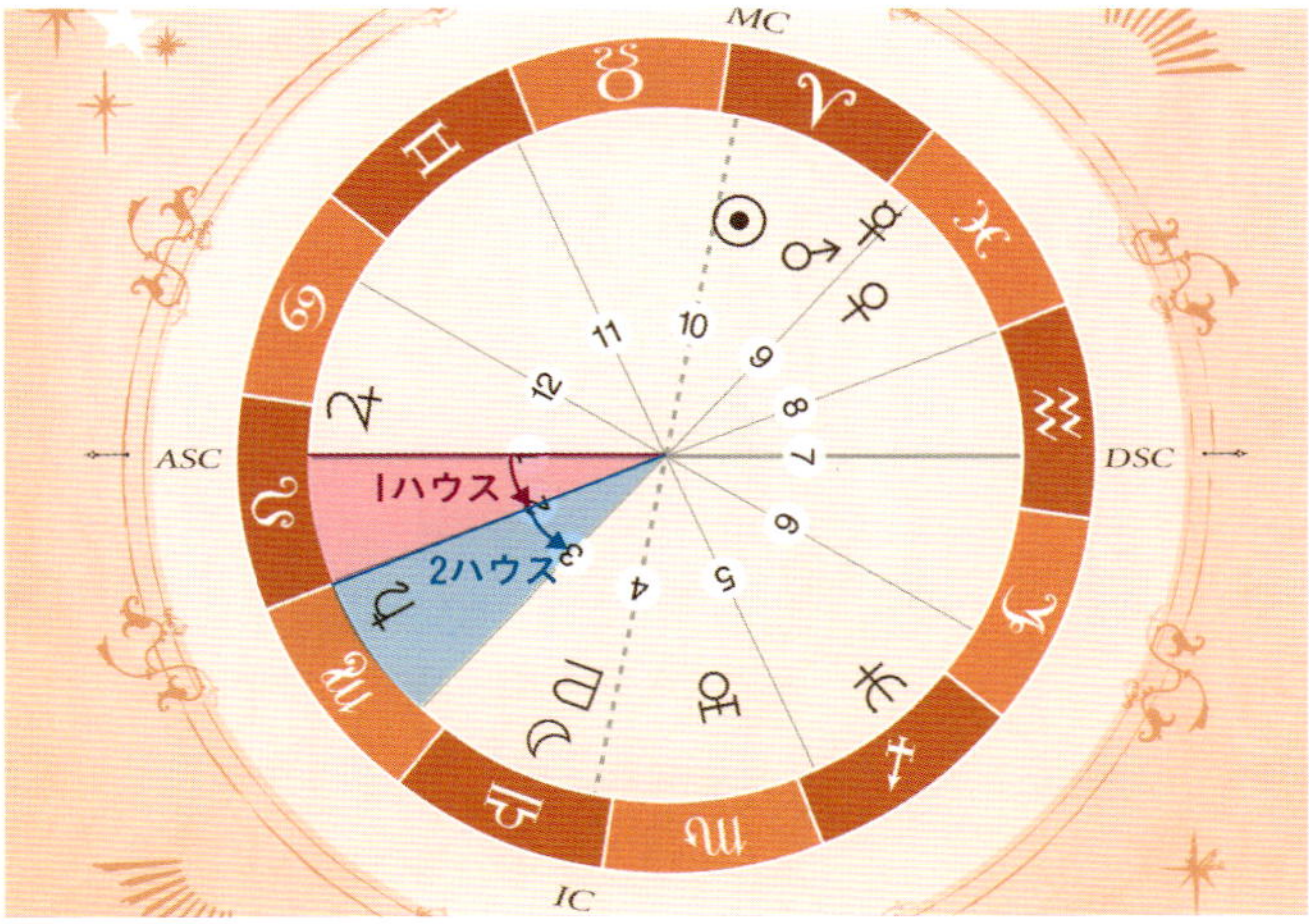

❸ ハウスは、出生ホロスコープのASCを起点に１ハウス、２ハウス……と12ハウスまで続きます。各ハウスのスタートするライン（カスプ）の外周にある星座がカスプの星座です。

※星座は各々30度ずつ均等に12分割されていますが、ハウスは別の方法で区切っているので、必ずしも星座の線と一致しません。

第四章

アセンダント

外見・第一印象を司る

周囲から見た「あなた」を表す

アセンダントは、あなたが生まれた時の東の地平線。12個あるハウスのスタート地点に当たるので、とても重要な意味をもちます。**アセンダントがどの星座に属しているかにより、外見や身体的な特徴、第一印象に変化が表れます。**天があなたのためにあつらえた、「衣装」と言ってもよいかもしれません。**アセンダントは、その人が人生を生き抜く上で必要な「イメージ」です。**アセンダントの特徴を知れば、自分が周囲からどんな風に見られているかがわかります。その長所を活かし、よりあなたらしく生きていくことができるでしょう。

♈ 牡羊座

中肉中背で筋肉質、男女ともにアスリートのようなイメージです。瞳は生き生きと輝き、鋭さもあります。明るく快活な雰囲気で、行動力のある人という印象を与えるでしょう。

♉ 牡牛座

色白でぽっちゃりとした体格、きめの細かい柔らかな肌が印象的です。おっとりとしていて優しく、育ちの良さを感じさせるでしょう。声が美しく、話し方もゆったりとしています。

♊ 双子座

全体的に華奢で手足が長く、少年のような身体つきです。どこか子どものような純粋さも感じさせます。素早い身のこなしとよく動く瞳が、年を重ねても若々しい印象を与えるでしょう。

♋ 蟹 座

柔らかく白い肌と肉付きのよい身体をしています。女性であれば、豊かな胸の持ち主に。人見知りの傾向がありますが、基本的には情が深く愛嬌もあるので、周囲から愛されるでしょう。

♌ 獅子座

はっきりした目鼻立ちで姿勢がよく、堂々としている印象です。表情やしぐさがどこか大仰なのですが、それが人の目を惹きつける威厳を与えています。どこにいても目立つ存在です。

♍ 乙女座

細身で華奢な身体つき、細く長い指など、繊細な美しさをもつ人です。つややかな髪の持ち主も多いでしょう。控えめではありますが知的で清潔感があり、きちんとしている印象です。

♎ 天秤座

最も容姿に恵まれると言われる配置です。体格は全体として均整が取れ、しぐさなどにもエレガントなムードが漂います。誰に対しても友好的なので、敵を作ることがないでしょう。

♏ 蠍 座

彫りが深く、肌は浅黒い傾向。男女ともにセクシーなプロポーションをしています。意志の強い鋭い目をしていますが、口数が少なく、謎めいた神秘的な雰囲気でそれを隠しています。

♐ 射手座

背が高くて筋肉質、足の長い人が多いようです。堂々とした体格が、周囲には威厳のある雰囲気として伝わります。常に楽観的な物言いも、誰もがリーダーとして認めたくなる要素です。

♑ 山羊座

痩せ型ではありますが、骨格がしっかりしています。しっとりと落ち着いた、クラシカルな美しさの持ち主です。物静かで控えめですが、芯の強いしっかり者のイメージでしょう。

♒ 水瓶座

すらりとした手足の長い体格は、性別を感じさせません。顔立ちは知性的で、クールな印象。個性的ではありますが、誰とでも偏見なくつき合うため、幅広い人脈を培うタイプです。

♓ 魚 座

ぽっちゃりとした体形で、白い肌と潤んだ大きな目の持ち主。童顔で全体的に色素が薄い傾向も。はかなげな雰囲気から、周囲に「守ってあげたい」と思わせる魅力を持っています。

パートナー・対人関係を司る／ディセンダント

成長をもたらすパートナー

自分の外見や印象を表すのがアセンダントなら、向かい側にある**ディセンダントは自分と相対するもの、つまり「パートナー」について教えてくれます。**ここで言うパートナーは**結婚相手**を表すこともちろんありますが、それ以外にも、**仕事上の相棒や、ライバルとなるような人物**をも表します。何の気遣いもなくつき合える人というよりは、どこか常に緊張感があるような関係です。その人と一緒にいると、むしろ心穏やかではいられないかもしれません。でもそんな相手の中にこそ、あなたは自分にはないものを見出し、成長することができるのです。

♈ 牡羊座

情熱的な激情家タイプの人が、自分の意志を尊重することを教えてくれます。つい人の気持ちを慮《おもんぱか》って周囲に合わせてしまうあなたに、それでは夢は実現しないと諭してくれるでしょう。

♉ 牡牛座

お金や物を大切にする人から、学ぶことが多いはず。目に見えないものを大切に思うことは必要ですが、物質的に豊かになることも、決して悪いことではないと教えてくれるでしょう。

♊ 双子座

たくさんのことを広く浅く知っている、雑学王のような人があなたの教師。知識や情報に法則性や真理を見出そうとするあなたに、純粋な好奇心こそが宝であると実感させてくれます。

♋ 蟹　座

情が深くて世話好きな人物から、学ぶことが多いでしょう。時に自分のこと以上に誰かを心配し、愛情をかける……そんな行動にこそ意味があることを、見せてくれるはずです。

♌ 獅子座

華やかで自己プロデュースの上手な人が、価値観を刺激してくれるでしょう。よい意味で人の目を意識した言動によって、どんな効果が表れるか。社会を生き抜く強力な武器が増えるはず。

♍ 乙女座

知性的で几帳面な人が、あなたに物事を順序立てて考えることの大切さを教えてくれます。感情に流されず、先のことまで論理的に推理する方法は、人生の心強い導きとなるでしょう。

♎ 天秤座

いつも穏やかに微笑んでいる社交的な人が、あなたが学ぶべき人。一つのことに注力しすぎ、生活のバランスを失いがちなあなたに、「いい加減」を保つ見本を見せてくれるでしょう。

♏ 蠍　座

物静かで単独行動を好む神秘的な雰囲気の人に、価値観を学んでみましょう。人生の中で本当に大切なこと、手放してはいけないものは何であるか、無言のうちに教えてくれるはずです。

♐ 射手座

常にポジティブで周囲を元気づけてくれるような人物が、あなたを導きます。情報をそのまま受発信するのではなく、自分なりに吟味することで真実に近づけるということを知るでしょう。

♑ 山羊座

感情や状況に左右されない、芯の強さをもった人こそ、あなたのサポーター。つい気分によって言動が変わりがちなあなたに、何があってもブレないということの大切さを教えてくれます。

♒ 水瓶座

誰に対しても偏見なく平等に接する人から、多くのことを学べます。集団の中では上下関係があった方がやりやすいと考えるあなたですが、そうではない方法の魅力を見せてくれます。

♓ 魚　座

自分の感情に正直な人を、よく観察してみましょう。日頃は頭で考え、合理的に判断しようとするあなたですが、時には自分の気持ちを大切にすることも必要だと気づくでしょう。

社会での活躍のステージを司る／MC

社会的な使命 人生の目標を示す

MCはあなたが生まれた時の南中点。つまり、太陽が日周運動（地球の自転によって、その他の惑星が毎日地球の周りを回るように見える、見かけの運動）の中で到達する、最も高い場所です。そのことから西洋占星術ではMCを、「人生の中で到達すべき、最高の地点」と解釈します。社会との関わりの中での「あなたの天命」とも言えるでしょう。MCはあなたが生まれた瞬間から、目標とすべきものや成すべきことを示してくれています。社会的にどのような活動をし、どんなことを成し遂げるべきかなどについてもここから伺い知ることができます。

♈ 牡羊座
強い闘争心をもち、勝ち負けにこだわるタイプ。群雄割拠の競争社会の中でこそ生き生きと輝き、活躍するでしょう。新しい価値観や手法を開拓するパイオニアとなる可能性も十分です。

♉ 牡牛座
常にマイペースで、立身出世にはあまり興味がないかもしれません。ただし自分の感覚や価値観には絶対の自信をもち、それを基盤に社会を渡っていきます。引き立て運もあるでしょう。

♊ 双子座
多くの人脈が最大の武器。幅広い知識と器用さとで、大抵のピンチは切り抜けていきます。自分自身も、人と人をつないだり、情報を広めるような活動にやりがいを感じるでしょう。

♋ 蟹座
人との心の触れ合いによって、自己実現が可能になります。困っている人や立場の弱い人を助ける活動に従事するといいでしょう。集団の中では、有能な女房役として活躍することも。

♌ 獅子座
人の指示を受けることを好まず、トップを目指します。人目を引く業界で華々しく活躍し、周囲の羨望の的になることも多いタイプ。地位を確立し、保持するための努力は惜しみません。

♍ 乙女座
細やかな配慮と実務能力の高さで、どんな分野でも補佐役として重宝されます。また物事を緻密に分析する能力にも長け、一つのことを専門的に研究し続けて成果を上げることも。

♎ 天秤座
協調性が高いため、集団の中で魅力を発揮しやすいでしょう。様々な仲介役として活躍することも。芸術活動など、持ち前のセンスを活かして社会的に認められる傾向もあります。

♏ 蠍座
人からは理解されにくい価値観をもっていますが、確固たる意志の力で最終的には目的に到達します。探求心も強く、好きが高じて特定のジャンルでカリスマ的な存在になることも。

♐ 射手座
個人的な成功よりも、自分が属する集団や社会全体のメリットを考えます。そのため、却《かえ》ってリーダーとして推挙されることが多いでしょう。行動半径が広く、活動は海外に及ぶ傾向が。

♑ 山羊座
ルールを尊重し目上の人を敬うので、組織の中で真価を発揮します。相応の下積み期間を経て、最終的には実権を握るようになるでしょう。歴史や伝統を守る活動に取り組む場合も。

♒ 水瓶座
平等意識が強く、反抗精神に富んでいます。世の中に新しい価値観を打ち出すのが使命。「変わり者」と言われても、意志を貫くことが大事。特殊な技能や専門知識で重宝されることも。

♓ 魚座
現世的な地位や出世には関心がないかもしれません。いかに人の役に立てるか、助けになれるか、がテーマとなります。アートの感性があるため、創作活動で名声を得ることもありそう。

心から安らげる場所を司る／IC

価値観を支え安らぎを得る所

MCの対極にあるICは、いわばその人の根となる部分。MCは社会的な活躍を表していましたが、そこに向かって大きく枝葉を広げるには、それに見合った根の張り方が必要です。ICの星座からは、その人を支える価値観や、居心地がいいと感じられる環境などがわかります。仕事の後に戻ってきてリラックスし、再び活力を得るための場所、とも言えるでしょう。もちろんそれらの基盤の形成には、4ハウスが示す本人が育った家庭環境なども影響しています。あなたを受け入れ、元気にしてくれる場所はどこか。早速ICをひもときましょう。

♈ 牡羊座

争い事の多い家庭環境で育つ傾向にあり、独立心、防衛本能がともに強いでしょう。完全にプライベートを守れる空間や、何でも自分のやり方で好きなようにできる環境を好みます。

♉ 牡牛座

五感で感じられる「居心地の良さ」が最大のポイント。好きな香りや音楽、肌触りのいいファブリック、おいしい食事などに恵まれると、心の底から安心感と幸福感に満たされるでしょう。

♊ 双子座

多くの人と交流し、コミュニケーションを取れる場に喜びを感じるでしょう。イベント会場などでは嬉々として飛び回ります。会話を通じて世界を広げることが、何よりの喜びです。

♋ 蟹座

家族の愛に包まれていることが、この生まれの人にとっては何よりも大切なこと。家庭を築き、その家族を守ってくれる「家」をケアすることが、様々なやる気にもつながるでしょう。

♌ 獅子座

周囲の誰もが自分の味方で、称賛してくれるような場所で安心感を得ます。逆に少しでも否定的に扱われると自信を失ってしまうので、自分が王様でいられる場所を作ることが大切です。

♍ 乙女座

物事が常に「いつも通り」で、きちんと管理されている場所に安心感を覚えます。清潔であることも重要でしょう。そんな場所で心行くまで好きなことに没頭するのが、活力のもとに。

♎ 天秤座

自分が「美しい」と感じるものに囲まれている時に、最も安らぎを覚えるでしょう。インテリアにもこだわりがあるはず。経済的にも恵まれて、不安がないことも大事な要因です。

♏ 蠍座

自分の世界に没頭できる、隠れ家のような場所で安らぐことができるでしょう。様々な連絡からも隔離されていれば、なおベスト。自分とじっくり向き合う、空間と時間が必要な人です。

♐ 射手座

知識人たちが出入りするサロンのような、アカデミックな場所でエネルギーをチャージできるでしょう。また、時にふらりと旅に出ることも、この生まれの人には必要な刺激に。

♑ 山羊座

子どもの頃に馴染んだ生活習慣をそのまま維持できる環境に、最も安らぎを覚えます。誰かにリードしてほしいという気持ちも強いので、尊敬できる人物がいることも安心材料の一つに。

♒ 水瓶座

世のしがらみや常識から脱出できる、開放感のある場所でリラックスできます。それは同好の士が集まるサークルであったり、一人きりになれる大自然の中であったりするでしょう。

♓ 魚座

イマジネーションの世界こそが、この生まれの人にとっての癒し。そのため、それを邪魔しない静かな環境や、イメージを広げてくれるムードある場所に、居心地の良さを感じるでしょう。

あなたの本質に影響を与える

1ハウスの惑星

12分割されたハウスのトップバッターである1ハウスは、あなた自身を表す最も大切な場所。基本的なパーソナリティーや人生、外見、体質などを示すハウスです。あなたが人生において何を重視し、どんな行動で自分自身を世に打ち出そうとするのか――。それを知る鍵がここにあると言えるでしょう。

※アスペクトについてはP110をご参照ください

1ハウスの太陽 ☉

圧倒的な存在感で人々を導くリーダー

自己主張、自己顕示欲が旺盛で、理想に燃える野心家。集団の中で主導権を握ってリーダーとなることを望み、その素質も十分に備えているタイプです。若い頃から周囲の人気や注目を集め、人生の早い段階で名誉や権力を手にするでしょう。ただし※ハード・アスペクトがある場合は、自分を過信して失敗を招く可能性も。周囲への配慮を怠らないことが、成功につながります。

1ハウスの水星 ☿

何事も器用にこなし人を惹きつける天才

好奇心が旺盛で、研究熱心。理解力、分析力、言葉による表現力に優れ、その才能を用いて人生を効率よく生き抜ける人です。常に理性的でアイデアも豊富。人を惹きつける話術があり、人脈も広いでしょう。商才に長けている人が多いのですが、※ハード・アスペクトがある場合は、言葉によるトラブルに巻き込まれる可能性も。誠実さを心がけるのがトラブル回避の鍵に。

1ハウスの月 ☽

思いやり深く自分よりも他者を優先

愛情深く世話好きで、多くの人から愛される人です。何事にも受動的で、周囲の人や環境の影響を受けやすいため、気分や言動に波が生じることも。しかし考え方がとても柔軟なうえ、天性の愛されキャラなので、常に人に囲まれた人生を送るでしょう。※ハード・アスペクトがあると、小さなことを長く思い悩む傾向が強まるので、適度なリラックスを心がけてください。

1ハウスの金星 ♀

周囲との調和を重んじ美しいものを愛する

穏やかで協調性があり親切なので、誰からも愛される資質の持ち主。容姿にも恵まれる傾向が強く、特に異性からの人気は高いでしょう。自分自身も美しいものを尊ぶところがあり、審美眼や高い美意識を発揮できる環境が幸せをもたらします。※ハード・アスペクトがある場合は、人の好意に少し甘えすぎる傾向が。ギブアンドテイクの精神を忘れないことが、トラブル防止に。

第四章

1ハウスの火星

勝利を手にするまで果敢に挑み続ける

勇猛果敢で激しい気性の持ち主です。何事も「勝つか、負けるか」で判断し、心の中では常に闘争心の炎が燃えています。人に従うことが苦手なので、自分の人生は自分で切り開いていくことを望むでしょう。困難な目標に向かってチャレンジする時こそ、人生に充実感を覚えるタイプ。※ハード・アスペクトがあると誤解されやすくなるため、発言の前にひと呼吸おいて。

1ハウスの木星

思いやり深く大きな器と懐を持つ

おおらかで高尚な精神の持ち主。どんな状況でも希望を失わず、困っている人や弱い立場の人には進んで手を差し伸べるので、多くの人から人気を集めます。その人柄と誠実な仕事ぶりで、早くから世に認められることも多く、仕事を通じて幸せをつかむはず。※ハード・アスペクトがあると、おおざっぱな一面が強まるので、細かいことを見逃さないように注意が必要です。

1ハウスの土星

類稀なる努力と忍耐で困難を乗り越える

忍耐力と持久力が強く、制約の多い環境でこそ実力を発揮するタイプ。人生の中で大きな責任やハンデを背負うことがありますが、卓越した克己心によってそれを乗り越えていくでしょう。長期の努力ののちに、大きな成功を手に入れる可能性を秘めています。※ハード・アスペクトがあると、ストイックになりすぎる傾向が。時には周囲に意見を求めることも忘れないで。

1ハウスの天王星

ユニークな視点で我が道を進む

個性が強く、人とは違った価値観と道徳観をもっています。あえて社会制度に逆らう生き方を選ぶことがあるため、人生は良くも悪くも変化に富むでしょう。頭脳明晰なので、持ち前のオリジナリティーを活かせる道では、大成の可能性があります。※ハード・アスペクトがあると、自分の考えに固執するあまり、頑固になる傾向が。柔軟な考え方を心がけてください。

1ハウスの海王星

浮き世離れした天性のアーティスト

どこか空想の世界に生きているような、ドリーミーな雰囲気の持ち主。インスピレーション、イマジネーションが豊かで、芸術や霊的な才能に恵まれています。一方で生活の現実的な側面は、どうしても疎かになりがちです。さらに※ハード・アスペクトがあると、周囲に利用されてしまう可能性も。アドバイスをしてくれる良き友人、知人を見つけて積極的に頼りましょう。

1ハウスの冥王星

ピンチをチャンスにし大成功を収める

目標をはっきりもち、人に従うのではなく自分の意思で選択するタイプです。物事に白黒つけたがる傾向があり、苦労を厭わないので逆境にはめっぽう強く、ピンチをチャンスに変えることも。ただし※ハード・アスペクトがあると、思いの強さから嫉妬にとらわれやすくなります。どんな時も視野を広くもち、客観的なスタンスを忘れないことで乗り越えられるでしょう。

あなたの収入に影響を与える

2ハウスの惑星

人生における、金銭、経済の問題を扱うハウスです。その人の収入の得方や金運全般、所有欲、不動産について見ることができます。ここで扱う収入とは、主に本人が働いて手に入れるものを指します。またその人がお金や財産、所有物についてどう考え、どんなスタンスを取るかということもわかるでしょう。

※アスペクトについてはP110をご参照ください

2ハウスの太陽

金運に恵まれ財を成す力に優れる

人生を通して、恵まれた金運の持ち主です。自分の力で財を生み出す能力に優れ、同時に父親や目上の人からも利益をもたらされることもあるでしょう。物質的、経済的に豊かであることが人生の価値を高めると認識しているため、富を得ることには意欲的。使い方も華やかで、※ハード・アスペクトがあるとさらに娯楽への支出が激しくなります。管理を心がけることが重要。

2ハウスの月

バランスを心がけ金運を安定させて

「物質的に豊かであること」が心の安定につながっています。その時その時の気分によって、収支のバランスは変動しがち。金運自体にもアップダウンがあります。女性や子ども、大衆を相手にしたジャンルで商才を発揮しますが、※ハード・アスペクトがあると、支出が収入を上回りやすい傾向も。きちんと管理して計画的に貯蓄していくことが大切です。

2ハウスの水星

戦略的に収入を増やし才能で稼ぐタイプ

コミュニケーション能力や文才を活かした仕事で、収入を得る可能性が高い人。研究職など知的な職業や販売、営業、文筆業、また、経理や会計など直接お金を扱う職業にも縁があります。稼ぐことに対しては戦略的で、本業の他に副業ももち、上手に利を得るタイプ。※ハード・アスペクトがあると、楽なほうに流されやすい一面が顔を出すため、注意が必要です。

2ハウスの金星

華やかな生活を好み「貯める」より「使う」

ファッション、コスメ、インテリア、宝飾品などに関わる職業でセンスを活かし、収入に結びつけることができます。また恋愛や結婚を通じ、財産を得ることもあるでしょう。金運は悪くありませんが生活環境を華やかに彩りたいという気持ちが強く、貯蓄額は平均的かも。※ハード・アスペクトがあると、恋愛、趣味などにパッと使ってしまいがちなので、財布の紐を引き締めて。

2ハウスの火星 ♂

しっかりと働き意欲的に稼ぐ

しっかり働いて収入を得ようという意欲があります。ただし、長期間の忍耐を強いられる労働は苦手で、お金自体に執着がないため、効率良く稼いでは派手に使ってしまう……という繰り返しになることも。職業としては、身体を使う仕事や出来高制の販売営業などに適性が。※ハード・アスペクトがある人は、ギャンブルや投機には手を出さないでいるほうが無難でしょう。

2ハウスの木星 ♃

周囲からの信用が地位を押し上げる

物質的、金銭的に豊かで、恵まれた人生を暗示します。周囲からの信用を得ることで社会的な地位が上がりやすく、それに伴って収入も増えるでしょう。特に学術的な研究や専門職などで成功する傾向が。資金運用の才能もあるため、最終的に大きな財を成す人も。※ハード・アスペクトがあると浪費の傾向が強まるので、収支の管理を定期的に見直すことが重要です。

2ハウスの土星 ♄

長い時間をかけてじっくりと財を築く

倹約家で経済観念もしっかりしていますが、財を築くには努力と時間が必要。長い時間をかけ、ひとところで勤勉に働くことがポイントです。農業や不動産、伝統産業などに携わることで、収入を得られる傾向がありますが、※ハード・アスペクトがあると、極度な節約をしたり経済的な困難に陥ったりすることも。持ち前の忍耐強さで、根気強く対応することが大切です。

2ハウスの天王星 ♅

変動しがちな金運を安定した職業で支えて

大きな変動があり、予測しにくい金運の持ち主です。思わぬことで財を得たかと思えば、突発的な支出やアクシデントでそれを失うことも。発明や企画の才能があるので、本人のアイデアが収入に結びつく可能性はおおいにあります。特殊技能や資格の取得がおすすめ。※ハード・アスペクトがあると金銭問題でトラブルを招く傾向が強まるので、大きな買い物は慎重に検討して。

2ハウスの海王星 ♆

独特の金銭感覚で何かと浪費しがち

曖昧でつかみどころのない金運です。独特の金銭感覚の持ち主なので、お金に対してあまり興味がないでしょう。日常的にも蓄財の意識が薄く、使途不明金が多い傾向も。アートや文学に関する感性を活かせば、財に結びつく可能性大ですが、※ハード・アスペクトがあると騙されやすい傾向に。詐欺には十分注意して、知人であっても、貸し借りは控えるようにしてください。

2ハウスの冥王星 ♇

思い切った決断力で勝利を手にする勝負師

お金への執着が非常に強いタイプです。金銭的なことへの嗅覚が鋭く、時に大胆不敵な行動で、富と権力の両方を一度に手にすることもあるでしょう。勝負強さを活かし、投機などで大きく成功する可能性も。※ハード・アスペクトがあると、それらのことに関して手段を選ばなくなる傾向が。得たものを一夜にして失うような事態になりかねないので、注意が必要です。

あなたの好奇心に影響を与える

3ハウスの惑星

知能や好奇心、素質がどのような方向へ向かうのかを示す場所です。生きていく上で利用するべきスキル、日常的に使用する知識などを扱います。また身近な外の世界との交流を表すことから、学校生活、コミュニケーションの取り方、短期の旅行や、兄弟、親戚、隣人などとの対人関係も見ることができます。

※アスペクトについてはP110をご参照ください

3ハウスの太陽 ☉

社交上手で教育者の資質も抜群

知識欲が旺盛で、研究熱心。兄弟や親戚からの援助が期待できることもあり、まっすぐに才能を伸ばすことができるタイプです。自分の考えを周囲に伝えるのが上手く、教育者としての素質もあります。成人してからは、出張や旅の多い人生となりそうです。※ハード・アスペクトがあると、理屈っぽくなったり知識偏重の傾向が。視野を広くもって、柔軟に対応しましょう。

3ハウスの水星 ☿

頭の回転が速く人を楽しませる天才

好奇心が旺盛で、読書家です。理解が早く器用なため、何をしても比較的短期間で習得できるタイプ。言葉や文章に対するセンスが鋭く、お喋《しゃべ》りが上手で人を楽しませるのも得意です。それを仕事に活かすことも可能です。旅行にも縁のある人生となるでしょう。※ハード・アスペクトがあると理屈っぽい面が強まるので、時には言葉ではなく行動で示すと人間関係もスムーズに。

3ハウスの月 ☽

アートの才能に恵まれ心の交流を重視する人

言葉よりも、心の交流を大切にするタイプです。その時の気分次第で発言するので、言うことが一貫しない傾向がありますが、優しく世話好きなため、多くの人から愛されるでしょう。イマジネーションの能力が高く、絵や映像、音楽など、表現する分野で才能が芽吹くことも。※ハード・アスペクトがあると飽きっぽい一面が強まるので、適度な息抜き・気分転換を心がけて。

3ハウスの金星 ♀

芸術を見抜く目を持ち社交的で華やかな人

広くいろいろなことに興味をもちますが、なかでも芸術、音楽、文芸に対する審美眼には優れたものがあります。穏やかな話し手で誰とでも打ち解け合い、社交上手。また兄弟や親類など、身近な人との交流も愛情にあふれ、援助も期待できるでしょう。※ハード・アスペクトがあると異性との交流で問題やトラブルが生じやすいため、相手の誤解を招かない言動を心がけて。

3ハウスの火星

知的好奇心が旺盛で意見交換にも積極的

知識や情報に対して貪欲で、それを武器にして世の中を渡っていく強さの持ち主です。既成概念に対する反骨精神があり、持論を曲げず、意見交換に積極的なため、対人関係でトラブルが起きることも。※ハード・アスペクトがあると、さらにその傾向が強まります。相手の意見をしっかりと聞き、批判ではなく対話を心がけると、良好な信頼関係を築いていけるでしょう。

3ハウスの木星

哲学的で思慮深く大人の雰囲気の持ち主

いい仲間や友人に恵まれ、知的な刺激を受けて育つ人です。物事を深く考える哲学的な思考の持ち主で、それが本人に大人びた雰囲気を与えます。教育、文筆、通信、旅行関連の仕事を通じて才能を発揮しやすく、人生を通じて旅から多くの幸運を得るでしょう。ただし※ハード・アスペクトがあると、器用貧乏に陥る可能性も。自分の希望を明確にすることが重要です。

3ハウスの土星

実直に学び続け成長をやめない人

幼少時に本人が望む学びが受けられないなど、環境にやや恵まれない傾向が。ある程度成長してから、類稀《たぐいまれ》なる集中力と努力により、巻き返す人が多いでしょう。言葉数は少ないながらも、経験に基づいてじっくりと判断し、周囲の信頼を得るタイプです。※ハード・アスペクトがあると、考え方が保守的になりやすいので、積極的に新しい知識や経験を取り入れて。

3ハウスの天王星

個性から生まれる斬新な発想が魅力

マニアックで、人とは違った発想をする人です。変わり者という印象をもたれがちですが、その直感的なアイデアで危機を脱したり、発明したりすることもあるでしょう。科学やITの分野、エンジニアなどとして才能を発揮するはず。※ハード・アスペクトがある場合には、計画通りに進まず、やきもきすることが増えるかも。しかし、入念に準備することで回避できます。

3ハウスの海王星

鋭い直感力で空気を読むスキルの持ち主

現実的なことよりも、想像の世界に遊ぶことを好むタイプです。精神世界や神秘的な事柄に興味をもつこともあるかもしれません。直観力が鋭く、他者の気持ちを理解できるので、対人関係は概ね良好なはず。※ハード・アスペクトがあると、引っ込み思案な一面が強まります。直接伝えることももちろん重要ですが、メールや手紙といった手段も活用して意思疎通を図って。

3ハウスの冥王星

観察力に恵まれ周囲を分析する

極端な考え方に傾きがちですが、一度決めたことはとことん追求し、やり遂げる意志の強さがあります。興味の範囲は狭いものの、その分野では圧倒的な知識を獲得するでしょう。他者を観察し分析することが得意なので、駆け引きや交渉ごとで手腕を発揮することも。※ハード・アスペクトがあると、人を批判しがちになるので、思いやりを忘れずに対応することを心がけて。

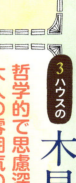

あなたの家庭環境に影響を与える

4ハウスの惑星

ICを含むこのハウスが扱うのは、その人にとっての足元、土台となる部分。主に、家庭環境や住居に関わることを扱います。どんな家庭で育ったか、両親との関係はどうであったか、そしてそれらが本人にどのような影響を与えたかをも知ることができるでしょう。また、不動産や晩年の運勢なども予測します。

※アスペクトについてはP110をご参照ください

4ハウスの太陽

家族との絆が強く遺産・不動産相続も

明るく健康的な家庭で、あふれんばかりの愛情を受けて育つでしょう。経済的にも豊かであることが多く、遺産や不動産を引き継ぐこともあります。本人も家族を非常に大切にするため、絆は深いものになります。晩年も安泰ですが、※ハード・アスペクトがあると、そういった幸せを守るために苦労を伴うことが。慎重に対応すれば、どんな難も乗り越えられるはずです。

4ハウスの水星

教育熱心な家庭に育ち親戚との交流も活発

知的で活気のある家庭で育ちます。親戚や友人との交流が活発で、家族旅行などのレジャーも多いでしょう。また両親が教育熱心で、早くから様々な習い事を経験する傾向があります。※ハード・アスペクトがあると、転居が多くなりそうです。ひとところに落ち着けないために対人関係の形成などで苦労しますが、結果的に社交性を培う、いい経験になるはずです。

4ハウスの月

転居の多い生活が郷土愛を育む

生活環境や家庭環境が不安定で、変わりやすいことを暗示しています。様々な事情により転居も多くなりがちですが、その分家族や家系、郷土に対する愛着が強く育まれ、最終的には故郷に戻って晩年を過ごすでしょう。※ハード・アスペクトがあると、幼少期の家庭環境が本人の性格形成に影響を与えることもあります。母親との関係を良好に保つよう、心がけてください。

4ハウスの金星

不自由なく暮らし家庭運は順風満帆

経済的にも愛情面でも、恵まれた環境で育つことが予想されます。それが本人にも、優しくおおらかな雰囲気を与えるでしょう。成人してからも、自分が育ったような、調和的で安定した家庭を築きます。晩年も家族に囲まれ、温かい環境で生活することができるでしょう。※ハード・アスペクトがあると家の中が散らかりがちになるので、整理整頓を意識して過ごすことが大事。

4ハウスの火星♂

家庭の事情から早くに自立する傾向

両親の不和など、争いやもめごとの多い家庭で育つことを暗示しています。独立心が旺盛になるため、早くに生家を離れて自立した生活を築く人も多いでしょう。学業やスポーツなどで才能を発揮し、いい成績を収める可能性に恵まれています。※ハード・アスペクトがある場合は、火事に遭う傾向が強まるため、外出の際には火元の確認を怠らないようにしてください。

4ハウスの木星♃

経済的にも愛情面にも恵まれる家庭生活

家柄がいいなど、経済的に恵まれた幼少期を過ごすでしょう。愛情面やその他の点でも申し分なく、不自由のない家庭生活を送り、財産を相続する可能性も大。生涯を通じて家庭生活に恵まれる配置です。※ハード・アスペクトがあると、過保護な環境に育つため、わがままな面が強まることも。客観的に物事を見るクセをつけると、対人トラブルを回避することができるはず。

4ハウスの土星♄

不自由な思いが屈強な精神力を培う

経済的に恵まれなかったり、両親から十分な愛情を受けられずに育つ人がいるかもしれません。もしくは、しつけが過度に厳しく、窮屈な思いをする可能性も。一方で、抑圧された精神は本人に忍耐力やストイックさをもたらします。※ソフト・アスペクトがあればそれが功を奏し、晩年は努力の末に安定した家庭を手にし、不動産収入などで財産を築くことができるはずです。

4ハウスの天王星♅

風変わりな家庭で育ち早くに独立する傾向

変わった家風や、一般的ではない形の家庭で育ちます。既成概念にとらわれない自由な思想をもつ両親であることも多く、愛情面ではやや淡白になる傾向があります。その影響を受けて本人も独立心が強くなり、早くに家を出る人も多いでしょう。※ハード・アスペクトがあると、家庭や住居に関して突発的な変化が多くなりそう。常に備えを心がけるようにしておくと◎。

4ハウスの海王星♆

1人で過ごす時間が想像力を鍛える

親が留守がちであるなど、愛情面では少し寂しい思いをするかもしれません。もしくは、人に言えない事情があるなど、複雑な家庭環境で育つ可能性も。そのため本人は虚無感や愛情不足を感じることが多く、現実逃避から空想的になったり、少し夢見がちになるところがあります。※ソフト・アスペクトがあると、それがプラスに働き、芸術的なセンスを育んでくれるはずです。

4ハウスの冥王星♇

遺伝的な要素が人生に影響を与える

家族というよりは、家系から引き継ぐものが多い配置になります。そこには財産だけではなく、家業や遺伝的な特徴なども含まれ、進路や職業を選択する際に大きな影響を与えるかもしれません。家庭環境においてはあまり恵まれているとは言えず、特に情緒面で苦労をすることが多いかも。※ソフト・アスペクトがある場合、強い意志によって晩年、権力や財力を獲得します。

あなたの恋愛や娯楽に影響を与える

5ハウスの惑星

人生における“歓喜”を表すハウスです。恋愛、娯楽、レジャーなどの楽しいこと全般、また子どもに関する事柄や、芸術的な創作活動、勝負事、ギャンブルなどについても扱います。その人がどんなことに喜びを感じ、生きている実感を得るのか、また、どんな幸せを期待できるのかがわかります。

※アスペクトについてはP110をご参照ください

5ハウスの太陽 ☉

多くの恋を楽しみ華やかに生きる人

自由奔放な恋愛観をもち、本人も社交的でモテるタイプです。多くの恋を経験し、恋そのものを楽しむことができる人。恋愛以外でも、人の注目を集める華やかな世界に憧れます。おしゃれを存分に楽しめるパーティなどは、参加するのも主催するのも大好き。投機やギャンブルなども好みますが、※ハード・アスペクトがある人は、のめり込みすぎに十分注意してください。

5ハウスの水星 ☿

多彩な才能を活かし知性を刺激し合う恋

探求心が旺盛で、知的な遊びに熱中するタイプです。趣味も幅広く、商才・文才に恵まれているので、いろいろな習い事をしたり、資格取得に夢中になることも。恋はあっさりとしていますが、互いの知性を刺激し合えるような関係を望むはず。※ハード・アスペクトがあると、飽きっぽさやそっかしさが目立つようになるため、落ち着きを心がけることが重要になるでしょう。

5ハウスの月 ☽

情緒が豊かで相手に尽くす人

非常に情緒が豊かな人です。ものを創り出すことに喜びを感じ、また、その才能もあります。特に女性や子どもに向けたものを創作すると、傑作が生まれる可能性が。恋においては〝情〟を大切にし、相手に尽くします。優しく世話好きですが、※ハード・アスペクトがあると恋愛依存体質になりがちなので、恋愛以外に熱中できる、趣味や習い事を見つけておくのがおすすめです。

5ハウスの金星 ♀

洗練された美意識が恋愛観の基盤に

絵や音楽などの芸術を愛し、自分自身も創作活動を楽しむタイプ。美意識が洗練されていて、常にきれいでいるための努力を怠りません。ムード作りなども上手ですから、必然的に恋愛模様も華やか。ロマンチックな恋を経験するでしょう。ただし※ハード・アスペクトがあると、贅沢や快楽に溺れる暗示があるため、定期的に生活のサイクルやリズムを見直す時間を設けましょう。

5ハウスの火星♂

ドラマチックな恋を数多く経験

勝負事や冒険を好み、危険なものほど闘志を燃やす傾向があります。エネルギッシュさを活かし、スポーツで大成する可能性を秘めた人です。情熱的な恋に落ち、ドラマチックな経験を重ねるタイプですが、後先を考えずに行動すると落とし穴にはまることも。※ハード・アスペクトがあると、恋愛トラブルに巻き込まれやすくなるため、時には一歩引いて、冷静になることも大事。

5ハウスの木星♃

恋はチャンスに恵まれスムーズに進行

アートに対する興味や理解が深いタイプです。自分自身が芸術を楽しみ、また、パトロンとして後援する活動にも喜びを覚えるはず。恋愛は幸運に恵まれやすく、周囲のサポートなどにより結婚までとんとん拍子に進む傾向が。ただし※ハード・アスペクトがあると、享楽的な傾向が強くなります。周囲の人からのアドバイスを、素直に聞くことを忘れないようにしてください。

5ハウスの土星♄

恋は一途で慎重派じっくりつき合う

純粋な楽しみに対しての関心が薄く、たとえ遊びでもビジネスや実利につながるようなものを選ぼうとする人です。歴史や伝統のあるものに対して興味・関心を抱く一面があります。恋も慎重ですが、一度〝この人〟と決めれば一途にまごころを捧げるタイプ。※ハード・アスペクトがあると、恋愛での苦労が増えがちなので、協力してくれる友人や知人に上手に甘えて。

5ハウスの天王星♅

常識を無視したスキャンダラスな恋も

風変りで、少しマニアックな趣味をもつタイプ。周囲に理解されにくいこともありますが、大いなる創造力を秘めているので、極めればそのジャンルの開拓者となることも夢ではありません。恋は一般的なルールにとらわれない、独自の方法でアプローチするでしょう。ただし、※ハード・アスペクトがあるとスキャンダルになる恐れが高まるので、ほどほどを心がけて。

5ハウスの海王星♆

ムード重視の恋愛観で演出にもこだわる人

アートや精神世界など、感覚的なことや目に見えない世界に対して、強い興味をもつ人です。審美眼と創造力を兼ね備えているので、その分野で活躍できる可能性も十分。恋にはムードやロマンを求め、自分自身もそれにふさわしい雰囲気を演出します。※ハード・アスペクトがあると多角関係でトラブルを起こすことも。常に慎重さを忘れずに行動するよう、心がけましょう。

5ハウスの冥王星♇

一か八かの激しさで恋にすべてを捧げる

人があまり注目しないものや、重いテーマに惹かれる傾向があります。死と隣り合わせになるような、極限状態でのスポーツなどを好む人もいるかもしれません。恋は常に真剣勝負。相手のためならすべてを捨てるような覚悟で臨みます。※ハード・アスペクトがあると、その激しさから傷つくことも増えがち。冷静さを失う前に、親しい人にアドバイスを求めるのが◎。

あなたの労働や健康に影響を与える

6ハウスの惑星

私たちが日々を生活していくために必要な労働や義務、それに伴う本人の能力について扱います。他者の面倒を見ることをも表すので、上下関係、なかでも部下や後輩など目下の人との関係についても知ることができるでしょう。また本人の健康や、ペットや家畜としての動物などもこのハウスから推測します。

※アスペクトについてはP110をご参照ください

6ハウスの太陽 ☉

実直に働いて社会に貢献

実務能力に優れ、組織の中で働くことで能力を発揮します。集団の中で自分が果たすべき役割をきちんとわきまえていて、目に見える形で貢献したいと考えているタイプです。ただし、働き者であるだけに健康面は過労に注意が必要。特に※ハード・アスペクトがある場合には、心臓に負担がかかりやすい傾向が。定期的な検診などで、ケアを怠らないように注意してください。

6ハウスの水星 ☿

交渉術に長け頭脳労働全般に適性

計算、文書作成などの事務作業や、研究職をはじめとする頭脳労働全般に適性があります。交渉術にも長けているので、営業や接客などにも向いています。健康面は、ストレス性の胃腸炎や腕、肩の炎症に注意が必要。※ハード・アスペクトがある場合は、職場内のコミュニケーションがうまくいかず誤解を受けがちに。真面目な対話を心がけて、早め早めに対処していくのが◎。

6ハウスの月 ☽

天性の奉仕精神でリーダーをサポート

奉仕の気持ちが強いため、公共性、または大衆性のある仕事に向いています。特に女性や子どもを対象とするジャンルには適性があるでしょう。経営者やリーダーになるよりも、現場で実務に携わる方を好みます。幼少の頃は虚弱体質の傾向があり、※ハード・アスペクトがある場合は、大人になっても胃腸が弱くなりがちに。上手なストレス発散方法を取り入れるよう心がけて。

6ハウスの金星 ♀

芸術的センスを仕事に活かせる

ファッションや美容、インテリア、アートなど、センスを活かせる仕事にやりがいを見出せるはず。また金融関係もおすすめです。協調性があり思いやり深いので、職場の人間関係は穏やか。健康面では、喉の病気や腰痛、腎臓に要注意。※ハード・アスペクトがあると、自分に甘くなりわがままになる恐れが。状況を客観的に見る習慣を作って、トラブルを予防しましょう。

6ハウスの火星 ♂

リーダーの資質十分 実力主義の世界で輝く

身体を使ったり、運転をする仕事などに適性があります。エネルギッシュに業務に取り組むので、成績がものを言うような、実力主義の世界で生き生きと輝くでしょう。リーダーとしての気質も十分。健康面は、過労やケガ、火傷、熱中症などに用心してください。※ハード・アスペクトがあると、部下に厳しすぎる一面が顔を出すことも。頭ごなしに注意せず、対話を心がけて。

6ハウスの木星 ♃

仕事と仲間に恵まれ 努力するほど結果が

生涯を通じて、仕事や職場仲間に恵まれる配置です。努力は豊かな報酬と結びつき、やりがいを感じられるでしょう。オフィスでじっとしているよりは、出張や外出の多い仕事が◎。自身で起業するのも大いに幸運です。健康面は概ね良好ですが、※ハード・アスペクトがあると、過食から肥満や肝臓疾患を招く可能性も。健康を過信しないよう注意してください。

6ハウスの土星 ♄

持ち前の責任感で 粘り強く対応

責任感が強く、任された仕事には根気強く取り組む人です。〝縁の下の力持ち〟に徹すると能力を活かせるはず。不動産や農業、林業など〝土地〟に関わる業界や、伝統産業に縁があります。健康面は、皮膚の病気や関節炎、骨折などに注意が必要。※ハード・アスペクトがある場合は、言葉足らずのために職場の対人関係で苦労するかも。積極的に対話するよう努めると吉。

6ハウスの天王星 ♅

ユニークな発想が 才能を開花させる鍵に

発想が豊かなので、専門的な知識や技術を活かせる仕事で大いに才能を開花させるでしょう。ただし考え方が独特でマイペースなため、フリーランスの方が働きやすいかもしれません。健康面では不規則な生活などによる神経系の症状に注意して。※ハード・アスペクトがあると職を転々としやすくなります。才能を浪費しないよう、何がしたいのかを冷静に考えることが大切。

6ハウスの海王星 ♆

癒し・アートの職業で 才能を発揮する

人のために尽くすサービス業や、癒しに関わる仕事に向いています。直観力やイマジネーションの力も優れているため、アートの分野でも活躍が期待できるでしょう。健康面はお酒やたばこなど、嗜好品への依存や中毒症に注意。※ハード・アスペクトがあると、職場での優しさを都合よく扱われてしまう傾向が。仕事とプライベートを分けて対応するとトラブルを予防できるはず。

6ハウスの冥王星 ♇

仕事はやりがい重視 信念をもって働く

特異であまり人目につかないような、奉仕性の高い職業にやりがいを感じます。危険を伴ったり非常にハードであるなど、一般的には人が避けがちな仕事でも、そこに信念を見出せれば厭わないタイプ。身体的には生殖器や排泄器が弱いため、ケアを心がけましょう。※ハード・アスペクトがあると、仕事に変動が生じがち。視野を広くもって、柔軟に対応することが大切です。

あなたの結婚に影響を与える

7ハウスの惑星

その人自身を表す1ハウスの向かい側に位置する7ハウスは、他人でありながら最も深い関わりをもつ人、パートナーやライバルを表します。配偶者や共同事業者のほか、契約や法律問題についても知ることができるでしょう。結婚運については、7ハウスに加え8ハウスの状況も加えて判断していきます。

※アスペクトについてはP110をご参照ください

7ハウスの太陽☉

結婚が人生を変える大きな転機に

明るく快活で、経済的にも恵まれた人物がパートナーとなります。結婚によって社会的な地位が高まり、満ち足りた結婚生活を送る可能性も。ビジネスも、条件のいい相手との共同事業や契約によって、成功がもたらされます。※ハード・アスペクトがあると、結婚にもビジネスにも強力なライバルと出会う傾向が強まりますが、粘り強く対応することで、切り抜けられるでしょう。

7ハウスの月☽

アスペクトの状況で真逆の結婚運に

アスペクトによって、解釈が大きく異なる配置です。※ソフト・アスペクトがあれば、結婚生活は愛情にあふれた穏やかなものとなるでしょう。ビジネス上の契約でも、特に人気商売などにおいてメリットが期待できます。ハード・アスペクトがある場合は、パートナーが変わりやすく落ち着かないかもしれません。相手に自分の理想を押しつけないよう、注意することが大切です。

7ハウスの水星☿

結婚が人脈とチャンスをもたらす

知的な趣味をもつ、社交的で楽しい相手との結婚が期待できます。結婚によって人脈が増え、好奇心の幅も広がるでしょう。ビジネスにおいても、顔の広い人物の協力を得てチャンスが生まれます。知識人との交流ももたらされる配置です。※ハード・アスペクトがあると、パートナーに不誠実な人を選びがちで、意見も食い違いやすくなります。相手を観察する冷静さを忘れずに。

7ハウスの金星♀

申し分ないパートナーに恵まれる

優しく愛情深い配偶者に恵まれ、経済的にも不自由しない結婚生活を送る人です。すべてにおいて、自慢できるパートナーに恵まれるはず。事業面では、持ち前の社交性を発揮して、多くの協力者を得るでしょう。資金援助を受けることもあるかもしれません。※ハード・アスペクトがあると、本人のルーズさのせいで幸運を逃すことも。手間を惜しまず、丁寧な対応を心がけて。

7ハウスの火星 ♂

衝動的な情熱で電撃婚の可能性も

情熱に任せて、衝動的に結婚する可能性が高い人です。ビジネス面では、その情熱的な言動が誤解されやすく、トラブルの種となることが。配慮と確認を怠らないように注意して。※ハード・アスペクトがあるとその傾向が強調されるため、より用心深くなることが大切です。ソフト・アスペクトがあると、結婚もビジネスも、切磋琢磨し合って成長できる関係を築けるでしょう。

7ハウスの木星 ♃

配偶者に恵まれ誰もがうらやむ結婚をする

誠実で頼りがいのあるパートナーに恵まれます。結婚相手は社会的に地位があったり経済的に豊かである可能性が高く、周囲の祝福を受け、幸せな結婚生活を築けるでしょう。ビジネスにおいては、友人や知人から利益をもたらされるかもしれません。※ハード・アスペクトがあると、結婚生活にトラブルが生じがちに。パートナーとのコミュニケーションは密に取り合って。

7ハウスの土星 ♄

パートナーは年上晩婚の可能性も

結婚の時期は遅くなる傾向があります。相手はかなり年上か、物静かで哲学的な人でしょう。対話を心がけることで、円満な結婚生活を送ることができます。ビジネスにおいては共同事業は避けて、交渉の際にも、十分に相手を見極めれば上手く行くはず。※ソフト・アスペクトがあると、困難を乗り越えた先に、固い絆で結ばれるパートナーとの出会いが待っている可能性も。

7ハウスの天王星 ♅

互いの価値観を重んじ独自の結婚スタイルへ

常識的な結婚観にとらわれないため、通常とは違う形でのパートナーシップを育むかもしれません。相手も変わった価値観の持ち主であることが多く、結婚後は独特なライフ・スタイルになることも。共同事業は予想外の事態や状況の急変を招きやすいため、避けるのが賢明。※ハード・アスペクトがあると、衝動的に行動する傾向が強まるので、時間をおいて考える余裕が重要に。

7ハウスの海王星 ♆

華やかな職業の人がパートナーの可能性大

結婚に対して、ロマンを求める人です。相手はアーティストや芸能関係の人物である可能性も。ビジネスにおいては、契約の相手をよく知る必要があります。口約束は避けて、きちんと書面を取り交わすことがトラブル防止に。※ハード・アスペクトがあると、思考よりも感情が先行しやすくなります。その場の衝動に流されないよう、しっかりと自分のルールをもつことが大切。

7ハウスの冥王星 ♇

結婚後の生活はパートナー優先に

ドラマチックな恋愛を経験し、結婚によって人生が大きく変わる人です。献身的にパートナーに尽くすことが、喜びになりそう。ビジネスにおいては、洞察力に優れているので、交渉事に対して天賦の才能があります。※ハード・アスペクトがある場合は、自分のネガティブな感情に引きずられやすくなるため、気分転換できる趣味や習い事を身につけておくのがおすすめです。

あなたの相続・性に影響を与える

8ハウスの惑星

８ハウスのテーマは、「死」と「性」。セックスに対する本人の意識やありよう、遺伝や結婚後の生活などについても扱います。また２ハウスが主に本人が働いて得るお金を表すのに対し、８ハウスは他人からもたらされる財を表します。有形・無形の遺産や配偶者の財運、霊的な才能などについても司ります。

※アスペクトについてはP110をご参照ください

8ハウスの太陽☉

相続により人生がグレードアップ

配偶者や他人から、財産や地位などを受け継ぐことが多い配置です。そのことにより人生が輝き、経済的にも豊かになるでしょう。精神世界に対して学術的な興味をもつ可能性も。基本的にセックスに対しては開放的で、やましさのない健康的な楽しみ方をするでしょう。※ハード・アスペクトがあると、異性から誤解されやすくなるため、言動には十分注意してください。

8ハウスの水星☿

先人から知識やスキルを受け継ぐ

能力や技術など、知識を受け継ぐ人です。弟子入りをして、専門的な知識を学ぶこともあるでしょう。セックスに対しては知識先行型ですが、新しい変化には柔軟なので、パートナーと一緒に楽しもうとするタイプ。※ハード・アスペクトがあると、細かな行き違いからトラブルが発生しやすくなるので、特に契約や交渉時には、念には念を入れて確認作業を行なってください。

8ハウスの月☽

結婚後は変化の多い生活に

結婚後の生活は変化に富みそうです。セックスは、愛を確か合うための重要なコミュニケーションととらえるタイプ。ムード作りにも気を配り、感情面で満たされることを重視します。もともと霊的なことがらに対して感性が鋭い人ですが、※ハード・アスペクトがあるとさらにその傾向が強まります。周囲の人の感情に引きずられやすくなるので、一線を引いたつき合いを。

8ハウスの金星♀

相続運に恵まれ玉の輿に乗ることも

性的な魅力が非常に強く、異性を惹きつける人です。自分自身もセックスを好む傾向にあり、精神面のつながりよりも肉体的な満足感を重視するでしょう。相続運があり、結婚によって裕福になったり、援助を受ける傾向があります。※ハード・アスペクトがあるとセックスを軽んじたり、興味本位で霊的なことに携わって、トラブルを招くことがあるので、自重が必要です。

8ハウスの火星

予期せぬ遺産や地位を受け継ぐ

予期せぬ出来事により、他人の地位や遺産を引き継ぐことがありそうです。それを投機的に運用し、増やしていく才能にも恵まれています。セックスは男女ともにアグレッシブで、相手を支配するような威圧的な態度を取ることも。※ハード・アスペクトがあると、感情が高ぶった時に冷静さを失って、周囲を傷つける恐れが。一時的な感情で行動しないように気をつけましょう。

8ハウスの木星

結婚相手が豊かさをもたらす

結婚相手が裕福であったり家柄が良かったりと、結婚によって豊かになることが多いでしょう。事業においても金銭的な援助に恵まれ、ここぞという時に出資者が現れるなど強運を発揮します。セックスは奔放で、経験する人数も多い傾向。※ハード・アスペクトがあると、せっかくの財を使い果たしてしまう恐れが。堅実な姿勢を心がけて、周囲にアドバイスを求めることも大事。

8ハウスの土星

相続問題はじっくり取り組んで解決

身内からの金銭的援助は、あまり期待できないかもしれません。相続に関しては問題が起きた場合は、腰を据えてじっくり取り組むのが◎。保証人になったり名義を貸したりすることは、トラブルにつながりやすいので避けましょう。セックスへの関心は薄く、抵抗感を抱くことも。※ソフト・アスペクトがある場合は不動産を受け継ぐ可能性が高く、管理能力にも長けています。

8ハウスの天王星

結婚後の生活は不安定になる可能性も

結婚後の経済面は安定しにくく、配偶者の財産や遺産に関して、突発的な出来事が起きるかもしれません。それが本人にどのような影響をもたらすかは、アスペクトの状況次第。※ハード・アスペクトがある場合は、法的な紛争に発展する可能性があるので慎重な対応が解決の鍵に。ソフト・アスペクトがある場合はその出来事により、かえっていい結果がもたらされそうです。

8ハウスの海王星

相続は期待薄流動的なので注意して

結婚によって得る資産を期待するより、堅実に稼ぐほうが財運は安定するタイプです。セックスは基本的に相手に合わせますが、耽美的《たんびてき》でムードを重要視します。心霊的な事柄に対する感受性が強いため、オカルト関連への関心も高く、特に※ハード・アスペクトがあると、その方面で詐欺的な被害に遭う恐れも。好奇心だけで先走らないように注意しましょう。

8ハウスの冥王星

天性の嗅覚で財にたどり着く

「財」に対する嗅覚が鋭いため、人から譲り受ける資産に恵まれやすい人です。セックスには強い関心とバイタリティーがあり、飽くなき探求心の持ち主。オカルトに関する鋭い感覚にも恵まれるため、追求すればその分野でカリスマ的な存在になれるかもしれません。※ハード・アスペクトがあると利己的な傾向が強まるので、利益主義に偏り過ぎないよう、バランスを取って。

あなたの向学心に影響を与える

9ハウスの惑星

3ハウスが幼少期の知的な発達を表すのに対し、その向かい側に当たる9ハウスは、より専門的で高等な学問を表します。大人になってからの精神的な成長や、信仰のあり方も示しています。また、本人の未知に対する姿勢とも関わりがあり、海外や長期の旅行についても、ここで知ることができます。

※アスペクトについてはP110をご参照ください

9ハウスの太陽 ☉

海外との縁が強く 留学や移住の可能性も

宗教や哲学、法律などの分野で専門的な知識や技術を活かし、活躍できる人です。ビジネスにおいては、現実的な利益より精神性ややりがいを重視する傾向があります。人生全般で海外との縁が深く、国際人としてグローバルに行動したり、留学や移住を経験することもあるでしょう。※ハード・アスペクトがあると、それらに関して障害が起きやすいため、粘り強く対応を。

9ハウスの水星 ☿

知的好奇心が旺盛で 向学心にあふれる

向学心にあふれ、特に語学に関して才能を発揮します。知識人として社会で活躍する可能性も高く、翻訳、通訳、出版、旅行、貿易業などで腕を振るうでしょう。宗教や信仰にも関心をもちますが、そこには論理性を求め、心酔するというよりは文化や学問としての興味になりそう。※ハード・アスペクトがあると無責任な発言をしやすいので、口を滑らさないように注意して。

9ハウスの月 ☽

海外への憧れを 実現させる

精神世界に対して、強い関心をもっています。特定の思想や哲学から気づきを得て、人生が大きく変わることがあるかもしれません。海外に対する憧れも強く、旅行も多く経験するでしょう。特に船旅には縁がありそうです。ただし※ハード・アスペクトがあると、集中力や忍耐力に欠ける傾向が。そのせいで夢が実現しない可能性もあるので、意志を強くもつことが重要です。

9ハウスの金星 ♀

博愛精神にあふれ 慈善事業に取り組む

宗教的な慈愛にあふれた人です。世界を股にかけ、慈善事業に取り組む人もいるでしょう。芸術を愛し、自身もアーティストとして活躍する可能性を秘めています。経済学などにも適性が。誰にでも好かれる社交的な性格から、国際結婚をしたり海外に移住する可能性も。※ハード・アスペクトがあると、目的を見失いがちになるため、立ち止まって自分を見つめ直す時間を設けて。

9ハウスの火星 ♂

精神的な成長を求め学び続ける

向上心、好奇心が非常に強く、常に精神的な成長を追い求めます。宗教や信仰にも熱中しやすく、布教活動に精を出す場合もあるでしょう。また野心家でもあるため、海外で実力を試してみたいという気持ちになり、進んで海外出張や転勤を希望する傾向も。※ハード・アスペクトがある場合は、法的な争いや国外でのトラブルに巻き込まれないよう、注意が必要です。

9ハウスの木星 ♃

専門的な学問で指導者になることも

高尚な精神の持ち主です。誰に対しても寛大で道徳的なため、人望を集めるでしょう。法律や宗教に対する関心が高く、専門的な分野で人を指導する立場になる可能性も。海外に関することからも幸運を得やすく、仕事や学問において海外進出を果たせば、大いにメリットが期待できるでしょう。※ハード・アスペクトがあると、自信過剰になりやすいので、謙虚さを忘れないで。

9ハウスの土星 ♄

時間をかけて物事を追究する

研究熱心な努力家です。あまり人が注目しないような研究テーマを選び、時間をかけてじっくりと追求していくでしょう。精神的な世界には懐疑的ですが、一度納得すると信念として掲げることも。海外に関してはあまり縁がなく、むしろ自国に伝統的に伝わるものや思想に惹かれる傾向があります。※ハード・アスペクトがあると、頑固な一面が強まるので柔軟な思考を心がけて。

9ハウスの天王星 ♅

特定の分野で天才的な才能を発揮

人とは違った、一風変わった哲学・信念の持ち主です。科学に興味を持つ一方で、オカルト的なことにも関心が強いでしょう。特定の分野においては天才的な才能を発揮し、名を残す可能性も。周囲の目を気にせず、好きなことをとことん追求するのが成功の秘訣です。※ハード・アスペクトがあると、海外で思いがけないアクシデントに見舞われる恐れがあるので、何事も慎重に。

9ハウスの海王星 ♆

鋭い直感力で多彩な才能を活かす

霊的なことや神秘的なことに対する直観力が鋭く、イマジネーションの力にも恵まれています。正しい信仰をもてば、その能力を活かして慈善家となるでしょう。また芸術に関する才能も豊かです。旅行は、海や水に関わる場所が幸運をもたらします。※ハード・アスペクトがあると、現実生活に対する関心が薄くなりがち。意識して、衣食住を楽しむようにして。

9ハウスの冥王星 ♇

抜群の集中力は方向性が重要に

魔術や心霊など、オカルトに強い関心を抱く傾向があります。また熱中すると寝食を忘れるほど、抜群の集中力と知的好奇心を兼ね備えています。それだけに、信仰する宗教や哲学によって、人生が大きく変わることもありそう。特に※ハード・アスペクトがあると、異端な思想に惹かれる要素が強まります。偏った考え方に陥ってしまわないように、十分な注意が必要です。

あなたの社会性に影響を与える

10ハウスの惑星

社会との関わりを司る場所です。天職としての職業、名声、地位など、人生における公的な活動全般を表します。目上の人や指導者との関係も示すでしょう。足元、拠《よ》って立つ場所を表すのが4ハウスであるのに対し、真上に当たる10ハウスは、その人が到達する最高地点、目指すべきものをも教えてくれます。

※アスペクトについてはP110をご参照ください

10ハウスの太陽

若いうちから成功し リーダーとして活躍

才能を活かし、社会で活躍することにバイタリティーを燃やします。目上の人からの引き立てにも恵まれ、若いうちから頭角を現すことも少なくないでしょう。地位や名声を手にし、リーダーとして人を導く人生となりそうです。※ハード・アスペクトがあると、そのポジションにあぐらをかいたり、周囲に対し横柄な態度を取る恐れが。相手の立場で考える柔軟性を養いましょう。

10ハウスの水星

通信関係や営業関係の 頭脳労働で手腕を発揮

コミュニケーション能力を駆使し、上手に世の中を渡っていくタイプです。マスコミ、情報、旅行、貿易、ITなど適性は幅広く、営業、販売、企画立案などの頭脳労働で才覚を発揮するでしょう。人脈形成にも優れた手腕があり、有力者とのコネクションも大いに期待できます。※ハード・アスペクトがあると、器用貧乏になる傾向が強まるので、専門知識を得ておくと安心です。

10ハウスの月

ビジネスでの成功は 女性&子どもが鍵

社会的な成功に対して頓着しない人が多いようですが、実際には人気商売や公共性のある仕事、女性や子どもを対象にしたビジネスに向いています。女性有力者の支援を受け、成功を収める可能性も高いでしょう。※ハード・アスペクトがあると、気分により、または適職を求めて仕事を変えやすい傾向があります。継続して努力する、強い意志をもつことが必要となりそうです。

10ハウスの金星

華やかな職業が◎ 支援を受けて成功する

芸術関係、またはファッションや宝飾品、インテリア、美容関連など華のある業界に向いています。自分自身のセンスを活かし、デザイナーやコーディネーターとして活躍することもあるでしょう。人気運もあり、特に異性からの後援を受けて成功を収める傾向が。※ハード・アスペクトがあると他力本願になりやすいため、他人をあてにし過ぎないよう、自重することが重要。

10ハウスの火星♂

厳しい競争社会で熱く闘志を燃やす

非常に野心家で、独立心、向上心ともに強いでしょう。厳しい競争社会の中でこそ闘志を燃やし、実力を磨こうとします。身体を使う仕事や技術職、スポーツなどの分野に適性が。知らず知らずのうちに、後に続く人たちのリーダーになっていることも多いでしょう。※ハード・アスペクトがあると、その好戦的な姿勢がトラブルの種に。周囲との調和を重んじる姿勢も大切に。

10ハウスの木星♃

部下や後輩に恵まれ社会で活躍する運命

社会に出て活躍し、地位や名声を得ることを運命づけられた配置です。どのような職種にも適性がありますが、専門的な知識や技術を活かせる仕事や学術研究、政界などが特におすすめ。誠実でおおらかな人柄が周囲を惹きつけ、有力な後ろ盾を得て部下にも恵まれるでしょう。※ハード・アスペクトがあると、最後の詰めが甘くなりそう。気を抜かずにやり遂げることが重要です。

10ハウスの土星♄

持ち前の忍耐力で確実な成功を収める

誠実で責任感の強い性格が、本人を確固たる地位へと押し上げるでしょう。政治や実業、不動産業、農業、伝統産業などの分野で努力が実り、一目置かれる存在になりそうです。成功は遅くなる傾向がありますが、持ち前の忍耐力で確実に目標へと到達します。※ハード・アスペクトがあると肩書や利益ばかりに目がいってしまうので、原点へ立ち返る時間を大切にしましょう。

10ハウスの天王星♅

型にはまらない専門的な職業が◎

型にはまった職業には収まりにくく、変化に富んだ人生を送る傾向が強い人。周囲と自分を比べることなく、専門技術や特殊技能を磨いて自立を考えることが、成功への近道。特に、IT系の業界やエンジニアとしての活躍に期待がもてます。※ハード・アスペクトがあると、独特の価値観が周囲と摩擦を生む恐れも。センスを評価してくれる理解者と共に、作業に挑んで。

10ハウスの海王星♆

類稀《たぐいまれ》なる想像力で理想を追求する

夢を追い続ける人生です。直観力、想像力が非常に優れているため、芸術、文学、またはスピリチュアルや癒しのジャンルで活躍が期待できるでしょう。その反動か、現実的な生活能力に乏しく自己管理も苦手なため、せっかくの才能を伸ばしきれない恐れも……。特に※ハード・アスペクトがある場合には、夢を夢で終わらせないための、努力と工夫が必要になるでしょう。

10ハウスの冥王星♇

圧倒的なカリスマ性で地位と権力をつかむ

カリスマ的な魅力で、周囲を惹きつける人です。実力で地位と権力をつかむことが多いうえ、人からそれらを引き継ぐこともあるでしょう。職種はあまり人目につかないものであることが多く、伝統産業などの歴史ある分野にも縁があります。※ハード・アスペクトがあると、人からの妬みで失脚する恐れがあるため、対人関係では常に謙虚でオープンな姿勢が大切です。

あなたの交友関係に影響を与える

11ハウスの惑星

社会的な最高到達地点を表す、10ハウスの次の場所である11ハウスは、個人の利益や願望を超えた、他人と共有する幸福、社会の中での貢献などを表します。そしてそれを実現するための希望や理想、一緒に活動する仲間やグループをも示します。それは、私たちの人生の最終目的とも言えるかもしれません。

※アスペクトについてはP110をご参照ください

11ハウスの太陽 ☉

仲間・友人に恵まれ理想を達成

同じ志を持つ友人、知人に恵まれ、理想を達成していく人です。その中には、著名人や知識人、経済的、社会的に恵まれた人物も多く、様々な形でのサポートが期待できるでしょう。団体組織やサークルなどへは、積極的に参加を。生活に生き生きとした張りが生まれます。※ハード・アスペクトがあると、広い人脈が逆にトラブルの原因になるため、細やかな配慮を忘れずに。

11ハウスの水星 ☿

知的活動を通じての交流が学びを生む

知的な趣味を通じて、多くの人と交流をもつでしょう。老若男女、社会的にも様々な立場の人と接することで、たくさんのことを学べるはずです。また本人自身も、人と人とをつないだり情報を発信したりして、グループの中で重要な役割を演じるでしょう。※ハード・アスペクトがある場合には関係が浅くなりやすいため、いざという時、頼れる人を見つけておくことが重要です。

11ハウスの月 ☽

場所を変えながら奉仕の精神を発揮

優しく世話好きな性質のため、友人が多いタイプです。社会に奉仕したいという気持ちが強く、ボランティアが生きがいになる人も。ただし、気分によって活動分野を変えたくなるので、転々と場所を移すことになるかもしれません。そのため、※ハード・アスペクトがある場合は、友情が長続きしない傾向に。「広く浅く」と割り切ってつき合うと、負担にならないはず。

11ハウスの金星 ♀

友人・知人の影響で幸運をつかむ

親切で優しく、経済的にも恵まれた友人をもちます。高尚な趣味の持ち主も多く、周囲の影響で本人の優雅さも磨かれていくでしょう。参加する団体やグループは平和で楽しく、充実した時間を過ごせるはず。※ハード・アスペクトがある場合にはそういったつき合いの中で、嫉妬や不平等、または金銭が原因のトラブルが起きる恐れがあります。一線を引いた関係を心がけて。

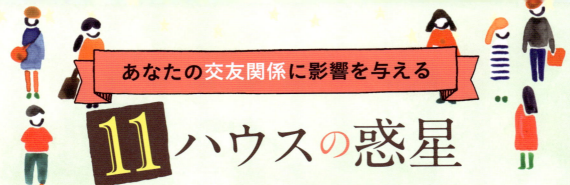

11ハウスの火星 ♂

積極的に周囲に関わりリーダーとして活躍も

サークルや協会などに、参加して活動することに熱心なタイプです。自分の理想を叶えるためなら、まったく馴染みのないグループにも果敢に飛び込んでいくはず。所属先では活発で積極的なため、すぐにリーダーとしての頭角を現しそうです。※ハード・アスペクトがあると、議論が白熱してたびたび仲間と口論になる恐れが。衝動的な失言をしないよう、冷静さを心がけて。

11ハウスの木星 ♃

メリットの多い友人関係を築く

周囲に対して寛大な性格が人気を呼び、地位のある人や裕福な人、誠実な友人に恵まれるでしょう。団体活動を通じて人々に出会うことで、有意義な交流を図ることができます。強力な支援を得て、夢や目標を叶えることができる人です。※ハード・アスペクトがあると、社交辞令の多いつき合いになりがちなので、深入りし過ぎないことが疲弊しないコツとなります。

11ハウスの土星 ♄

限られた友人と誠意あるつき合い

友人の数は多くないものの、長期にわたり誠意あるつき合いをします。自分よりも年上の人と交流をもつことが多く、大人びた考えや雰囲気が備わることも。また、目上の人々に引き立てられ、恩恵を受けることもあるはず。※ハード・アスペクトがあると、友人ができず孤立する恐れが生じます。集団行動の際は積極的にコミュニケーションを取るよう、心がけましょう。

11ハウスの天王星 ♅

ユニークな人と関わり人生観にも変化が

個性の強い、ユニークな集まりや人物との交流が多い人です。社会の常識やルールにとらわれない革新的な人々の影響を受け、人生観が大きく変わることもあるでしょう。また、本人や周囲の様々な事情により、所属する団体や交流する人が激変しやすい傾向も。※ハード・アスペクトがあると、その変動を乗り越えるのに苦労を伴う恐れが。根気強く対応することが解決の近道です。

11ハウスの海王星 ♆

心の交流を重視し友人にも献身的

人との交流に関しては気持ちを大事にし、形式的なつき合いは好まない人です。友人には献身的に尽くし、愛情を注ぐタイプ。芸術やボランティア活動にも関心があり、同じ理想をもつ人たちと共に活動する傾向も。※ハード・アスペクトがあると、相手のプライベートに踏み込みすぎてトラブルに発展する可能性があるので、深入りしないように適度なブレーキを心がけて。

11ハウスの冥王星 ♇

不思議な縁で生涯の友と出会う

特殊な才能や技術をもった人に惹かれ、親交を深めるでしょう。不思議な巡り合いで知り合った人と、友情を育むことも。社会的には、あまり人目につかない場所で活動する団体に所属する傾向があります。※ハード・アスペクトがあると、交際相手を利害関係だけで選ぶ傾向が強まるため、注意が必要。損得勘定だけで物事を判断せず、周囲とのつき合いを大切にしてください。

あなたのカルマに影響を与える

12ハウスの惑星

最後のハウスである12ハウスは、人生の目的を果たしてたどり着く場所。引退し、世間から隔離された浄化と隠遁の場所であると同時に、「隠されたもの」「目には見えない問題」全般を表します。本人の意識外で動く事柄や隠れた敵、障害、秘密、自己犠牲、人目につかない場所での善行なども司ります。

※アスペクトについてはP110をご参照ください

12ハウスの太陽

社会に貢献し役立つことが生きがい

世俗的な成功よりも、いかに社会に貢献し、役に立てるかということに人生の主眼を置きます。それが本人にとって人生のテーマであり、充実感をもたらすものでもあります。年長者や有力者からの援助が期待できますが、同時に制約も受けるかもしれません。※ハード・アスペクトがあると、理想の実現までに障害が増えますが、諦めずに取り組むことで実現するでしょう。

12ハウスの水星

直感的なひらめきを研究や文筆業に活かす

論理的な思考よりも直観力に優れ、それを研究や文筆業に活かすと優れた結果を残せます。集中力に波があるため、環境作りが大切です。人との交流や旅を通じて、人生の目的を果たす人もいるでしょう。ただし、中傷や陰口に悩まされる傾向があります。自分が書いた文章などが、トラブルの要因になることも。軽はずみな発言には注意して、責任感を意識することが大切です。

12ハウスの月

困った人を援助し献身的に関わる

孤独や悲しみの経験を経て、同じような境遇の人の力になりたいという思いを抱く配置です。弱い立場のものを守り助けるということが、人生の課題となりそう。慈善事業に携わったり、子どもや動物の里親となることもあるでしょう。※ハード・アスペクトがあると心配性の傾向があり、悩みや不安に苛《さいな》まれがち。上手に気分を切り替える、リフレッシュ法を見つけてください。

12ハウスの金星

奉仕や慈善活動に喜びを感じる

愛情や金銭に絡んだトラブルに巻き込まれやすく、いざという時、周囲に足を引っ張られる可能性があります。特に愛情面では秘密の関係に魅力を感じるため、注意が必要。安易なほうへ流されないように、心を強くすることが大切です。奉仕や慈善活動に大きな喜びを感じるタイプなので、その方面で精を出すのがおすすめ。アートなどの創作活動も、心の充足につながります。

12ハウスの火星 ♂

思いやりの気持ちが幸福をもたらす鍵に

自らの意志と情熱で人生の課題をクリアしていく強さの持ち主ですが、一方では、短気やわがままのために敵を作ることも多いでしょう。いつの間にか人の恨みを買っていたり、スキャンダルで進路を阻《はば》まれることがあるかもしれません。人の気持ちを察し、思いやることを学ぶだけで、環境も人生観もガラリと変わるはず。また、そそっかしいので不意のケガや火傷には要注意。

12ハウスの木星 ♃

生来の運の良さと誠実さが幸せを呼ぶ

見えない手に、トラブルや障害から守られているかのような配置です。本人の誠実で寛大な性質も助けとなり、問題が起きてもどこからか助け舟がやってくるでしょう。そこにあぐらをかくことなく、進んで人助けをし、周囲に愛情をもって接することが大切。リタイヤ後の人生は、慈善活動などに費やす傾向があります。豊かで穏やかな、満ち足りた生活となるでしょう。

12ハウスの土星 ♄

行き詰まった時は1人の時間を大切に

様々な要因のために、制約を受けることが多い人生かもしれません。自分の好きなことを楽しんだり、望む道に進むことが難しい時もあるでしょう。それでも希望を失わず、感謝の気持ちをもって生きることが、人生を切り開いていく鍵になります。集団の中にいるよりも、孤独を愛する傾向があるため、静かな環境で過ごすと、リラックスしていい気分転換になります。

12ハウスの天王星 ♅

アクシデントは備えあれば回避可能

突発的な出来事によって、人生が一変することがあるかもしれません。物事が順調な時こそ、注意が必要です。変化は他動的で、予測したり避けたりすることは困難。しかし、交際する相手をよく選び、誠実に対応していけば、どんな状況からも軌道修正できるでしょう。社会的な常識から逸脱しないこと、自らトラブルに近づかないことも重要なポイントです。

12ハウスの海王星 ♆

漠然とした悩みは早めに解消する

直観力や想像力が優れているゆえに、漠然とした不安に悩まされやすい配置です。ストレス解消のため嗜好品に依存したり、宗教やオカルトなどに傾倒しやすいところがあります。リフレッシュできる趣味をもったり、気軽に相談できる友人を作ることが大切。ストレスを溜めないことが重要です。※ソフト・アスペクトがある場合は、音楽や芸術の分野で才能を発揮するでしょう。

12ハウスの冥王星 ♇

恵まれた才能を人のために使う

優れた洞察力で、他人の秘密や裏事情を敏感に察知する人です。情報を操作して、物事を裏から動かす立場になりやすい人でもあります。人としての正しいあり方を見失うと、自分がしてきたことによって苦境に立たされる恐れも。人格を磨くことで、超自然的な加護を得ることができるでしょう。正しさ・優しさ・思いやりを意識して、陰徳を積む努力を欠かさないことが大事。

COLUMN

惑星が入っていないハウスの役割

ハウスが司る星座に注目して

出生ホロスコープを実際に作成してみると、惑星が入っていないハウスはありませんか？　ハウスは全部で12個あり、惑星は10個しかないので、当然といえば当然。仮にバランス良く、各ハウスに1個ずつ惑星が入ったとしても、2個足りない計算になります。では、惑星が入っていないハウスには「意味がないか」といえば、決してそんなことはありません。12ハウスは、人生のステージを実によく表わしています。両立が難しいといわれる仕事と家庭のハウスは真向いに配され、常に緊張関係を保っていますし、「恋愛と結婚は違う！」などと、しばしば結婚後に落胆をもって語られる恋愛と結婚も、別のハウスとして存在としています。

ハウスは各々役割があり、惑星が入っていなくても、きちんと意味をもっています。惑星が入っていないハウスは、そのハウスを司っている星座（カスプの星座）に注目してみてください。その星座の「守護星」が入っていると考えるのです。惑星が入っている時よりも影響は弱まりますが、そうすることで、惑星のないハウスも読み解くことができます。

出生ホロスコープを眺めた時、惑星がたくさんあるハウスは、その人にとって「ハウスの司る意味が、様々な形で人生に影響している」と考えましょう。逆に、惑星が1つも入っていないハウスは、その人の人生にとって「あまり大きな影響がない」と考えてください。ただしそれは無意味というわけではなく、そのハウスのもつテーマが、「その人にとって、優先順位が低い事項に当たる」ということ。

人生は人によって様々です。愛に生きる人がいれば、仕事に生きる人がいて、趣味に生きる人もいます。ハウスに入っている惑星のバランスは、あなたの人生にとって「何が大きな意味をもつのか」を教えてくれるはずです。

第五章

5つのアスペクト

アスペクトとは？

惑星に影響をもたらすアスペクト

アスペクト（座相《ざそう》）とは惑星と惑星の間で形成される角度のことです。人と人の間に縁が生じるように、惑星同士にも各々のポジションによって何かしらの縁（角度）が生じます。そして、それが互いにどう関わっているかによって、様々な意味をもちます。アスペクトの中でも影響力が強いものが「メジャーアスペクト」。コンジャンクション（０度）、オポジション（１８０度）、スクエア（90度）、トライン（１２０度）、セクスタイル（60度）の5種類とするのが一般的。

やや影響力は弱まるものの、軽視できないものが「マイナーアスペクト」です。マイナーアスペクトには、セミセクスタイル（30度）、セミスクエア（45度）、セスキコードレート（１３５度）、インコンジャンクト（１５０度）、クインタイル（72度）、セミクインタイル（36度）、バイクインタイル（１４４度）などがあります。さらに細かく分類することもできますが、そこまで微細に影響を感じる人は少数派でしょう。ですので、本書ではホロスコープ上、ハッキリとした事象が出やすいメジャーアスペクトについて解説していきます。

メジャーアスペクトは、調和や安定を表す「ソフト・アスペクト（セクスタイル&トライン）」、不調和や緊張を意味する「ハード・アスペクト（オポジション・スクエア）」、そして惑星同士が重なる「コンジャンクション」と、大きく3種類に分けることができます。

日本語では、ソフト・アスペクトは「吉座相」、ハード・アスペクトは「凶座相」、コンジャンクションは「合《ごう》」と表現したりしますが、運や性質の良し悪しを決定するものではありません。単純に、ソフト・アスペクト（吉座相）が多いから幸運で、ハード・アスペクト（凶座相）が多いから不幸、という訳ではないのです。

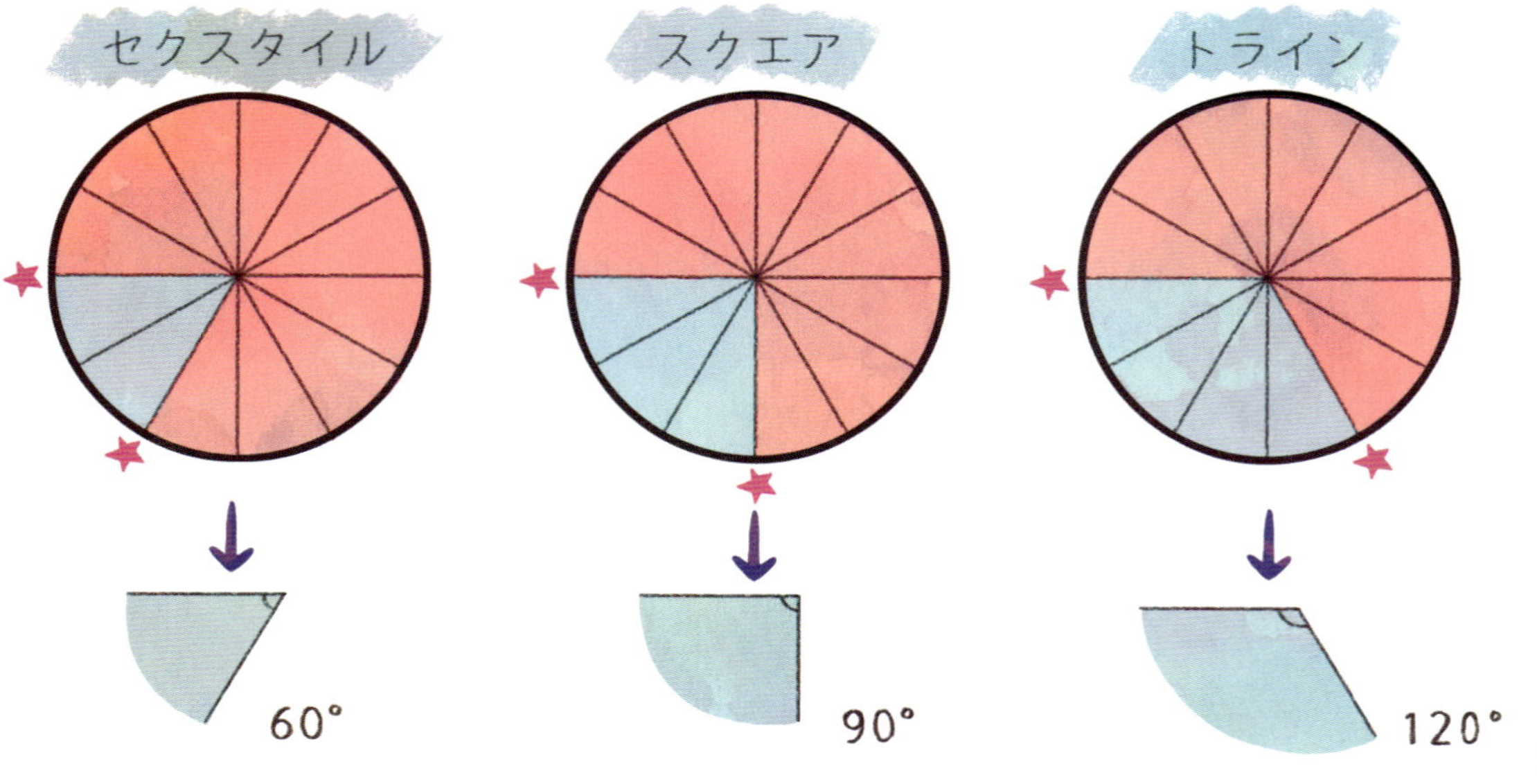

アスペクトは惑星が描く宇宙の曼《まん》荼《だ》羅《ら》

アスペクトの形成する角度については、「オーブ」と呼ばれる許容範囲があります。オーブの範囲は、アスペクトの種類、形成する惑星、さらに占術家によって異なるため一定していませんが、メジャーアスペクトであれば一般的には5度〜8度を採用します。角度がタイトであればあるほど、アスペクトの意味が強調されるので、広角でオーブを許容した場合、アスペクトの意味がぼやけてしまうことがあります。本書では5度を採用しています。

惑星が他の惑星と一切アスペクトを形成しないこともあります。この1人ぼっちの状態を「ノー・アスペクト」と呼びます。ノー・アスペクトの惑星は、「孤独であるがゆえに、その個性を発揮しにくいケース」と、「周囲から浮いて目立つ存在となり、暴走しやすいケース」と両極端に見解がわかれます。あなたのホロスコープには、ノー・アスペクトの惑星がありますか？　その惑星は、何者にも邪魔されずに、その個性を発揮できる可能性があります。それぞれの惑星がもつ意味（第三章参照）を調べて、ぜひ、生活に役立ててみてください。

また、アスペクトには、3つ以上の惑星が角度を形成する特殊なパターンもあります。代表的なものでは、幸運の大三角形と称されるグランド・トライン、人生においてチャレンジの多いグランド・クロス、葛藤が生じやすいTスクエア、「神の手」と呼ばれるヨッドなど。すべての人のホロスコープにあるわけではない特殊なアスペクトなので、本書では詳しくふれませんが、特徴的な意味を与えるアスペクトです。ただし、グランド・トラインがあるから、絶対的な幸運が約束されているわけでもなければ、グランド・クロスがあるから、困難だらけの人生を送るわけでもありません。

アスペクトが多角的に織りなす様相は、精密にデザインされた蜘蛛の巣のように美しいもの。それらを宇宙の曼荼羅として解釈すれば、どのようなホロスコープも吉凶だけで判断できる訳がなく、それぞれの星が光輝いて個性を形成していることがわかるはずです。

第五章

アスペクトの調べ方

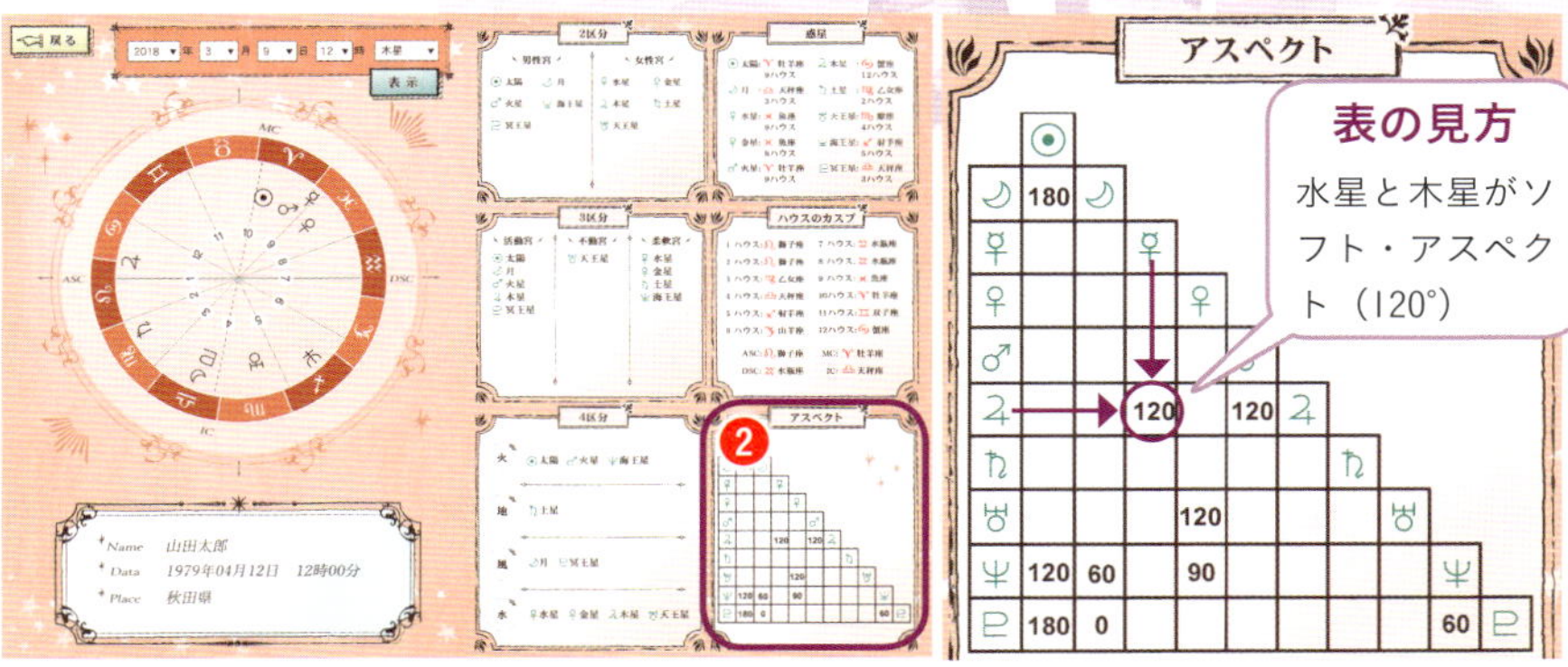

❶ あなたのホロスコープの出し方（P14〜15）を参考に、自分の出生ホロスコープを出します。

❷ 画面右下の「アスペクト」に、アスペクトが表示されています。

太陽のアスペクト

生命力とエネルギーの象徴である太陽は、ホロスコープ上において最も重要な惑星。その人に生まれつき備わっている本質的な性格や個性、生き方、人生においての価値観などを表しています。その太陽が他の惑星とアスペクトを形成するとき、良くも悪くもその象意《しょうい》がハッキリとした事象として現れやすいでしょう。女性にとっては父親や夫を表しているため、太陽のアスペクトによって、その関係性が浮き彫りになるかもしれません。

太陽と月

ハード・アスペクト（180°、90°）

心に葛藤を抱えやすく、成功を手にするまで遠回りをしやすいでしょう。神経質な面があり、想定外のことが起きると過剰に反応したり、自ら悩みの種や問題を生み出したりする傾向があります。ただし、頭の回転が速く行動力もあるため、問題を解決する資質にも恵まれています。男女ともに夫婦関係においては不満を抱きやすい傾向が。話し合う機会を積極的に設けて。

ソフト・アスペクト（120°、60°）

人生における目的や願望をスムーズに達成できるよう、整った条件や環境に恵まれて育ちます。良識的で素直な人柄が人気を集め、対人関係においても、両親をはじめ、好意的に協力してくれる人たちに囲まれるでしょう。心と身体のバランスも取れていて、まさに「健全なる精神は健全なる身体に宿る」を体現している人。理解のある配偶者と円満な家庭を築きあげます。

コンジャンクション（0°）

非常に強力な意味をもつアスペクトです。強運を磁石のように引きつけるため、若くして頭角を現す人が多く、各方面においてパイオニア的な存在となります。目的意識は常に明確で、自分が何を手に入れるべきか、手に入れられるかが無意識のレベルでわかっています。このアスペクトが位置するハウスや星座の象徴が、ホロスコープにおいて最も強い影響をもつでしょう。

太陽と水星のアスペクト

水星は太陽から28度以上離れることはありません。そのため、形成されるアスペクトはコンジャンクション（0度）とセミセクスタイル（30度）だけです。30度はソフト・アスペクトに分類されますが、マイナーアスペクトであるため、メジャーアスペクトに比べると、人生に強い影響を及ぼすほどの力をもっていません。

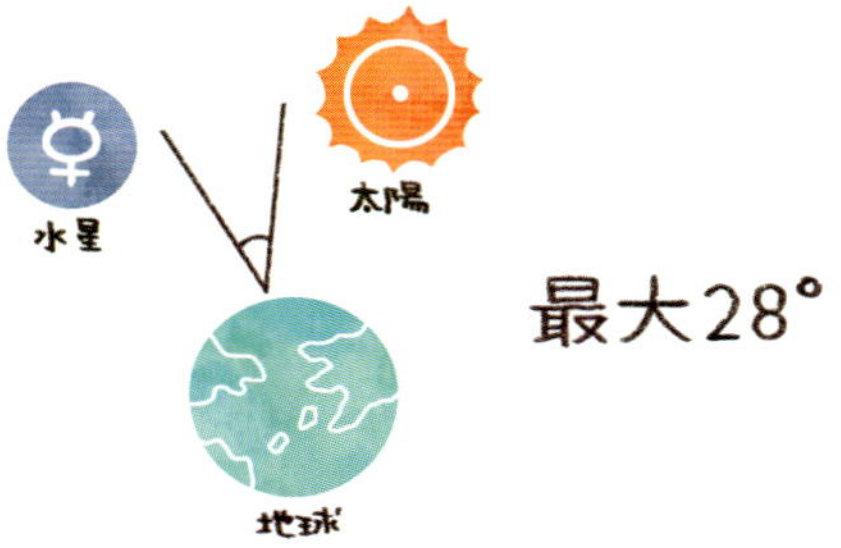

太陽と水星

コンジャンクション
(0°)

知性と教養にあふれています。コミュニケーション力に長け、誰とでも気さくに世代を超えた交流を楽しむタイプ。頭の回転が速く、打てば響くようなテンポのいい話し方をするのが特徴です。「知りたい、学びたい」という欲求が強く、情報や知識を得るためにフットワーク軽く飛び回るでしょう。そのスタンスは年を重ねても変わらず、周囲に若々しい印象を与えます。

太陽と金星のアスペクト

金星は太陽から48度以上離れることがありません。そのため形成されるアスペクトは合（0度）、セミセクスタイル（30度）とセミスクエア（45度）だけです。ソフト・アスペクトとハード・アスペクトですが、どちらもマイナーアスペクトなので、メジャーアスペクトに比べると、人生に強い影響を及ぼす力はもっていません。

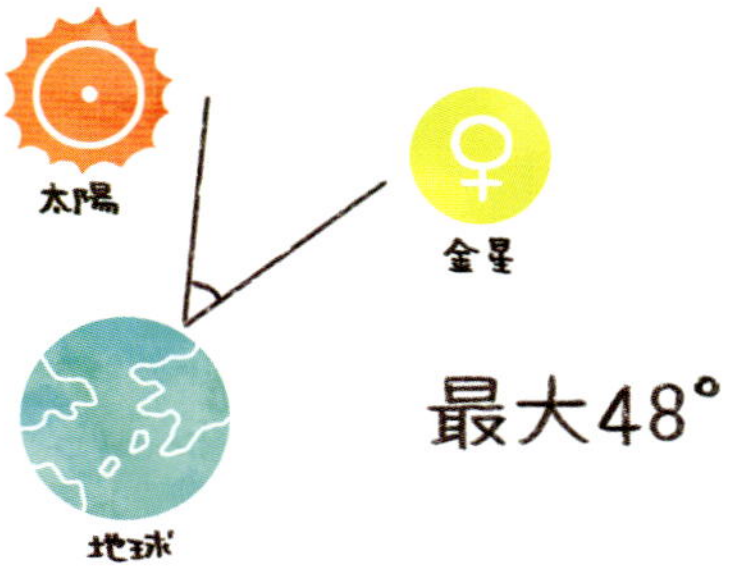

太陽と金星

コンジャンクション
(0°)

男女ともに美しい容姿に恵まれ、明るく魅力的な印象を人に与えます。社交的で人気も上々、有力者から目をかけられやすいでしょう。芸術的、美的センスが備わっているため、好感度の高い洗練されたファッションにいつも身を包んでいます。ただし、他の星とのアスペクトによっては、快楽主義者となり「いかに楽をするか」ばかり考えるようになるケースもあります。

太陽と火星

ハード・アスペクト
(180°、90°)

気が短く、行動が衝動的になりがち。怒りの感情を抑えることができず、売られたケンカは必ず買うタイプでしょう。そのため、対人関係ではトラブルや苦労が絶えず、たとえ分が悪くても簡単に引き下がることはありません。周囲をグイグイ引っ張っていくカリスマ的な指導力があるため、部下や後輩など、目下の存在が根強いファンとなり、サポートしてくれることも。

ソフト・アスペクト
(120°、60°)

何事にも精力的に取り組むチャレンジャーです。体力に恵まれ、疲れ知らずでエネルギッシュに動きまわります。病気や怪我ともあまり縁がなく、回復力が強いところが特徴。頼りがいのあるしっかり者で、学校や社会では優れたリーダーとして人を惹きつけ、活躍するシーンが自然と増えるでしょう。女性の場合は、男性並みかそれ以上によく働きます。

コンジャンクション
(0°)

荒々しいほどのエネルギーと情熱を秘めていて、思い立ったらじっとしていられない性格です。せっかちで負けず嫌いなところもありますが、度胸と勇気、スピード感のある行動力に恵まれチャンスをものにします。運動能力にも優れているため、スポーツを好むバイタリティーあふれる人が多いでしょう。ライバルがいると、何においてもやる気に火が点くタイプです。

太陽と木星

ハード・アスペクト
(180°、90°)

おおらかな人柄ですが、物事や状況を楽観視しすぎて油断しやすいようです。欲求をコントロールすることが苦手なため、権力を手にすると誇示したくなったり、収入を得ると使い切ってしまったりと、後先考えずに行動してしまうことも。ただ、大きなミスをしたり自信を失う局面に立っても、ポジティブな性格のため、立ち直りが早く引きずることはありません。

ソフト・アスペクト
(120°、60°)

幸運な人生が約束されています。がむしゃらに頑張らなくても、引き立てを受けて社会的な成功や名声を手にする可能性が高いでしょう。対人関係に恵まれ、何をするにも自然に協力者が出現し、好意的な援助を受けられます。程良い遊び心が人生に彩りを与え、さらなる豊かさを享受できるでしょう。ただし、快楽ばかり追求するようになると、堕落し努力を怠ることも。

コンジャンクション
(0°)

いわゆる「幸運の星の下に生まれた」と言えるラッキーなアスペクトです。寛大な心と陽気でポジティブな思考の持ち主で、大きなチャンスを自ら引き寄せるパワーを備えています。不自由することの少ない人生ですが、時として温室育ちになるケースも。調子に乗って失敗することもありますが、愛嬌があり憎まれない得な性格。しっかりとした体格に恵まれます。

太陽と土星

ハード・アスペクト
(180°、90°)

基本的に責任感が強いものの、人生に不満を、また他人に対してはコンプレックスを抱きがちです。少しでもうまくいかないと、状況を悲観視する傾向があり、ネガティブな妄想を膨らませてしまいます。実力は十分なので、打ち込める仕事や趣味をもつことが、運命を切り拓く鍵。自虐的なネタで人を笑わせることがあるので、やり過ぎないよう注意して。

ソフト・アスペクト
(120°、60°)

強い忍耐力と不屈の精神の持ち主です。何事も堅実路線を選び、計画的に時間をかけて進め、設定したゴールに必ず到達します。また誰に対しても誠実に振る舞い、時間や約束事をきちんと守るため、周囲から厚い信頼を置かれます。特に目上の人から可愛がられ、才能を引き出してもらうことが多いでしょう。年齢を重ねるごとに、人間性の深みが増していくタイプ。

コンジャンクション
(0°)

非常にストイックな性質で、自己鍛錬を常に心がけています。人知れずコツコツと努力を重ねるタイプで、典型的な大器晩成型と言えるでしょう。ただし自分に厳しい分、他人にも厳しく、初対面ではとっつきにくい印象を与えがち。また、物事を深刻に考える傾向が強く、若い頃は取り越し苦労をしやすいようです。異性に対する警戒心が強いため、晩婚になる人も。

太陽と天王星

ハード・アスペクト（180°、90°）

強い改革精神をもち、何よりも自由であることを重視する人です。そのため、集団生活やルールに縛られることを嫌い、気がつくと周囲から孤立していることも。しかし、何事も「1人の方が楽」と考えるタイプのため、苦ではないでしょう。ただし、自分の考えに固執してしまうと、物事に対して総じて批判的になるため、考え方を柔軟にもつことが大切です。

ソフト・アスペクト（120°、60°）

独創的な価値観をもち、反骨精神が旺盛です。そうした個性を強くアピールしても「風変りで面白い人」と周囲から好意的に受け入れられるでしょう。専門知識やテクニックを難なく吸収し、やや特殊な分野とも言える職業に就くことが多いタイプ。女性は家庭に収まることなく、社会で活躍するポジションを得ます。家庭と仕事をバランスよく両立できる才能の持ち主。

コンジャンクション（0°）

このアスペクトをもつ人は、退屈が嫌いで変化を好むこともあり、総じて波乱万丈な人生を歩む傾向があります。とは言え、奇想天外な発想と強い独立心に助けられ、ピンチをチャンスに変えたりハプニングを味方につけたりできるでしょう。いわゆる天才肌と呼ばれるタイプ。万人受けはしませんが、そのユニークな価値観や考え方は、周囲に大きな影響を与えます。

太陽と海王星

ハード・アスペクト（180°、90°）

夢見がちで、現実離れしている人です。芸術的な才能に恵まれながら、地道な努力が苦手なため大成に時間がかかることも。対人面では、お人好しで他人を容易に信じやすいため、騙されて傷つくことが少なくありません。苦しい状況に置かれると、お酒やギャンブル、買い物などに逃避する傾向が。ピンチを直感で回避できる才能があるので、問題と向き合うことが大切。

ソフト・アスペクト（120°、60°）

直感力に優れ、鋭いインスピレーションの持ち主です。豊かな感受性、光る芸術的なセンス、創造的な意欲を自然の流れの中で発揮するため、クリエイティブな分野に身を置くと成功するでしょう。夢を夢、理想を理想のままで終わらせないパワーも秘めていて、多くの人に夢や癒しを与える存在となり得ます。世界平和に向けての社会貢献にも積極的です。

コンジャンクション（0°）

理想主義で、いつまでも夢を追い続ける旅人タイプ。神秘的な雰囲気に包まれ、つかみどころがないため、一見何を考えているのかわからない印象をもたれます。芸術や宗教、ヒーリングや占いといった分野に傾倒しやすく、実際に能力を発揮するでしょう。マニアックな趣味に没頭し、それで身を立てることも。海王星の物事を曖昧にするパワーを得て、決断力は弱めです。

太陽と冥王星 P

ハード・アスペクト（180°、90°）

非常に強いエネルギーを秘めていますが、それが時に荒々しくエスカレートしやすい傾向も。普通の人が考えられないようなドラマチックな体験をして、人生が一変することもあるでしょう。思い通りにならない状況にストレスを感じると、あらゆる手段を使って変化を起こそうとしますが、強引に押し通すと「自己本位」「我が強い」といった印象を与えるので注意が必要。

ソフト・アスペクト（120°、60°）

自制心が強く、たとえ困難な状況においても目指すところや手に入れたいものを簡単に諦めたりしないでしょう。瞬発力はありませんが、長期的なスパンでコツコツと努力を続ける強靭な精神力の持ち主。強い意志をもって目的を達成させるうえ、環境が味方をしたり協力者に恵まれたりする場合が多々あります。有力者から引き立てを受けて寵愛されるといった幸運も。

コンジャンクション（0°）

本人に自覚はないかもしれませんが、底知れないパワーと飽くなき欲求心を秘めています。何事も表面的なことだけでは満足せず、本質的なところを掘り下げて追求するタイプ。非常に強い信念の持ち主で、簡単に揺らいだり妥協したりすることはありません。抜群の集中力とスタミナで成功を手にします。人が嫌がること、恐れることに果敢に挑戦していく度胸も十分。

月のアスペクト

地球から最も近くにある月は、太陽と同様にホロスコープ上において強い影響力をもっています。特に感情的な働きかけをする作用が大きく、その人の心の感受点や心模様をよく映し出します。月が位置しているハウスや他の惑星とのアスペクトに注目すると、心情的にどう動くのかが浮き彫りになるでしょう。また、幼少時代の環境や性格、さらに男性にとっては母親や妻を、女性の場合は自分がどんな妻になるのかを表しています。

月と水星

ハード・アスペクト（180°、90°）

情報のアンテナが広く鋭いせいか、ゴシップやスキャンダルといった噂話が好き。真実かどうかわからないまま情報を発信すると、トラブルを招く場合があるので注意が必要です。神経質で気分に左右されやすい面もあり、相手やその場の雰囲気によって言うことが変わりやすいでしょう。余計なトラブルを避けるためには、一貫した意見・姿勢をアピールすることも大切。

ソフト・アスペクト（120°、60°）

誰に対しても好感度の高いコミュニケーション能力をもっています。機転がよくきき、相手が求めていることを敏感に察知して動くため、人気が高く人望も厚いでしょう。豊かな表現力で人を惹きつける魅力もたっぷり。話すだけではなく書くことも得意なタイプです。家事をテキパキとこなし、どうしたら暮らしやすいかを考えながら、生活を自分らしく楽しむ人です。

コンジャンクション（0°）

流行に敏感で知的好奇心が旺盛です。相手の気持ちを素早く察して、かゆい所に手が届くような気配りを見せます。ただし、過剰なほどのサービス精神ゆえに気疲れしてしまうことも。鋭い感受性を備えており、感じたことを上手に表現できます。コミュニケーション力は抜群で、特に言語習得のスピードが速く、流暢に外国語を操るでしょう。メールの返信も速いタイプ。

月と金星 ♀

ハード・アスペクト（180°、90°）

天真爛漫な性格ですが、やや子どもっぽくワガママな面が出やすいようです。汗水流して努力することは苦手で、なるべく楽な道を選ぶ傾向も。異性からモテますが気持ちが揺れやすく、交際が同時進行になるなど、スムーズに運びにくいかもしれません。総じて愛情面では誤解を招きやすく、ストレス解消のために買い物や暴飲暴食に走ることもあるので、要注意。

ソフト・アスペクト（120°、60°）

愛嬌があり社交的な性質です。誰からも愛される人気の高いタイプでしょう。豊かな感受性をもち、感じたことを素直に表現する無邪気さが魅力。バランス感覚も優れていて、人によって態度を変えるようなことはない、裏表のない性格の持ち主です。美意識が高く、常に美しいものに囲まれていると幸せを感じるでしょう。男女とも幸福な結婚に恵まれるアスペクトです。

コンジャンクション（0°）

均整のとれた顔立ちやスタイルに恵まれ、いわゆる美形の人が多いアスペクトです。性格的にも穏やかで、どことなくエレガントなオーラに包まれています。初対面でも相手を強く惹きつけるタイプです。特に異性からの人気が高く、モテることが悩みとなる場合もありそう。男女ともに幸福な結婚生活に恵まれやすいでしょう。また、芸術的分野で才能を発揮することも。

月と火星 ♂

ハード・アスペクト（180°、90°）

勇敢で行動力があるものの、気分のムラが激しく衝動的に動いて失敗をしやすい傾向があります。せっかちで見切り発車をしやすいため、人を急かしてはトラブルに巻き込むこともあるでしょう。そのため、トラブルメーカーという不名誉なレッテルを貼られる場合も。日常的なイライラや不満を、趣味やスポーツで上手に解消していくことが、円満な人間関係を築くコツ。

ソフト・アスペクト（120°、60°）

じっとしていられないアクティブな性質です。率直で飾り気のない話し方をしますが、裏表がないため誰からも信頼を置かれるでしょう。一見おとなしそうでも、いざとなると抜群の行動力を発揮して、自然にリーダーシップを執る立場に。バイタリティーあふれる体力をもち、スポーツやゲームで人と競うことを楽しみます。大自然への憧れも強いタイプです。

コンジャンクション（0°）

「血気盛ん」という表現が、ピッタリなタイプ。好きなことに対して、目を見張るほどの情熱を注ぎ没頭するでしょう。ただし、良くも悪くもエスカレートしやすく、生活に支障をきたしてしまうケースも否めません。男性は燃えるような闘争心をもち、ケンカっ早くなりがち。女性は男勝りな性格ゆえに、社会で男性と肩を並べて頑張りすぎてしまう傾向があります。

月と木星

ハード・アスペクト
(180°、90°)

いわゆる「お調子者」タイプ。何事に対しても鷹揚《おうよう》かつ楽観的に構えていますが、のんびりしすぎてチャンスを逃してしまうことも。また、自分が頑張らなくても誰かが何とかしてくれるだろう、といった甘えが見え隠れする一面があります。壮大なビジョンを描きますが、行動が伴わず夢で終わることもあるでしょう。必要以上に欲を出さず、謙虚でいるよう心がけて。

ソフト・アスペクト
(120°、60°)

おおらかで寛大な心の持ち主。様々なことを受け入れる器が大きく、滅多なことでは怒らない温厚な性格です。慈悲深く、困っている人を放っておけないタイプでしょう。ボランティアなどを通じて、社会に積極的に貢献しようとします。対人面では、社交的で有力者から目をかけられる幸運に恵まれるはず。たとえピンチに陥っても、手を差し伸べてくれる人が現れます。

コンジャンクション
(0°)

非常に朗らかで、陽気な性格の持ち主です。何事にもポジティブな姿勢で取り組むため、いつも周囲に人が集まる人気者タイプ。経済的な環境にも恵まれて、不自由のない人生を送ります。善意にあふれていて、同情心がとても豊か。周囲から頼られることも多いはず。男女ともに良きパートナーに出会い、理想を絵に描いたような明るい家庭を築くことができる配置です。

月と土星

ハード・アスペクト
(180°、90°)

物事に光と影があるとしたら、なぜか影にばかり目が行ってしまうタイプです。周囲と自分との能力や容姿を比較しがちなところがあり、落ち込んだりコンプレックスを抱いたりしやすいでしょう。疑い深い一面があるため、対人面では心を許せる友人が少ないかもしれません。誰にも気兼ねなく打ち込める趣味をもって、リラックスできる時間を意識して設けましょう。

ソフト・アスペクト
(120°、60°)

石橋を叩いて渡る慎重な性格。若い頃から人生設計を堅実に描いており、老後のための蓄えをコツコツと貯めるタイプです。計画的に進めていくため、大きな失敗はしませんが、良くも悪くも冒険とは無縁の人生になりやすいでしょう。職場では真面目な勤務態度で評価を得ます。愛情面はプラトニックな関係や片思いでも満足するため、成就までに時間がかかることも。

コンジャンクション
(0°)

誠実で真面目な性質ゆえに、物事を深刻にとらえてしまう一面があります。そのため、どちらかと言うと思考がネガティブに傾きやすく、最悪の事態を想像したり不安を増大させるところがあるようです。広く浅くつき合うよりも孤独を愛する人ですが、しっかりした教育を受けているため、躾やマナーが行き届いています。周囲からの信頼や好感は高いタイプです。

月と天王星

ハード・アスペクト
(180°、90°)

自由を愛する気持ちが強く、束縛や制限をされることに敏感。親しい相手ともベッタリしたつき合いは望まず、互いの自由を尊重できるような心地よい距離感を求めます。結婚は週末婚など、普通とは違ったスタイルのほうが長続きするでしょう。人と違うことをして目立ちたいという気持ちが強いため、世間体を気にしてできない、というストレスとは無縁のタイプ。

ソフト・アスペクト
(120°、60°)

誰も思いつかないような豊かな発想力と独創力の持ち主です。ユニークな発言が人気を集め、「少し変わっているけれど面白い人」という印象が強いでしょう。誰とでも気さくに打ち解けるため、交際範囲はＳＮＳも含めると幅広いはず。視点は常に未来に向いていて、大きな発明や発見をする可能性があります。男女ともにデジタル面に強く、機械いじりが趣味となることも。

コンジャンクション
(0°)

ハプニングや、変化に富んだ人生を送ることが多いアスペクトです。ありきたりの意見や、考え方が他人と同じであることを嫌い、たとえ受け入れられなくても自分の個性を強く打ちだしアピールします。典型的な一匹狼タイプで、協調性を求められたりルールに縛られたりする集団生活はやや苦手です。奇抜なアイデアがヒットすれば、時代の主役となる可能性も。

月と海王星

ハード・アスペクト（180°、90°）

理想と現実のギャップの大きさに、悩まされることがあるかもしれません。現実の厳しさから目を背け、将来性がない夢にいつまでもすがりついてしまうことも。芸術的方面に才能がありますが、商売っ気には欠けるようです。一度、自堕落な生活に陥ると浮上するのが難しいでしょう。人を安易に信じやすく、だまされてダメージを負うことがあるので警戒心が必要です。

ソフト・アスペクト（120°、60°）

イマジネーションが豊かで、幻想の世界で楽しむ術を知っている人です。直感力が鋭く、ピンチを無意識に回避できる才能の持ち主。夢から重要なメッセージを受け取ることも少なくないでしょう。音楽、絵画、舞踏などを通じて自己表現すると同時に、見る人を楽しませます。愛情面では非常にロマンチスト。甘いムード作りが上手で、恋人を喜ばせる努力を惜しみません。

コンジャンクション（0°）

独特なインスピレーション、鋭い感性が備わっていて、神秘的な世界やスピリチュアルな事柄に魅了されるタイプです。夢見がちでふんわりとした雰囲気に包まれているせいか、つかみどころのないミステリアスな印象を周りに与えます。芸術的センスは、右に出る者がいない程、神がかり的。自己主張が控えめなので、周囲の意見に流されないように、注意しましょう。

月と冥王星

ハード・アスペクト（180°、90°）

喜怒哀楽がハッキリしていて、わかりやすく感情を表現する人です。嫉妬心に翻弄されやすい一面をもっているため、自分を見失ってしまうことがあるかもしれません。限界まで我慢してしまうクセがあるので、愛する相手や信頼していた人からの裏切りを受けると、どうにかして仕返しをしようと考えることも。ストレスを溜め込まず、上手に発散する方法を見つけて。

ソフト・アスペクト（120°、60°）

海のように深い愛情の持ち主です。家族や自分が愛する相手に対して、非常に面倒見がよく甲斐甲斐しく世話をします。母性本能が強く、子供がいれば溺愛する傾向が強いでしょう。義理人情に厚く、相手が誰であれ受けた恩を忘れることは決してありません。表面上のつき合いには満足せず、少人数でも心を許せる人との絆を大切に育て、愛する人を勇敢に守るタイプ。

コンジャンクション（0°）

どことなく影があり、カリスマ的な魅力で多くの人を惹きつけます。人の好き嫌いが激しく、好意をもつ相手には徹底的に尽くしますが、嫌いな相手には驚くほど冷淡な態度を取ることも。母親からの強い影響を受けて育ち、人格形成に関わっている部分が多い配置です。嫉妬をはじめとする執着に取り憑かれると、粘着質な一面が顔を出すので、意識して余裕を作って。

水星のアスペクト

「知性・学習能力・コミュニケーション」を象徴する水星は、ホロスコープ上において、その人のもつ知的な才能や能力を「どのような分野で活かすことができるか」を表しています。同時に他人とのコミュニケーションの取り方、社会との関わり方を映し出します。学生であれば学業、社会人であれば仕事にどう取り組んでいくのか――水星が位置するハウスやアスペクトを通じて、そうしたスタンスを知る手掛かりとなるでしょう。

第五章

水星と金星

水星と金星のアスペクト

水星と金星は76度以上離れないため、強い意味をもつハード・アスペクトは生じません。ソフト・アスペクトも60度のみになります。

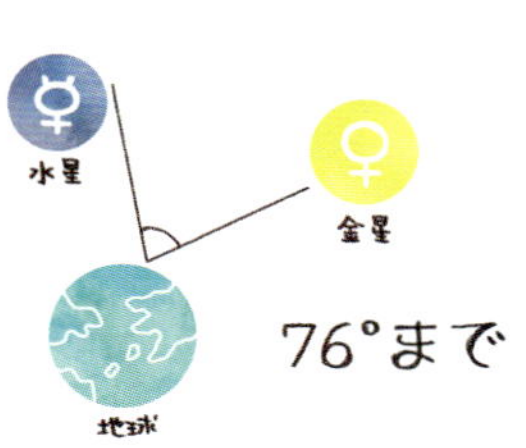

ソフト・アスペクト
(60°)

コンジャンクション（0度）同様、高いコミュニケーション能力を示す配置。知的好奇心が旺盛で物知りですが、知識をひけらかしたり知ったかぶりをすることはないでしょう。フレッシュな感性の持ち主で、流行をさりげなくファッションに取り入れるなど、おしゃれのセンスも抜群です。人当りがよく相手に合せた会話ができるため、誰から見ても好感度が高いタイプ。

コンジャンクション
(0°)

社交力があり、楽しい話術やセンスのいいファッションで人を惹きつける力を備えた人です。ポジティブな言葉にあふれる会話は非常に魅力的で、相手に「もっと話をしていたい」「もう一度会いたい」と思わせるでしょう。仕事は実益を兼ねた趣味で成功する可能性大。時代の流れや変化に順応できるタイプなので、若々しくエネルギッシュな職場に縁があります。

水星と火星

ハード・アスペクト
（180°、90°）

神経が過敏で些細なことにも敏感に反応するところがあります。他人が自分と同じテンポやペースで動かない場合は、イライラしてストレスを溜めやすいでしょう。皮肉まじりの冗談やストレートな表現が相手に受け入れられず、対人面でトラブルを招いてしまうことも。スピード重視で行動するとケアレスミスが増えるので、何事も余裕をもって対応するように注意して。

ソフト・アスペクト
（120°、60°）

何事にも意欲的に取り組み、思い立ったら即動く行動力も兼ね備えています。有言実行タイプなので、周囲からの人望も厚いでしょう。知的向上心、向学心が高く、知らないことに対して「興味や関心がない」で済まさず、知識を得ようと情報収集に精を出すはず。結果的に博識な人が多く、「あの人に聞けば何でも知っている」と周囲から頼りにされる人です。

コンジャンクション
（0°）

頭の回転がスピーディーで、物事をテキパキと処理していく能力が抜群。マイナスに出るとせっかちで短気な面がクローズアップしますが、フットワーク軽く飛び回る活動的な姿は、見ている人に爽快感を与えるほど。話し方は早口で、批判精神が比較的旺盛なタイプです。そのため無自覚のまま、毒舌や嫌味で敵を作ってしまうことがあるので、言葉を選ぶ余裕をもって。

水星と木星

ハード・アスペクト（180°、90°）

根拠のない自信をもっていたり、物事を大雑把にとらえたりしがち。堂々とした振る舞いで自信家に見えますが、責任感に欠けるため100％の信頼を置かれることはないでしょう。仕事はあれもこれも同時に手をつけますが、注意力が散漫でスムーズに運びにくいようです。幅広い知識と器用さを持ち合わせているので、何事も冷静に対応し、丁寧に処理することが大切。

ソフト・アスペクト（120°、60°）

良識があり幅広い知識の持ち主です。学校の勉強だけではなく社会に出てからも「学ぶこと」を好み、様々なジャンルのセミナーに通うでしょう。高度な知識や専門的なスキルを必要とする仕事に向いていて、地道な努力を怠らなければ、社会的な成功や重要なポジションを手にすることも。優れた指導者や協力者との出会いで、人生が大きく変わる可能性もあります。

コンジャンクション（0°）

コミュニケーション力に長けていて、老若男女問わず誰とでも話を合わせることができる人。そのため様々な世代に人気があり、時間を忘れて会話が盛り上がるでしょう。自分の考えや意見が明確で、強い発言力・発信力を通じて周囲に影響を与えます。仕事は要領がよく、マルチな才能を各方面で発揮するでしょう。ただ、時として大風呂敷を広げることもあるようです。

水星と土星

ハード・アスペクト（180°、90°）

どちらかと言うと、1人で静かに過ごす時間を好むため、つき合いが悪い印象をもたれるかもしれません。自分なりに信念があり、基本的には頑固な性格。こだわりが強く、やや人の意見を素直に受け入れられないところがあります。物事を過度に心配すると、融通がきかなくなって周囲を困らせてしまうので、肩の力を抜いてリラックスすることを心がけましょう。

ソフト・アスペクト（120°、60°）

もともと勉強や読書が好きで、時間をかけて着実に学問を習得する人です。尊敬できる先生や上司に恵まれ、地道に努力を重ねることが苦になりません。無駄を嫌い、何でも合理的に処理しようとするため、職場ではビジネスライクな印象をもたれるでしょう。仕事にスピード感はありませんが、確実で丁寧な作業ぶり、感情に流されないスタンスが評価されるタイプです。

コンジャンクション（0°）

何事にもじっくり、腰を据えて取り組む真面目なタイプです。身近な人たちには誠実な人柄を理解してもらえますが、朴訥《ぼくとつ》としていて不器用なところがあるため、第一印象では損をしやすいかもしれません。若い世代とは話が合わず、年長者の経験談や助言を素直に聞くため可愛がられるでしょう。歴史に強く、伝統的な事柄を重視します。仕事では典型的な職人気質です。

水星と天王星

ハード・アスペクト
(180°、90°)

頭の回転が速く、議論好きで弁が立つタイプです。特殊な才能がキラリと光りますが、他人から理解されないようなマニアックな趣味に走りやすい傾向も。奇想天外な発想力に一目置かれるものの、自分の話について来られない相手とは距離を起きがちです。友好的な関係を築けた人とだけ、つき合いを続けるはず。組織よりもフリーで仕事をしたほうが成功するでしょう。

ソフト・アスペクト
(120°、60°)

聡明な決断力、抜群の記憶力の持ち主です。得意な理数系を活かして、科学的な分野で能力を発揮します。先見の明があり、その時代にふさわしい、もしくは先取りしたアイデアを生み出します。ひらめきやカンが鋭い点も大きな特徴の１つ。楽しいサプライズを企画して人を驚かせるなど、場を盛り上げるための手間や努力を惜しみません。社交術はきわめて爽やかです。

コンジャンクション
(0°)

「天才」「鬼才」と称される人に多く見られるアスペクトです。特殊な分野での知識や技術を驚異的なスピード・手段で身につけます。人と違った視点から物事を見ているため、発想やアイデアが非常に独創的です。常に意識が未来に向いていて、過去を振り返って立ち止まることはありません。ただ、強烈すぎる個性が受け入れられないと、偏屈な性格になってしまうことも。

水星と海王星

ハード・アスペクト
(180°、90°)

厳しい状況や苦手なことに直面すると、現実逃避しやすい脆《もろ》さがあります。メンタルがあまり強い方ではないため、辛いと感じたらすぐに投げ出してしまうタイプ。居心地のいい職場を求めて転職を繰り返したり、自分の都合のいいように話をねじ曲げたりと、周囲に混乱を生じさせることもしばしば。文章や話術にセンスがあるので、道筋を立てて考えるクセをつけてみて。

ソフト・アスペクト
(120°、60°)

人を癒したり、夢を与えたりすることが得意な人です。思い描いた夢を夢のまま終わらせず、少しでも実現させようと努力も惜しみません。色々なストーリーを思いついては、文章にしてまとめ、脚本や小説、詩を書いて生計を立てる人も多いはず。スピリチュアルな能力がビジネスに結びつくことも。つかみどころがないように見えて、意外と地に足が着いているタイプ。

コンジャンクション
(0°)

ファンタジーの世界に住んでいるかのように、イマジネーションが非常に豊かです。神秘的な事柄に強く惹かれ、本人もまた、神秘的な存在でありたいと願うタイプ。ただ、理想が高くなりすぎて、現実とのギャップに悩んでしまうことも。音楽や映画、絵画といったクリエイティブな分野で、繊細な感性や想像力を表現すると、スムーズに自己実現へとつながるでしょう。

第五章

水星と冥王星

ハード・アスペクト
(180°、90°)

エネルギーを１つのことに集中させる力は、群を抜いています。意外と逆境に強く、仕事のノルマも多い方が、かえって燃えるタイプです。ただし、そうした陰ながらの努力や能力を周囲に認められない場合、別人のように無気力になることも。特に職場に不満を抱くと、勢いに任せ取り返しのつかない行動に出る恐れがあります。謙虚な姿勢を忘れずに、冷静な対応を。

ソフト・アスペクト
(120°、60°)

表面上だけではなく、人と深く関わろうとします。コミュニケーションもじっくり語り合うことを好み、時間をかけて理解を深めたいと考えるタイプ。有言実行型でやや独断的ですが、自分で口にしたことは必ず遂行するでしょう。トラブルに冷静に対処する姿勢や責任能力が、職場では高く評価されます。１つの道を極める人なので、早めに手に職をつけると大成します。

コンジャンクション
(0°)

並はずれた鋭い洞察力の持ち主です。本質を追求しようとする気持ちが強く、相手が何を考えているかを簡単に見抜きます。嘘を見破るのも得意でしょう。仕事は細部にわたり徹底的に完璧を求め、自分にも他人にもミスを許しません。非常によく働くため、オーバーワークになりやすく体調を崩してしまう場合も。あまり自分を追い込まないように注意が必要です。

金星のアスペクト

金星は愛情や金銭、美的感覚を象徴します。ホロスコープ上では、その人の恋愛パターンや傾向、経済的な状況や財運、レジャーや楽しみ事を表しています。金星そのものが吉星ですから、ソフト・アスペクトが多ければ豊かな愛情や金運に恵まれる人生となるでしょう。何に快楽を感じるかは、星座やハウスによって異なります。ただ、アスペクトによっては怠け癖が出たり楽な道ばかり選んだりと、ネガティブなサインを示すこともあります。

♀金星と火星♂

ハード・アスペクト（180°、90°）

きわめて早熟な傾向が強く、性的な体験も比較的早めにすませるでしょう。たとえ心が離れていても、フィジカルな相性だけを重視して、関係をズルズルと続けてしまいがちです。金銭面では財布の紐が緩みやすく、後先考えずに衝動買いをすることも。肉体的な情熱や感情の激しさを芸術的な創作活動に注ぐと、精神的にゆとりが生まれ、生活にも落ち着きが出るはず。

ソフト・アスペクト（120°、60°）

コンジャンクションと同様、異性からよくモテるタイプです。誰もがうらやむような、愛し愛される喜びに包まれた恋愛関係に恵まれるでしょう。純粋な愛情を相手に注ぐので、片思いは成就する確率が高め。美的センスも優れていて、自分を魅力的に見せるファッションやスタイルをよく知っています。金銭感覚のバランスもよく、身の丈に合った贅沢を楽しめる人。

コンジャンクション（0°）

異性の目にとても魅力的に映り、恋愛のチャンスを多く引き寄せる人です。本人にも惚れっぽい一面があり、情熱的に恋を謳歌するでしょう。好きな気持ちを胸に秘めておくことはできないタイプです。周りくどい駆け引きを嫌い、ストレートに愛情を表現するため、フィジカルな関係に発展するまでそう時間はかかりません。金銭面では衝動買いが増える傾向も。

第五章

♀ 金星と木星 ♃

ハード・アスペクト（180°、90°）

必要以上の贅沢を好み、散財や浪費に走りやすいところがあります。派手に着飾った姿をアピールしたがるため、女性であれば美容やファッションへの出費が増えるでしょう。愛情面では、常に異性からの注目を集めていたいタイプ。来る者拒まずのスタンスなので、恋愛回数は多くなりがちです。愛情を物質的な価値で測らず、精神的な充足感を意識することが大切です。

ソフト・アスペクト（120°、60°）

生涯を通じて数々の恋愛のチャンスに恵まれたり、有力者の引き立てを受けて成功したりと、非常に幸運な人生が約束されている配置です。愛する人に注ぐ愛情と受け取る愛情のバランスが上手くとれていて、恋に溺れて自分を見失うようなこともありません。欲しい物は容易に手に入り、経済的に困ることはないでしょう。女性を対象としたビジネスで大成する可能性も。

コンジャンクション（0°）

大きな愛情を連想させるアスペクトです。愛情だけではなく、物質的・経済的な恩恵にも恵まれ、生活するうえで不自由さを感じないでしょう。社交的で甘え上手なところがあり、恋愛面のみならず社会的に成功して周囲から可愛がられる得な性格。ただし、快楽を追求し始めるとコントロールが利かなくなり、浮気や浪費を繰り返す恐れがあるので、十分注意して。

♀ 金星と土星 ♄

ハード・アスペクト（180°、90°）

恋愛に障害が生じやすいようです。家族から交際を反対されたり、遠距離恋愛を強いられたりと「天から試されている」と感じる試練を、いくつか体験するでしょう。好きな人に天邪鬼《あまのじゃく》な態度を取って、誤解されることもしばしば。金銭面では節約を心がけるあまり、生活に潤いが不足しやすくなるので要注意。無理なくできる範囲内で、節約することが大切です。

ソフト・アスペクト（120°、60°）

心から尊敬し信頼できる異性に、プラトニックな思いを募らせるタイプです。一途な愛を相手に注ぎ、見返りを求めない純粋さが魅力。先生やインストラクターなど年の離れた知識が豊富な相手に憧れ、恋心を抱きやすいでしょう。金銭面では、堅実にコツコツと貯蓄をするタイプです。人生のマネープランをしっかりと設計し、羽目をはずして遊ぶことは少ないでしょう。

コンジャンクション（0°）

無駄のない、質素とも言えるようなシンプルな生活を好みます。お金を使うことに罪悪感があるため、貯蓄額は増える一方でしょう。ただし、肝心なところで出し惜しみをしてケチな印象を与えることも。愛情面では、自分の思いを素直に表現しにくいようです。そのため誤解されたり、片思いが長引いたりしがち。意識的にコミュニケーションを取ることが重要です。

♀ 金星と天王星 ♅

ハード・アスペクト
(180°、90°)

発想力や、企画力がずば抜けて優秀です。クリエイティブな仕事で活躍できる才能の持ち主。ただ、熱しやすく冷めやすい傾向があるため、恋愛は長続きしにくいかもしれません。非常に惚れっぽく多角的な恋愛関係も厭わないので、トラブルやスキャンダルに巻き込まれることも。金銭面では無計画に衝動買いを繰り返しがち。金の切れ目が縁の切れ目になる場合も。

ソフト・アスペクト
(120°、60°)

ハプニングから恋が生まれるなど、映画やドラマのような恋愛と縁があります。電撃的な形で交際が始まることが多く、そうしたロマンスを積極的に楽しめるタイプ。価値観が同じ異性との友情が愛情に発展するケースも。独特の芸術的センスをもち、クリエイターとして各方面で活躍します。金運はピンチに陥っても、不思議と手を差し伸べられる幸運が宿っている配置。

コンジャンクション
(0°)

世間の因習やモラルに縛られない、自由な恋愛観の持ち主。少しクセのある、風変りな異性を好きになりやすいでしょう。そのため、交際のスタイルが良くも悪くもユニークになり、ドラマチックな恋愛遍歴を重ねる傾向があります。金運は好調・不調期の差がハッキリしていて、総じて波乱万丈です。懸賞や宝クジなどで当選を期待できるアスペクトでもあります。

金星と海王星

ハード・アスペクト（180°、90°）

ドラマチックな恋愛に溺れやすい傾向があります。退廃的でアンニュイなムードの持ち主で、そこが人を惹きつける魅力にもなっています。ただ、精神的にタフではないため、恋愛にどっぷり依存してしまうと、なかなか抜けられず苦労することも。音楽や芸術、ダンス等の才能に恵まれているため、情熱をもって取り組むと精神的にも充実した人生になるでしょう。

ソフト・アスペクト（120°、60°）

芸術的なセンスや才能に恵まれています。幻想的な世界で戯《たわむ》れることを好み、空想に耽《ふけ》ることも多いはず。典型的なロマンチストなので、恋人のために演出を考えることを怠りません。「守ってあげたい」と思う異性に夢中になりやすく、相手を世話することに喜びを感じます。お人好しで押しに弱いところがあるため、金銭面では容易に貸し借りをしないことが大切です。

コンジャンクション（0°）

優しい雰囲気に包まれながらも、つかみどころのない不思議な魅力があります。人を癒すヒーリング能力が生まれつき備わっていて、多くの人をとりこにするでしょう。ロマンチックな恋愛観の持ち主で、愛する人のためなら、自分を犠牲にしてまでも献身的に尽くすタイプです。天啓《てんけい》を授かるような直感力に恵まれているため、金銭面で苦労することはあまりないでしょう。

金星と冥王星

ハード・アスペクト（180°、90°）

アンモラルな恋愛関係にのめりこみ、スキャンダラスなレッテルを貼られることが多々あります。女性の場合は「魔性の女」という表現がピッタリで、不倫や三角関係に陥りやすいでしょう。反対に不本意な性的体験によるトラウマを負って、異性や恋愛に嫌悪感を抱くケースも。欲しい物はどんな手段を使ってでも手に入れようとします。金運は波乱万丈と言えそう。

ソフト・アスペクト（120°、60°）

運命的でドラマチックな恋愛に縁があります。異性を惹きつける魅力は十分にあり、フィジカルな面でも官能的な関係を楽しめるタイプです。モテるゆえに誘われることが多いものの、簡単にナンパに乗るような軽率さはありません。小悪魔的な外見と誠実な内面のギャップが、非常に魅力的に映るでしょう。また、お金の巡りが良く、収入は生涯を通じて安定しています。

コンジャンクション（0°）

本人に自覚はなくとも、非常に強いセックスアピールの持ち主です。本能的な部分で異性を魅了しますが、愛し方はとても一途。ただ、浮気などをされて裏切られた場合は、復讐に燃える激しさももっている人です。金運の変動は激しいですが、一攫千金を狙える投機の才能や、一代で財を成すこともできるバイタリティーを兼ね備えています。買い物の仕方も豪快でしょう。

火星のアスペクト

火星は「情熱・攻撃力・闘争心・健康状態」を象徴するエネルギッシュな惑星です。ホロスコープ上においては、その人がどういった対象にエネルギーを向けて注ぐのか、また対外的なものに自分をどうアピールするのか、といった傾向が読み取れます。怒りの感情に裏打ちされた意欲が、火星のアスペクトによって引き出されることも。心だけでなく身体のエネルギーを象徴することから、セックスアピールや性的な嗜好もこの惑星の管轄下にあります。

♂ 火星と木星 ♃

ハード・アスペクト（180°、90°）

バイタリティーに富み、あらゆる欲求が強い情熱的な性格です。ただ、自己中心的でスタンドプレーに走ることが多いため、周囲の反感を買うことが少なくありません。男性の場合は、非常に短気で口より先に手が出てしまうことも。女性の場合は、性的にオープンになる傾向があります。どちらの場合も節度をもって、自分の立場を客観的に見る習慣をつけることが大切。

ソフト・アスペクト（120°、60°）

非常にアクティブかつパワフルで、常に動き回っている印象を与えます。せかせかしたところのないおおらかな性格のため、リーダー的な役目を任せられることが多いでしょう。女性はサッパリとした姉御肌タイプが多く面倒見がいいため、何かと相談を受ける立場に。男女ともに身体を動かすことを好み、スポーツで好成績を記録するなどして、表彰台に立つ可能性も。

コンジャンクション（0°）

火星がもつエネルギーを木星が増幅させるため、このアスペクトがある人は男女問わず勇敢で冒険心が旺盛です。危険をかえりみることなく、未知なる世界にも果敢に飛び込んでいく行動力は、惚れ惚れするほど。ただし、凝り性でのめりこみやすい部分、また羽目をはずしてエスカレートしやすいという欠点もあるため、身近にブレーキをかけてくれる人が必要です。

火星と土星

ハード・アスペクト（180°、90°）

意欲があっても、それが真に打ち込むべき課題でない限り、行動力や持続力が発揮できないタイプ。少しでもやる気がそがれると、驚くほどあっさり、続けてきたことを辞めてしまいます。これが極端になると何事も中途半端な人生になってしまうので、粘り強く対応することが大切。また、女性は性的な行為に対し、嫌悪感や苦痛を覚えることがあるかもしれません。

ソフト・アスペクト（120°、60°）

ストイックで自己鍛錬に励むタイプです。苦労を苦労と考えず、試練を乗り越えるたびに大きな成長を遂げて精神的に強くなるでしょう。何事も長期的なスパンで計画を立て、地道な努力を重ねるはず。エネルギーを持続させる力があるので、スタミナや忍耐力を必要とする仕事やスポーツで成功します。男性は古風なジェントルマンタイプです。落ち着いた物腰が魅力。

コンジャンクション（0°）

ブレーキとアクセルを同時に踏んでいるような配置です。欲望をコントロールする力がある反面、内面にストレスを溜め込んでしまうタイプ。試練や困難の多い環境に見舞われることもありますが、打たれ強く、逆境を乗り越えるパワーの持ち主です。性的なコンプレックスや異性に対する嫌悪感を抱きがちですが、克服する力量は十分なので、投げ出さないことが肝心。

火星と天王星

ハード・アスペクト（180°、90°）

反骨精神が旺盛で、社会に対して斜に構えたところがあります。行動が過激になりやすく、何をしでかすかわからない「危なっかしい」イメージです。自由をこよなく愛するため、指図されたり制限されたりすると、不快に感じて反撃に出ることも。エキセントリックな言動が裏目に出たり、不注意による怪我をしやすい暗示があるので、衝動的に行動しないよう注意して。

ソフト・アスペクト（120°、60°）

独特な価値観、エスプリの利いたユーモア精神の持ち主。毒舌な批評家を気取りがちですが、シャープな判断力も持ち合わせているので、周りからは頼もしく思われているでしょう。退屈を嫌い、日常生活に変化をつけて積極的に人生を楽しもうとします。科学やデジタル関連に強く、常に時代の先端を走っているという意識が強いでしょう。有望な発明家でもあります。

コンジャンクション（0°）

瞬発力が、抜きん出て発達している人。また、カンが鋭く神経が過敏なため、周囲にはそわそわと落ち着かない印象を与えています。そのため、忍耐力や持続力にはやや欠けますが、とっさの危機に対応する底力は目を見張るものが。些細なことで喜怒哀楽の感情を爆発させやすいので、一呼吸置いてから行動するように心がけると◎。特に議論の場では細心の注意を払って。

火星と海王星

ハード・アスペクト
(180°、90°)

デリケートな感性の持ち主です。社会に適応できないと、自分の世界に引きこもりがちになるかもしれません。そして生活が不摂生になり始めると、とことん堕落してしまう危険も。交際する仲間のカラーにも染まりやすく、不健全な道に進んでしまうと引き返すことが難しくなるでしょう。依存しないためにも、心の支えとなる存在を見つけて、自己管理することが大切。

ソフト・アスペクト
(120°、60°)

イマジネーションが豊かで幻想的な世界への憧れが強いでしょう。創造的なアイデアが泉のように湧き出るため、クリエイティブな活動に従事すると成功します。独特の癒しパワーの持ち主で、この人のそばにいるだけで元気になる人が多いはず。恋愛はロマンチックな関係を望み、いつも誰かに恋をしていたいタイプです。惜しみなく愛情を注ぎ献身的に尽くすでしょう。

コンジャンクション
(0°)

直感力とインスピレーションが鋭く、芸術面で豊かな感性や才能を発揮します。いつまでも夢を追い続けるロマンチストで、まるで霞《かすみ》を食べて生きているような現実離れした印象を与えるでしょう。新興宗教やスピリチュアルな世界に傾倒しやすく、実際に霊的な体験をすることも。愛情面では誘惑が多いうえに流されやすいため、複数の異性と同時進行になりがちです。

火星と冥王星

ハード・アスペクト
(180°、90°)

好き嫌いがハッキリしていて、こだわりが強く執着しやすい性質です。努力してきたことを軽視されたり拒まれたりすると、怒りを通り越して破壊的な行動に出る恐れも。外見がおとなしそうでも、相手に攻撃されたと感じると驚くような手段で反撃に出たりします。精神的にも肉体的にもとてもタフですが、その分、身体を酷使しがちなので注意してください。

ソフト・アスペクト
(120°、60°)

普段は滅多に表に出しませんが、強い闘争心を秘めています。生命力が強く、怪我や病気をしても驚異的なスピードで回復するでしょう。ハードな肉体労働でも疲れを見せません。逆境や障害から逃げることはなく、体当たりで突破しようとするタイプ。破壊と再生を自然のリズムの中で無意識に繰り返し、強靭な精神と持久力、スタミナのある身体を培うでしょう。

コンジャンクション
(0°)

爆発的とも言える非常に強いエネルギーを秘めています。決定したことは必ず遂行する情熱の持ち主で、よほどのことがない限り途中で放り出すことはありません。何をするにも「徹底的」という表現がふさわしく、時には自分を限界まで追い込むことも少なくないでしょう。ただしマイナスに出た場合は、粗野な行動力が「暴力」という手段に直結してしまう可能性も。

木星のアスペクト

物事の「発展・拡大・楽観」を約束する木星は、まぎれもないラッキー・スター。ホロスコープ上では、その人が何に恵まれているのか、何を発展させていくパワーがあるのか、反対にやりすぎてしまう危険性があるものは何か、などを読み取ることができます。ソフトなアスペクトを形成すれば、その人の長所がより強化されて恩恵を受けるでしょう。金星が個人的な楽しみを表すとしたら、木星は社会的でより範囲の広い楽しみを示します。

第五章

♃ 木星と土星 ♄

ハード・アスペクト（180°、90°）

心の中で歯車がうまく噛み合わないと感じることが多いかもしれません。理想が高く大きな目標を掲げるものの、行動力が伴わずに終わってしまう場合があります。ゴールに達しそうで達しないという状況がストレスや葛藤をもたらし、いつも不平不満が絶えないかもしれません。社会的に必要とされることを面倒と思うか、喜びを感じるかが運の分かれ目となります。

ソフト・アスペクト（120°、60°）

大きく道を踏みはずすことがなく、堅実な人生を1歩1歩進んでいきます。自分の力量をよくわきまえていて、無茶や冒険はしません。そのため、遊び心や面白みにやや欠けるものの、大きな失敗や挫折とも縁がないでしょう。浮ついたところのない律儀な性格は、世代を超えて多くの人の信頼を集めます。特に目上の人から可愛がられ、才能を発掘してもらえる幸運も。

コンジャンクション（0°）

このアスペクトは「グレート・コンジャンクション」と呼ばれ、約20年に一度形成されます。社会的なシステムや国民の生活に大きな変化や影響を及ぼし、時代の節目を感じさせるアスペクトです。個人的には、とても落ち着きがあり自制心がよく働く人物となるでしょう。真面目で几帳面、やることが正確なので、周囲から何かと頼りにされるリーダーとなります。

♃木星と天王星♅

ハード・アスペクト
(180°、90°)

革新的でカリスマ的な魅力をたたえています。大衆を動かすリーダーとして活躍できますが、思想が過激に走ったり失言をしたりすると、失脚してしまう恐れが。既定の枠を超えて自由を追求する姿勢は評価されるものの、熱狂的になると本来の目的を見失いやすいので注意が必要です。突然の変化を求めずに、地道に努力を重ねれば、向かう所敵なしとなるでしょう。

ソフト・アスペクト
(120°、60°)

先進的でのびやかな環境に身を置きます。理想や向上心が高く、「自分は社会のために何ができるか？」と考える高潔な人柄。誰とでも気さくに打ち解けるうえ、明るく公明正大な性格が人気を集めて、信奉者とも呼べるようなファンが多数できるでしょう。慈善事業や保護団体で活躍する人も少なくありません。棚ボタ的なチャンスや、幸運なハプニングにも恵まれます。

コンジャンクション
(0°)

未来への希望があふれんばかりのポジティブなアスペクトです。社交的で友情を大切にする思考の持ち主。より良い生活を送ろうという意識が強く、日常生活において改善・改革したがる傾向があります。専門的な研究により、活躍する可能性も。SNSを積極的に活用し、国内外へ交流を広げて楽しむタイプ。独特の軽やかさが魅力となって、雰囲気に滲み出る人です。

木星と海王星

ハード・アスペクト（180°、90°）

押しに弱く人がいいために、騙されたり詐欺に遭いやすいかもしれません。恋愛面では甘い口説き文句にコロリとなり、危険な香りの関係にドップリはまりがち。生活力のない異性と同棲すると、運を吸い取られてしまうので用心してください。また時間やお金にルーズな体質の人が多く、人に信用されにくいといった欠点も。自己管理を怠らないように心がけて。

ソフト・アスペクト（120°、60°）

心の平安を宗教や神秘的な儀式に求める気持ちが強く、敬虔《けいけん》な信者となります。同情心が厚く、常に社会的に弱い人の味方。世界平和を理想に掲げ、慈善事業やボランティア活動にも積極的に関わるでしょう。動物好きな人が多く、心を通わせることが得意。一方人を疑うことを知らない純粋さゆえに、他人から都合よく利用されやすい面が。ある程度の警戒心が必要です。

コンジャンクション（0°）

神秘的、スピリチュアルな分野に興味や関心が高く、どことなくフワフワした印象の持ち主。優れたインスピレーションと、豊かな想像力を活かせる、芸術、文学、音楽方面で活躍が期待できるでしょう。慈悲深く人の話をよく聞くので、カウンセラーとしても適任。ただし、押しに弱く優柔不断な性格なので、トラブル回避のためにも、強引な人とは関わらない方が無難かも。

木星と冥王星

ハード・アスペクト（180°、90°）

権力や地位への執着が強く、欲望をコントロールすることが難しいでしょう。強引とも言える手口で、自分の思い通りにシナリオを進めようとするため、周囲との摩擦が生じる暗示も。それでも望むものは手にしないと気がすみません。金運には波があり、築いた財産を一夜にして失うといったドラマのような乱調も。堅実さと謙虚さを意識して、生活を見直すことが重要。

ソフト・アスペクト（120°、60°）

生まれながらのリーダータイプ。ヒーロー、ヒロインとして集団を引っ張って行くパワーがあり、多くの人に支持されるでしょう。社会的な成功をスムーズに手に入れ、中には結果的に時代を動かしてしまう人も。財力にも恵まれ、不動産を含めて価値のあるものを相続する運の持ち主です。そのため、ゆとりのある優雅な生活を送り、富貴なムードに包まれているでしょう。

コンジャンクション（0°）

あらゆる発展性を秘めています。権力志向が強く、富と財を手に入れるための努力は惜しみません。「お金持ち」というよりは「大富豪」といった表現がふさわしく、社会的に高い地位を獲得することが多いでしょう。集団の中でも目立つタイプ。よき指導者となる能力を備えています。宗教や異文化、国際交流といった活動に従事すると、さらに運を強化できるでしょう。

土星のアスペクト

試練を与えたり制限したりといった働きをする土星は、西洋占星術においてどちらかというと敬遠されがちな惑星です。ホロスコープ上においては、その人の苦手分野もしくは自己をストレートに表現しにくいといった意味に置き換えられるでしょう。でも、苦手だからこそ乗り越えるべき時期が訪れます。それを試練と受け止めるか、好機ととらえるかが土星を活かす鍵。プラスに作用すれば、コンプレックスを強みに変えられるでしょう。

土星と天王星

ハード・アスペクト（180°、90°）

自分が社会に受け入れられていないのでは、という漠然とした不安から、殻に閉じこもりがちに。心を許せる友人が少ないため、孤独感を抱えることもあるでしょう。それが寂しさや不満につながると、溜まったストレスが爆発する恐れも。評価されるまでに時間がかかったり邪魔が入りやすいですが、１つのことに打ち込むと、必ず成果をあげられる実力の持ち主です。

ソフト・アスペクト（120°、60°）

個性的でアクの強い印象をもたれますが、非常に真面目で責任感のある人物です。たとえ困難が待ち受けているとわかっていても、逃げ出すことはありません。むしろ進んでぶつかって、その経験を成長の糧にしようとする貪欲さがあるほど。悟りを開いたり大成するまでに時間がかかるので、典型的な大器晩成型となるでしょう。晩年に社会的な地位を獲得します。

コンジャンクション（0°）

合理的で無駄を嫌うので、まったく飾り気のない「Simple is best」という考え方をする人です。誰に対しても厳しく接するため、「鬼軍曹」「鬼コーチ」のように気難しいイメージを与えるかもしれません。他人からの詮索や干渉は敬遠するタイプ。ただ、苦境に遭ってもストイックに耐え抜く底力があり、研究者として学問を追究すると、名声や地位を得ることも。

土星と海王星

ハード・アスペクト (180°、90°)

自分の能力や容姿、育ってきた環境にコンプレックスを抱きやすく、物事の明るい面に目が向きにくいようです。厳しい現実から逃避するため、非現実的な夢や目標を掲げます。しかし、考え方が悲観的なせいか、少しでも状況が悪くなるとマイナス思考のスパイラルに陥ることも。猜疑心が強いわりに周囲に影響されやすいため、悪徳勧誘などに注意が必要です。

ソフト・アスペクト (120°、60°)

相反する土星と海王星の性質が、うまく作用し合うアスペクトです。壮大なビジョンを描きますが、ただイメージすれば実現するといった甘い考えはなく、長期的なスパンで着実に努力を重ねてゴールに到達しようとするでしょう。夢の実現には相応の努力が必要だという認識がある上に、組織や集団をまとめるカリスマ性が備わっているので、周囲からも慕われるはず。

コンジャンクション (0°)

実用的な面と幻想的な面が共存しているアスペクトです。夢や理想を少しでも目に見える形にしようと努めるため、地に足が着いたしっかり者というイメージをもたれます。ただし、土星の部分が弱まると海のような海王星の幻想に飲み込まれ、抜け出せなくなってしまうことも。現実と理想の絶妙なバランスを、自身の中で常にうまく取ろうとする意識が大切です。

土星と冥王星

ハード・アスペクト (180°、90°)

「運命」とも言えるような、困難や障害に見舞われやすいアスペクト。そのため、無気力になる時期は避けられず、自暴自棄に陥るタイミングがあるでしょう。この時期に意識したい大切なことは、周りとのコミュニケーションを絶たないことです。あくまでも見返りは求めず、周囲と関わってください。人の親切や温情にふれ、それを機に人生が好転していくはずです。

ソフト・アスペクト (120°、60°)

現状で満足することなく、常に今の自分を超えて行こうという向上心が強い人。誰もが無理だと思うような、耐久レースをやりとげるパワーが備わっています。限界という概念がないため、特にスポーツ面では記録を次々に塗り替えていくでしょう。年齢を重ねるほど人間性に魅力が増していくのも特徴的です。一方で、陰の実力者として暗躍する資質にも恵まれています。

コンジャンクション (0°)

底力を感じさせる非常に力強いアスペクト。試練や障害をものともせず、不屈の精神をもってたくましく乗り越えていくでしょう。ストイックなまでにセルフコントロールができるので、その気になれば大抵の分野で大輪の花を咲かせることが可能。努力や苦労を人に見せませんが、心も身体もトレーニングによって鍛えられると信じ、人知れず誰よりも頑張るタイプ。

世代に影響を与えるアスペクト

三惑星が形成するトランスサタニアン

トランスサタニアンとは土星外に位置する「天王星」「海王星」「冥王星」の三惑星の名称です。これらの惑星は発見されてから日が浅く、占星学上の統計的な研究がまだ追いついていない部分があります。しかし、個人のホロスコープにおいて、トランスサタニアン同士の組み合わせによるアスペクトが、その人個人に特別な影響を与えることはあまりありません。むしろ、その時代の文化的背景や、その時代に生まれた世代の性格的な特徴として反映されるでしょう。

例えば、働き方が大きく見直された「バブル世代」は、天王星と冥王星が乙女座に位置する人々が中心となった時代です。食べるために働くというより、仕事そのものを遂行することが目的という風潮となり、「ワーカホリック」という言葉をよく耳にするようになりました。「ゆとり世代」については、天王星と海王星が山羊座に位置する人々が大半を占めています。ムダを削ぎ落として制限しようとする土星の力が働いたのか、教育内容が厳選され、結果的に授業時間や学習量が減少した時代です。さらに、あまり恋愛に積極的でないとされる、「草食系男子」の多くも、このストイックな山羊座トランスサタニアンの影響を受けていると、解釈することができるでしょう。

また、時代に影響を与えた例としては、1990年代後半からのIT産業、インターネット、携帯電話、SNS等の爆発的な普及と、それに伴うアナログからデジタルへ移行するムーブメントは、天王星と海王星が続いて水瓶座に移った影響だと、ひもとくことができます。このようにトランスサタニアンは、個々のホロスコープのバックグラウンドとして、その時代の特徴や集団の思想に影響を与えると考えられています。

天王星のアスペクト

他人と自分は違う存在だという意識、改革、変化、ハプニングを象徴する天王星は、地球から遠く離れた惑星でありながら、ホロスコープ上では比較的わかりやすい事象として現れます。目に見える突発的な変化として作用するため、吉凶にかかわらずショックをもたらすでしょう。ソフト・アスペクトが多ければ、個性が強烈でも周囲に受け入れられます。アスペクトが好ましくない場合は反骨精神が旺盛になって、悪目立ちしてしまいそう。

天王星と海王星

ハード・アスペクト
(180°、90°)

様々な選択肢を自ら生み出す傾向があり、迷いの多い混沌とした状況に陥りやすい世代です。理想や目標に一貫性がなく、目指すゴールがコロコロと変わりがち。努力しているわりに目立った実績がない、という劣等感を抱くことも。人の意見に振り回されたり、周囲から影響を受ける前に「自分は何を目指しているのか」と、目標をしっかりと掲げることが大切です。

ソフト・アスペクト
(120°、60°)

感受性とイマジネーションが非常に豊かです。人の気持ちや心理を敏感に察知する力があり、有能なカウンセラー、セラピスト、占術家等、精神世界に携わる人が多く誕生するでしょう。問題解決にむけて、今までになかった手段や方法が生み出され、行き詰まっていた人々の心に希望を与えます。高い理想を胸に抱き、あらゆる分野で社会に貢献していくはずです。

コンジャンクション
(0°)

科学的、革新的な天王星の理想と、幻想的な海王星が影響し合い、新感覚的な意識を目覚めさせる配置です。鋭い直感力と独創的な想像力は、従来にない新しいものを生み出すパワーを秘めています。個人のホロスコープで強く作用することはありませんが、バーチャル・リアリティーのような、まったく新しい時代を感じさせるブームを巻き起こす世代でしょう。

天王星と冥王星

ハード・アスペクト
(180°、90°)

このアスペクトをもつ人にとって「伝統」とは守るものではなく、打ち破るものです。時代錯誤のように古い体制に、いつまでも縛られることに激しく抵抗します。そのため、反社会的であったりテロ行為のように過激であったりと、普通の人に受け入れられない行動に出ることもあるでしょう。破壊的な衝動を行動に移す前に、他に手段がないか考えることも大切です。

ソフト・アスペクト
(120°、60°)

人類愛的なユートピアを明確に描き、よりよい状況を求めて改革しようという気持ちが強い人。目標に向かって、時間やエネルギーを費やすことを惜しみません。それだけではなく、個人1人の力で時代を動かすことは不可能だと知っていて、集団をうまく扇動するカリスマ性を秘めているところが特徴的。着実な努力と計画性があれば、改革は比較的スムーズに運びます。

コンジャンクション
(0°)

新しい世界や秩序を創り出すために、権力に立ち向かう意気込みを備えた人です。改革という名のロマンに魅了され、同志と共に集団で社会蜂起することもあるでしょう。中途半端な状況を何よりも嫌い、結果がどう出ようと徹底的にやりつくします。時代を大きく変えた改革者や、斬新な発明で世界の価値観を一新した研究者などに、ふさわしいアスペクトです。

冥王星のアスペクト

物事の初めと終わり、カルマ、潜在的な出来事といった、壮大で深い事象を司るのが冥王星。日常生活においては、冥王星の影響を意識できないかもしれませんが、人生の重要な転機や生き方の信念そのものには、ひそかに色濃く反映されています。ソフト・アスペクトが多い場合は、並外れたカリスマ性や権力と縁があるでしょう。アスペクトが好ましくない場合は、冥王星がもつ爆発的なエネルギーが暴走してしまうことがあります。

※冥王星が形成するアスペクトについては、他の惑星の解説の末ページに記載してあります。

海王星のアスペクト

夢、曖昧、混沌……霧がかかって見通しが悪い状況をイメージさせる海王星は、常に神秘的なベールに包まれています。豊かな感受性、芸術的なセンス、直感力を発達させる力があり、ホロスコープ上ではその人の想像力を広げるでしょう。感情移入しやすく、自分と他人の区別さえも曖昧になるかもしれません。人間の慈悲深さと弱い部分を司り、良くも悪くもアスペクトが多い場合は、敏感に心でキャッチするものが人より多くなります。

海王星と冥王星 ♆ ♇

ハード・アスペクト（180°、90°）

超常現象やオカルト、スピリチュアルに拒否反応を示したり、悪用したりされたりする傾向が強くなります。新興宗教やカルト教団によるスキャンダラスな事件を暗示することもあり、トラブルが絶えないかもしれません。今までにないドラッグや、精神を蝕《むしば》むような遊び感覚のゲームが流行る可能性も。究極の現実逃避として、「死」に対する憧れも強まる座相です。

ソフト・アスペクト（120°、60°）

世代的なアスペクトであるため、個人のホロスコープで事象が現れることは少ないでしょう。超常現象やオカルト、スピリチュアルな分野を拒絶することなく、むしろ生きていく上で必要とし、自然に受け入れていく世相を示唆しています。生と死、時空や宇宙、知的生命体への探求心をもつ人が増え、まだ見ぬ世界に夢や希望を抱きながら真摯に研究を進めていくでしょう。

コンジャンクション（0°）

精神性が高く、宇宙的な愛に包まれるような壮大さを感じさせる座相です。海王星と冥王星は公転速度が遅い惑星なので、アスペクト自体、形成されることは稀《まれ》と言えるでしょう。スピリチュアルな世界観が世の中に浸透し、物質的な世界や欲望から解き放たれたり、今まで常識であった慣習が大きく様変わりするなど、世の中の価値観が一変する可能性を暗示しています。

COLUMN

アスペクトがもたらすもの

アスペクトの多さは人生に影響する？

アスペクトの多さは人生に影響します。ただ、それは一概に「多いからいい」「少ないから悪い」という意味ではありません。アスペクトにはそれぞれ役割があり、吉意の強いもの、凶意の強いもの、吉凶混合のものがありますが、吉意であってもすべていいわけではなく、凶意であってもすべて悪いわけではありません。

ではまず「アスペクトが多い」ことが「人生にどんな影響をもたらすのか」を説明しましょう。「惑星同士がアスペクトを形成している」状態を「惑星同士が手をつないでいる」と考えてみてください。アスペクトが多いということは、手をつないでいる惑星がそれだけ多いということ。仮に1つの星に1つのアスペクトしかなければ、その惑星は1つの惑星としか手をつなげていない……つまり、1人しか友達がいないことになります。1つの惑星が4つも5つもアスペクトを形成していれば、その惑星にはたくさんの友達がいるということです。

友達はそれぞれ交流し合います。アスペクトを複数もつ惑星は、他の惑星と多く交流し、惑星としての力を引き出されていくことになります。しかし中には、他の惑星とまったくアスペクトを形成しない（ノー・アスペクト）惑星もあります。ノー・アスペクトの解釈は占術家により多少見解がわかれますが、エネルギーを出力する出口がないことから、力を発揮するのに時間がかかるのかもしれません。または他者からの干渉を一切受けず、その惑星のもつエネルギーを純粋な形で発揮できると考えることもできます。実際には、その惑星の星座やハウス、他の惑星の状況なども考慮して都度判断することになるでしょう。

こんな風にイメージすると、さらに豊かに星からのメッセージを読み解くことができるはずです。

第六章

西洋占星術で相性を占う

西洋占星術で相性を占う

惑星の星座から相性を読み解く

西洋占星術は性格分析が得意。だからこそ、人との相性も明確に読み解くことができます。相性を詳細に分析する場合は、自分と相手の惑星同士が形成するアスペクトを考慮しますが、今回は惑星がある星座同士の関係を見て、相性の内容を判断しましょう。

相性の中で基本となるのは、その人の本質を示す太陽。根幹となる、相性のベースが太陽から占えます。占う相手の性別や望む関係がどうあれ、まず初めにここを確認してください。自分と相手の太陽が調和的な星座にあれば、性格的な相性は基本的にスムーズであると判断できます。

それに加えて、恋愛相性を占う場合は「互いの恋愛傾向がどうか」。結婚相性であれば「互いにどんな結婚生活を望むのか」といったことを、それぞれのキーワードを象徴している男性の火星星座&女性の金星星座、男性の太陽星座&女性の月星座から推理していくことができます。

基本相性

恋愛か友情かに関わらず、基本的な相性は互いの太陽が位置する星座で分析します。ここでわかるのは性格の方向性です。二人は性格に共通点があったり、協調できる点があったりするでしょうか。星座から性格を推理し、相性の度合いを測ってみましょう。

恋愛相性

「どんな恋愛を望むのか」は、男性のホロスコープでは火星の位置する星座から、女性のホロスコープでは金星の位置する星座から推理することができます。ここでわかるのは「互いが理想とする恋愛」です。あなたが求める恋愛を、相手が与えてくれるかどうか調べてみましょう。

結婚相性

結婚後、相手がどんなパートナーになるのか、どんな結婚生活を望むのか、結婚したらどんな家庭になるのかは、男性のホロスコープでは太陽の位置する星座から、女性のホロスコープでは月の位置する星座から推理することができます。

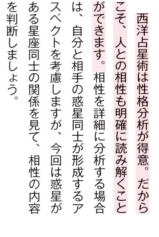

相性の調べ方

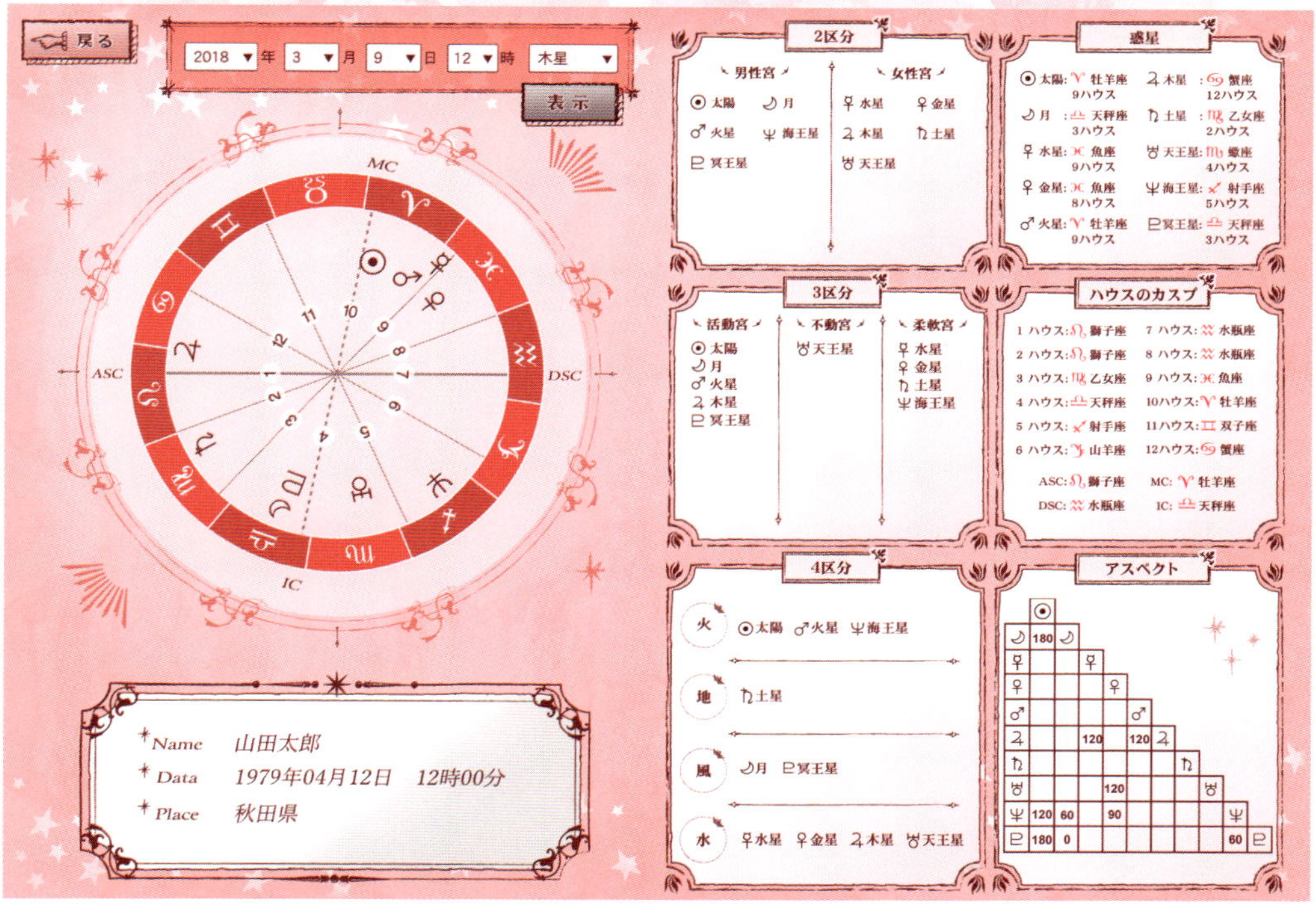

❶ あなたのホロスコープの出し方（P14～15）を参考に、自分の出生ホロスコープと、占いたい相手の出生ホロスコープを出します。

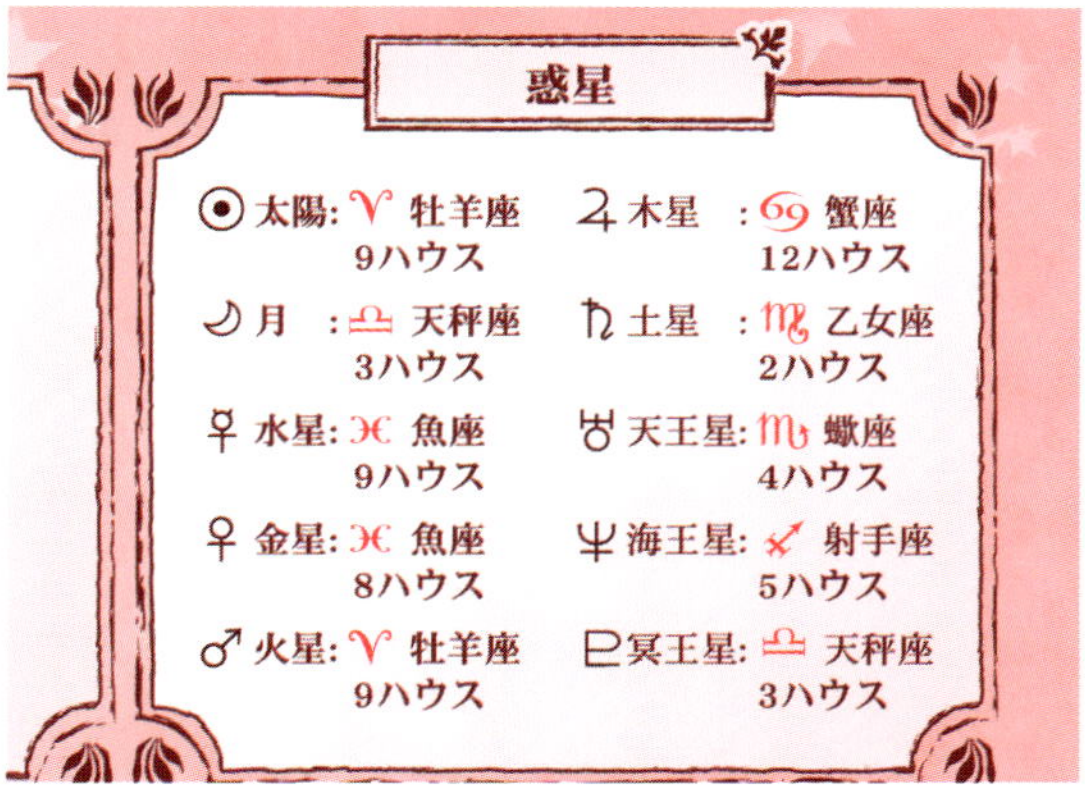

❸ 画面右上の「惑星」に表示されている星座で、相性を占うことができます。

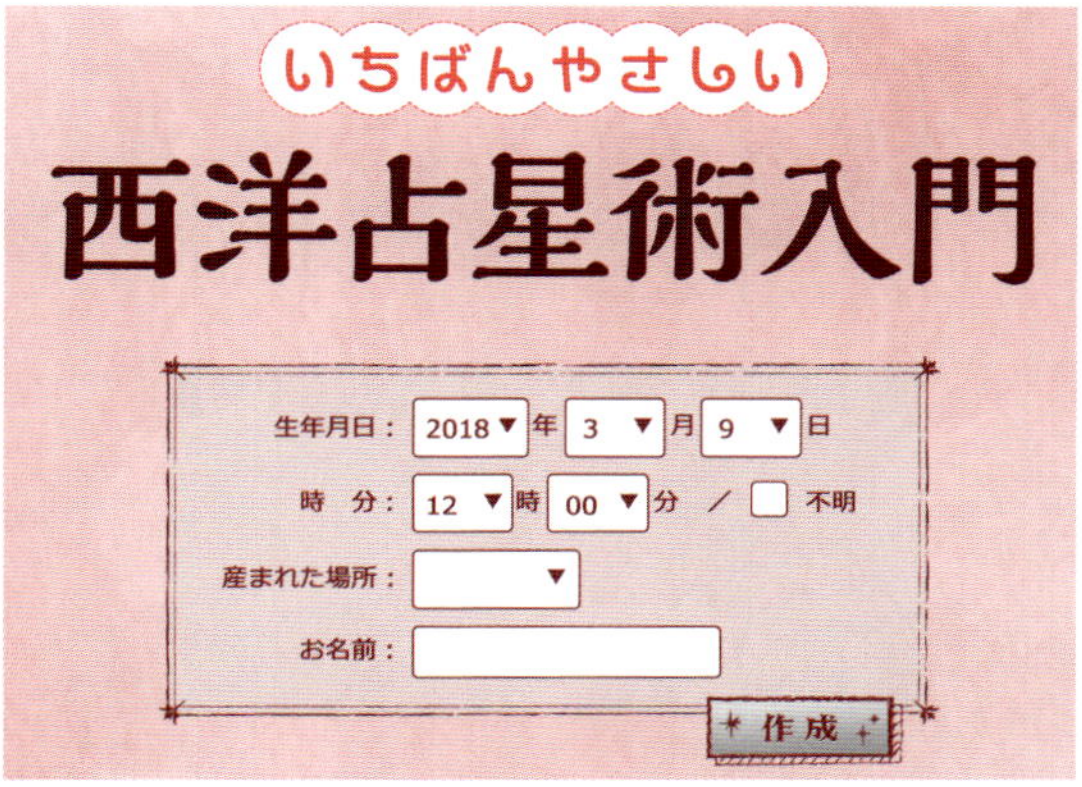

❷ 相手の生まれた時間や出生地がわからない時は、不明を選択しましょう。

基本相性 太陽が牡羊座にあるあなた

牡羊座に太陽があるあなたは、リーダー気質でとてもアクティブ。占いたい相手の「太陽」の位置で基本相性をチェックしましょう。

相手の太陽が 射手座

理解し支え合う好相性 実行力は低くなりがち

夢を語るのに最高の相性です。互いの心情を誰よりも理解し、支え合う、かけがえのない仲間となれるでしょう。ただ、2人とも取りこぼしが多いので、しっかり者の支えもほしいところ。

相手の太陽が 獅子座

互いにいい点を学び合う 爽やかなライバル相性

いい意味でのライバル相性。あなたは獅子座の人から正々堂々と戦うことの大切さを、獅子座の人はあなたから何があっても前向きに努力する強さを、互いに学び合えるはず。

相手の太陽が 牡羊座

対立しやすい反面 団結すれば息ぴったり

グループなどのトップを巡って対立しやすい相性です。ただしもともとの性格が似ているので、団結した時の息はぴったり。素晴らしい連係プレーを見せてくれるでしょう。

相手の太陽が 山羊座

価値観に違いがあり 仲良くなるには根気が必要

行動パターンは似ていますが、未来を優先しようとするあなたと現実を大切にする山羊座の人とは、根本的な価値観が違います。一時的に仲良くなれても長く続かない可能性が。

相手の太陽が 乙女座

丁寧な気配りや配慮が 時に重く感じることも

几帳面な乙女座の人は細かい気配りに長けている分、神経質です。こちらが気にしていないことまで心配していることもあるので、時々「面倒な相手」と感じることもありそう。

相手の太陽が 牡牛座

互いにペースを合わせ 役割分担すれば名コンビに

行動ペースが違う2人。牡牛座は慎重派なので、何をするにも相手に合わせられるかが鍵になります。役割が上手くハマれば、攻守のバランスがいいコンビになれるでしょう。

相手の太陽が 水瓶座

新しいアイデアを出し合う 創造性豊かな好相性

物を創り出すならピカイチの組み合わせです。常識や固定観念にとらわれることなく、アイデアを出し合えるでしょう。友達としても、いいコンビプレーが期待できる好相性。

相手の太陽が 天秤座

正反対の性格に惹かれ合い 恋愛に発展しやすい相性

スマートな天秤座と本音で生きる牡羊座。互いに自分にないものを感じ、興味を抱きやすいでしょう。特に恋愛では、正反対な性格ながら恋が生まれやすい組み合わせです。

相手の太陽が 双子座

会話が弾む楽しい関係 冷めやすさに注意

熱しやすく冷めやすいところが2人の共通点。双子座の人とは話も盛り上がり、行動も合わせやすいので楽しく過ごせますが、つき合いがあまり長く続かないのが玉にキズ。

相手の太陽が 魚座

関係がパターン化すると 負担に感じることも

気の弱い魚座の人。一緒にいると、あなたが魚座を護るナイト役に回りがちになりそう。普段はそれでいいのですが、頼られてばかりだと負担に感じて息苦しくなる可能性も。

相手の太陽が 蠍座

互いに理解しがたい相性 時間をかけて距離を縮めて

ミステリアスな蠍座の人は、あなたにとって理解が難しい相手です。一方蠍座の人も、あなたを怒りっぽいなと思っているかも。仲良くなるのに時間がかかる組み合わせです。

相手の太陽が 蟹座

安らぎをくれる存在 優しい言動を意識して

常に前進しているあなたにとって、家庭的な雰囲気の蟹座の人は安らぎを感じられる存在です。ただし感受性が豊かな相手なので、きつい言動で傷つけてしまわないよう注意。

太陽が牡牛座にあるあなた

牡牛座に太陽があるあなたは、何事も堅実でマイペースな人。占いたい相手の「太陽」の位置で基本相性をチェックしましょう。

相手の太陽が 射手座

夢を追う自由な姿を理解できるかが分かれ道

安定を大切にするあなたにとって、今の生活を捨ててでも夢を叶えようとする射手座の生き方は理解できないかも。考えを受け止められるかが、つき合う鍵になりそうです。

相手の太陽が 獅子座

互いに頑固者 サポート役に回ると◎

獅子座の人は常に主役でありたいタイプ。あなたがサポート役に回れるなら、うまくつき合えます。ただ、どちらも頑固者なので、打ち合わせなどでは意見が対立しやすいかも。

相手の太陽が 牡羊座

知識と行動範囲を広げ新たな価値観を学ぶ

牡羊座はアクティブで前向き。あなたの目にはせわしなく映るかもしれませんが、一緒に行動すると知識と行動範囲が広がるはず。自分の世界にないものを教えてくれる人です。

相手の太陽が 山羊座

安定志向の２人 マンネリに注意

考え方が似ていて、一緒にいると気持ちが落ち着く組み合わせです。互いに冒険を好まないので単調にはなりますが、２人にとってはそれが安心と信頼につながるでしょう。

相手の太陽が 乙女座

友達としても恋人としても最高に息の合う好相性

あなたは乙女座の人の心配りを快く感じ、乙女座の人はあなたの穏やかさに安らぎを感じられるでしょう。恋人としても友達としても申し分ない、最高に息の合う組み合わせです。

相手の太陽が 牡牛座

長期的に信頼関係を培う価値観の合う２人

価値観が似たもの同士、穏やかに信頼関係を築いていけます。ただしスロースターターなのも、２人の共通点。恋愛でも友情でも、関係が深まるまでに時間がかかりそうです。

相手の太陽が 水瓶座

リズムを崩される一方意外な視点をくれることも

突拍子もないことをする水瓶座の人は、あなたにとって日常をかき乱す相手です。第一印象は良くないかもしれません。でもその一方で、多角的な視点をくれるので成長させてくれそう。

相手の太陽が 天秤座

考え方が違う２人 理解し合う努力が必要

美的感覚が鋭い点では一致しますが、その他の価値観や意見が微妙に違う２人です。考え方や好みの違いを理解し合っていけるかどうかが、絆を深める鍵となるでしょう。

相手の太陽が 双子座

楽しい話し相手 飽き性攻略が鍵

知的で爽やかな双子座の人。常に新しい情報をくれるので、話していて楽しい相手です。相性自体はいいのですが、双子座は飽きっぽいため関係を長く保つのは難しいかもしれません。

相手の太陽が 魚 座

ルーズになりがちな相性 計画性を高めて楽しんで

ルーズになりやすい組み合わせ。楽しい時間を共有するまではいいのですが、待ち合わせに遅れたり、約束を忘れたりしそうです。デートの時は予定の立て方に工夫が必要かも。

相手の太陽が 蠍 座

恋愛関係になると長くつき合える相性

どちらも自分から近づこうとしないので、仲良くなるまでが大変。でも、一度親しくなってしまえば末長くつき合える組み合わせです。特に恋愛では、深い交際ができるはず。

相手の太陽が 蟹 座

好意をもつ相手 ただし揉め事には要注意

親しみやすい魅力をもつ蟹座の人。相性も良く、好意をもてる相手です。互いにおいしいものを食べるのが好きなので、グルメなレジャーを企画すると心温まるほっこりした関係に。

太陽が双子座にあるあなた

双子座に太陽があるあなたは、フットワークが軽く社交的。占いたい相手の「太陽」の位置で基本相性をチェックしましょう。

相手の太陽が 牡羊座

行動力が高まり 退屈しない関係

行動力がピカイチの組み合わせ。ノリのいい牡羊座の人といると、フットワーク軽くどこにも出かけられて、退屈しないでしょう。ただ、相手は短気なので、言葉遣いに注意しましょう。

相手の太陽が 牡牛座

リズムが正反対の2人 違いを学ぶ姿勢で交際を

腰の重い牡牛座の人とあなたとでは、基本的に行動ペースが合いません。ただし互いの違いを尊重し合い、学ぶ姿勢で接することができるなら、いいコンビになれるでしょう。

相手の太陽が 双子座

似た者同士で楽しい関係 独占するのは難しそう

似た者同士なので、話題も趣味も合うし、楽しくつき合えます。ただし、友達が多いことも2人の共通点。恋愛のシーンなどで長い時間独占するのは、難しいかもしれません。

相手の太陽が 蟹座

苦手だと感じつつも 甘やかしてしまう相手

些細なことですぐ感情的になる蟹座の人は、あなたにとって苦手な相手。あまり近づきたくないかもしれませんが、頼まれ事をされると、なぜか嫌といえない不思議な相性。

相手の太陽が 獅子座

互いに刺激を与える クリエイティブな相性

クリエイティブな組み合わせ。あなたの言葉から獅子座の人はアイデアをもらい、獅子座の人からは勇気と刺激をもらえそう。話題も前向きなものが多く、会話が弾むでしょう。

相手の太陽が 乙女座

神経質な2人 あえて距離を置くのが◎

神経質な組み合わせなので、互いの言動が相手をイラつかせる傾向があります。一定の距離を置いてつき合うようにすれば、仲間の1人として普通に接することができるはず。

相手の太陽が 天秤座

物事がスムーズに進む ツーカーの好相性

言いたいことをすぐ理解してもらえる、ツーカーの組み合わせです。コンビを組んで何かをするなら天秤座の人と組むと、スイスイ進むでしょう。恋人としての相性もぴったり。

相手の太陽が 蠍座

関係を重く感じ 徐々に離れる可能性も

広く浅く人と交流したいあなたにとって、1人ひとりとじっくり絆を作る蠍座のつき合い方は重苦しいかもしれません。最初は良くても、徐々に離れていくことになりそうです。

相手の太陽が 射手座

反発しつつも惹かれ合い 互いを高め合う2人

おおらかな射手座の人は、あなたにとって反発しつつも惹かれる存在。喧嘩友達のように、ある時は仲良く、ある時はライバルとなって、切磋琢磨し互いを高め合えるでしょう。

相手の太陽が 山羊座

的確な判断で頼れる相手 仕事仲間としては好相性

山羊座の人は落ち着いているため、あなたの目には退屈な人に見えがち。ただ、判断は的確で頼りになるので、仕事や作業グループの仲間としてはいい関係が築けそうです。

相手の太陽が 水瓶座

違いがいい刺激となり 世界が広がるペア

水瓶座の人の独特の価値観に、興味をそそられて話しかけることが多い関係です。見解の違いが互いへの刺激になるので、一緒にいれば知識や発想が広がっていくでしょう。

相手の太陽が 魚座

負担になりやすいものの 立場によってはうまくいく

依頼心が強い魚座の人は何かと頼ってくることが多く、あなたが負担に感じやすい相手です。ただし、相手が後輩や恋人という立場なら、うまくつき合うことができそう。

太陽が蟹座にあるあなた

蟹座に太陽があるあなたは、気配り上手でとても情緒が豊か。占いたい相手の「太陽」の位置で基本相性をチェックしましょう。

相手の太陽が 射手座

波長が合わないペア 無神経さにイライラしそう

おおらかで率直な射手座の人の言動は、あなたにとってがさつで無神経に感じやすいかも。もともと波長が合わないので、一緒にいたければ、あなたが射手座に合わせる必要があります。

相手の太陽が 獅子座

守ってくれる存在 支えてあげれば好相性

獅子座があなたを守り、あなたがしっかり支えるなら好相性。ただし獅子座の人はワンマンなので、一度でもやり方や主張がぶつかると、修復不可能な溝ができてしまうかも。

相手の太陽が 牡羊座

安らげない相手 役割分担をしてみて

安らげる場所を作ろうとするあなたにとって、短気な牡羊座の人は神経を逆なでする存在。ただし同じ目的で協力する場合は、喧嘩しながらも役割分担がしやすい相手でしょう。

相手の太陽が 山羊座

信頼できる良きライバル 相手の頑固さが安定剤に

山羊座の融通の利かなさにイライラすることもありますが、その芯の強さがあなたの気持ちを落ち着かせてもくれます。競いつつも心の底で信頼し合える、いい意味でのライバルに。

相手の太陽が 乙女座

理解し合い 悩みを分かち合える相手

細やかな気遣いのできる乙女座の人は、あなたの内面をわかってくれる数少ない友。悩みを分かち合うにはいい相手ですが、度胸の必要な場面には弱いので頼りにならないかも。

相手の太陽が 牡牛座

グルメな２人 性別年齢関係なく相性◎

食への関心が高い組み合わせ。共通の話題が多いので、性別年齢関係なく仲良くなりやすいでしょう。友達の場合は、あなたが牡牛座の人をフォローする関係になりそうです。

相手の太陽が 水瓶座

共通点が少ない関係 冷たく感じることも

理詰めで物事を考える水瓶座の意見は、あなたには冷酷にしか感じられないかも。水瓶座の人もあなたのことを、「束縛してくる」と敬遠する傾向が。共通点が少ない２人です。

相手の太陽が 天秤座

価値観の違いが大きく つき合いづらさを感じる

互いに理想とする価値観が違いすぎるため、つき合いづらさを感じてしまいがち。また恋愛においても、追えば追うほど逃げてしまう相手。あなたにとって最も遠い存在かも。

相手の太陽が 双子座

意見を交わしても 理解しにくい関係

理知的な双子座の人は、感情を大事にするあなたにとって理解しにくい相手。意見を交わしてもかみ合う部分が少ないため、結果、徐々に関係が薄れていくかもしれません。

相手の太陽が 魚座

癒してくれる存在 現実的な判断は苦手

あなたの弱さを優しく包み込んでくれる魚座の人。一緒にいると心地良く、癒されるはず。ただ、感情タイプ同士の組み合わせなので、現実的な判断はなかなかできないかも。

相手の太陽が 蠍座

感じ方が似ている２人 友情・恋愛共に理想的

互いの感動ポイントが似ていて、考えが伝わりやすい組み合わせ。蠍座の人はあなたのすべてを理解しようとしてくれるので、友達としても恋人としても理想的な相手でしょう。

相手の太陽が 蟹座

他人が入れないほど 波長が合うペア

感情の波長がぴったり合うので、言葉数が少なくてもわかり合える相性です。長く一緒にいても疲れないのですが、反面、他の人を寄せつけないオーラが出てしまいそう。

太陽が獅子座にあるあなた

獅子座に太陽があるあなたは、華やかなカリスマ性の持ち主。占いたい相手の「太陽」の位置で基本相性をチェックしましょう。

相手の太陽が 射手座

目標を尊重し合い 応援できる相性

夢や野心を語るのにいい相手です。互いの目標を尊重し、応援し合えるので、一緒にいるとのびのびできるはず。恋人の場合は何でも話し合える、フランクなカップルに。

相手の太陽が 獅子座

張り合うこともあるものの 息ぴったりの親友相性

似た者同士の２人。互いに自己主張が強いので、トップ争いなどでは張り合うことが多いでしょう。しかしそれ以外では、いいコンビネーションを見せられる親友相性です。

相手の太陽が 牡羊座

互いに勇気づけられ 刺激となる発展的な好相性

目的のために協力を求めるなら、牡羊座の人が最適。ひたむきに頑張る姿があなたを勇気づけ、あなたの堂々とした言動が牡羊座を刺激するという、発展的な組み合わせです。

相手の太陽が 山羊座

共通点が少なく ライバルになりやすい相手

仕事や勉強の上ではライバルと言える相性ですが、それ以外の共通点が少ない組み合わせ。お近づきになりたいなら、あなたから山羊座の人に接近していく必要がありそうです。

相手の太陽が 乙女座

サポートされる関係だと 的確で頼れる相手

乙女座の人のサポートは的確で頼りになります。だた、相性的にはあなたが乙女座を従える力関係になりやすいため、乙女座が上の立場だとイライラさせられることが多いかも。

相手の太陽が 牡牛座

一度ぶつかると こじれる危険あり

どちらも頑固者同士なので、一度喧嘩になると修復に時間がかかる相性。譲り合ったり歩み寄ったりする気持ちがないと、そのまま平行線状態に。楽しめる共通の趣味があるかが鍵。

相手の太陽が 水瓶座

意地を張りやすい相手 素直になることが鍵

主張を貫くためには孤独も厭わない水瓶座の人。その姿勢を尊敬しつつも、相手を前にするとなぜか素直になれません。意地を張らずに接することが、親密になる鍵となりそう。

相手の太陽が 天秤座

華やかな２人 金銭感覚の甘さに注意

華やかで人の注目を集める組み合わせ。天秤座との行動はあなたの自尊心を満足させてくれそう。ただし、２人とも金銭感覚が甘いので、恋愛や結婚の相手としては注意が必要かも。

相手の太陽が 双子座

情報を与えてくれる 貴重な存在

情報通の双子座は、あなたの知りたい知識を教えてくれるありがたい存在。２人とも明るくノリがいいため、会話も弾みます。親友関係に発展するまで時間はかからないでしょう。

相手の太陽が 魚座

持ちつ持たれつの関係 マンネリに要注意

親分肌のあなたと甘え上手な魚座の人とは、守り守られの関係です。素直に感謝されると満たされた気分になりますが、何度も繰り返す間に、関係性に不満を覚えてしまうかも。

相手の太陽が 蠍座

理解しづらい相手 長期戦の覚悟が必要

あまり心を開かない蠍座の人は、あなたにとって理解しにくい人。表面的なつき合いは問題ないのですが、特別な関係になりたいなら、時間をかけて打ち解け合う姿勢が大切に。

相手の太陽が 蟹座

優しさに癒やされて 親しみをもてる相手

家族のような親しみをもつ蟹座。頼られると嫌と言えないかもしれません。細やかな気配りや優しさの持ち主なので、一緒にいると心が温かくなることが多いでしょう。

太陽が乙女座にあるあなた

乙女座に太陽があるあなたは、何事も丁寧で対応が細やか。占いたい相手の「太陽」の位置で基本相性をチェックしましょう。

相手の太陽が 射手座

性格は対照的 努力が必要な相性

基本的な性格が対照的な２人。あなたの心配が射手座の人にはうるさく感じ、射手座の豪快さがあなたには無神経に思えそう。目的が同じ時だけ協力し合うのがいいでしょう。

相手の太陽が 獅子座

ついつい甘える存在 ギブ＆テイクを忘れずに

親分肌の獅子座の人。悩み事から頼み事まで、困ったことがあると獅子座の人に相談してしまいそうです。頼りっぱなしでなく、逆にあなたが頼られることがあれば、協力して。

相手の太陽が 牡羊座

憧れを抱くものの 近づきすぎに要注意

牡羊座の人のメンタルの強さは、あなたにとって憧れの１つ。近づきたい気持ちはありますが、いざ仲良くなると言動に傷つけられそう。適度な距離を置いてつき合うのが正解。

相手の太陽が 山羊座

性質が似ていて 息が合う２人

コンビを組んで作業を行う上でのベストパートナー。堅実で無駄を嫌う山羊座の話はわかりやすく、スムーズに意思疎通ができそう。友達以上の関係になるのも早い組み合わせです。

相手の太陽が 乙女座

繊細な感覚で 共感し合える相手

共感ポイントが似ているので、センチメンタルな気分をわかってもらえる数少ない相手。ただし落ち込む時期も一緒なので、元気をもらいたい時には頼りにならないでしょう。

相手の太陽が 牡牛座

どんな関係にもなれる ベストな相性

牡牛座の人の穏やかさがあなたに安心感を与えてくれ、あなたの気配りが牡牛座の人に心地良さを与えます。友達としても恋人としても長くつき合える、ベストな相性です。

相手の太陽が 水瓶座

知的な話題を 楽しめる相手

知的な話題は、おおむね共感し合える組み合わせです。ただし水瓶座の人の発想がユニークすぎて、時々ついていけなくなる場合も。参考意見として受け止めるようにして。

相手の太陽が 天秤座

関係を深めるには 美やファッションが鍵

正義感が強い部分では共通しています。ただし、天秤座の人は外見を大切にするタイプ。美やファッションにあなたが興味をもたないと、知り合い以上の関係には進めないかも。

相手の太陽が 双子座

視野を広げてくれる相手 尊敬をもってつき合って

視野の狭さを広げてくれる双子座の人。尊敬をもってつき合うなら補い合える関係になれます。ただ、最初に欠点が目についてしまうと、絆を結ぶまでが難しいかもしれません。

相手の太陽が 魚座

長所を認めて 支えてあげると◎

魚座の人の頼りなげな印象が、あなたの母性本能を刺激しがち。成長させようとつい厳しく接してしまい、結果として喧嘩になることも。長所を認めてあげることが大切です。

相手の太陽が 蠍座

スムーズに 理解しあえる相性

互いに多くを語らなくても、不思議と心の内を読み取ることができる好相性。あなたの細やかな心遣いに感謝の気持ちを表してくれる蠍座は、一緒にいると居心地のよさを感じるはず。

相手の太陽が 蟹座

いい関係を続けるには 好印象を心がけて

互いを気遣い、大切にできるので、親しくなればいい関係を保てます。ただし蟹座の人は好き嫌いが激しいので、いったん印象が悪くなると元に戻るまで時間がかかるかも。

太陽が天秤座にあるあなた

天秤座に太陽があるあなたは、センス抜群でとても華やか。占いたい相手の「太陽」の位置で基本相性をチェックしましょう。

相手の太陽が 射手座

夢を語り合うなら◎ 結婚相手としては要検討

射手座の人のポジティブ思考が、あなたを元気づけてくれそうです。夢を語り合うにはいいのですが、現実への対応力はやや低い組み合わせ。結婚の相手としては検討が必要。

相手の太陽が 獅子座

華やかで共通点が多く 好意をもてる存在

カリスマ性にあふれた獅子座の人は、華やかさを好むあなたにとって好意をもてる相手。適度な距離でつき合いができ、頼もしいので、恋人として進展する可能性もたっぷり。

相手の太陽が 牡羊座

パワフルさに惹かれ 恋愛関係になりやすい2人

牡羊座のまっすぐでエネルギッシュな行動力を頼もしく感じる一方、ガサツな言動には不満を感じやすいでしょう。恋愛対象としてなら、その荒っぽさも魅力に感じられるはず。

相手の太陽が 山羊座

価値観が合わず 苦手と感じやすい

堅実路線の山羊座の人と贅沢好みのあなたとでは、価値観が合いません。初対面から苦手意識をもちやすいですが、相手の考えを尊重できるのであれば、欠点を補い合える相性。

相手の太陽が 乙女座

厳しい指摘も 素直に受け止めて

乙女座の分析能力の高さには一目置くものの、辛らつな物言いには腰が引けてしまいそう。相手の指摘を素直に受け止められるなら、うまくやっていける確率は高いでしょう。

相手の太陽が 牡牛座

共通項が少なく 親しくなりにくい相性

センスがいいものを好む点は同じですが、どちらかと言えば美を好むあなたと、食に突き進む牡牛座の人とは、興味の方向が違うよう。共通項が少なく、親しくなりにくい2人です。

相手の太陽が 水瓶座

視野を広げて アイデアをくれる存在

個性的で奇抜な考え方をする水瓶座の人は、あなたの発想と世界を広げてくれます。趣味が合うなら一緒に行動して、共通の友達グループを作ると、さらに世界が広がりそう。

相手の太陽が 天秤座

本音でつき合えるかが 関係進展の鍵に

好みが似ていて共通点が多いので、仲良くなるのは難しくない相手です。ただし、本心を明かさないところも似ているので、親友になりたいならすべてをさらけ出す覚悟が必要。

相手の太陽が 双子座

何をしても楽しい 相性抜群のコンビ

人のつながりを大切にする2人。情報通で話が面白い双子座の人とは、長い時間一緒にいても飽きないでしょう。恋人としても友達としても楽しくつき合える、最高の相性です。

相手の太陽が 魚座

適度な距離が難しく 疲れを感じる相手

あなたにとって扱いに困る相手です。なぜか放ってはおけないし、優しくすればベッタリ甘えられてペースを乱される。適度な距離が保てないため、相手をするほど疲れそう。

相手の太陽が 蠍座

つきあい方が違うため 苦手意識をもちそう

狭く深くつき合いたい蠍座の人。広く浅くつき合いたいあなたとは、コミュニケーションのスタンスが違いすぎます。仲良くなれたとしても、徐々に苦手に感じるようになりそう。

相手の太陽が 蟹座

感情的な振る舞いが 面倒と感じるかも

すぐ感情的になる蟹座の人は、あなたにとって面倒な相手。好意の表現も重いため、苦手意識をもつ場合もあるでしょう。友達を挟んだ、グループでのつき合いから始めてみて。

太陽が蠍座にあるあなた

蠍座に太陽があるあなたは、観察眼が鋭く行動に無駄がない人。占いたい相手の「太陽」の位置で基本相性をチェックしましょう。

相手の太陽が 牡羊座

目標が異なると火花を散らす関係

情熱のパワーを秘めている2人です。何かの拍子にぶつかると、とことん火花を散らす関係に発展してしまいそう。ただし同じ目標に向かってなら、協力し合える可能性も。

相手の太陽が 獅子座

反発しやすい相性 話すきっかけを探して

反発しやすい組み合わせ。自信家な獅子座の態度があなたの目には傲慢《ほうまん》と映り、獅子座の人には、寡黙《かもく》なあなたが不気味に見えてしまうよう。仲良くなるにはきっかけが必要。

相手の太陽が 射手座

屈託のなさに、すべてを許してしまえる関係

生真面目なあなたから見て、射手座の人は要領良く思えてしまうかも。不満を感じる時もありますが、屈託のない笑顔を見ているうちに、怒る気も失せてしまうでしょう。

相手の太陽が 牡牛座

価値観は似ている2人 ただ喧嘩は長期化しそう

信頼や愛情を大切にするところは共通する組み合わせです。いったん絆ができれば、長くつき合える好相性。ただしどちらも頑固なので、喧嘩も長期化しやすいことが難点といえそう。

相手の太陽が 乙女座

黙っていても通じる相手 友人の橋渡しが鍵

黙っていてもあなたの思いを汲《く》んでくれる乙女座の人は、一緒にいて楽な相手です。ただ、どちらも積極的な性格ではないので、最初は共通の友達の橋渡しが必要でしょう。

相手の太陽が 山羊座

堅実さが共通している2人 初対面で親しくなれる相性

物事に対し真剣に取り組む部分が共通しているため、初対面から親しみをもてる相性です。華やかなエピソードはありませんが、友達としても恋人としても強固な絆を結べそう。

相手の太陽が 双子座

親切が重荷になり次第に距離ができそう

落ち着きのない双子座の人をあなたは危うく感じ、行動にいちいち口を出すあなたを双子座の人は束縛してくる人と感じがち。つき合いが長くなるほど、亀裂が生じやすい相性。

相手の太陽が 天秤座

グループづき合いならバランス◎の相性

どちらも、なかなか本心を見せない組み合わせです。グループ内ならバランス良くつき合っていけますが、友達以上の距離になると、天秤座の人に利用されてしまうかも。

相手の太陽が 水瓶座

社会的奉仕活動で協力し合えそう

自分の視点や考えにこだわる水瓶座の人。あなたには理屈好きの頭でっかちに見えて、反発することが多いでしょう。ボランティアなどの社会活動でなら、協力し合える相性。

相手の太陽が 蟹座

友人としても恋人としても支え合える関係

支え合えるベスト相性。蟹座の人の優しさがあなたに安らぎを、あなたのブレない態度が蟹座の人に心の強さを授けます。友達としても恋人としても、信頼できる相手です。

相手の太陽が 蠍座

以心伝心できるベスト相性の2人

言葉数が少なくても気持ちが通じ合う、最高のコンビ。ただ2人とも慎重派なので、初対面はツンケンしがち。長くつき合うつもりで、少しずつ仲良くなっていきましょう。

相手の太陽が 魚座

共通の目的や話題で距離がグッと縮まる

ムードを大切にする点が共通していて、初対面から仲良くなれる可能性大。特に共通の目標や話題があれば、友達、親友、恋人へと、どんどん距離を縮めることができそう。

太陽が射手座にあるあなた

射手座に太陽があるあなたは、好奇心旺盛でとても行動的。占いたい相手の「太陽」の位置で基本相性をチェックしましょう。

相手の太陽が 牡羊座

夢を実現できる
ベストパートナー

開拓精神あふれる牡羊座の人は、夢を実現するパートナーに最適です。ただ牡羊座の人は短気なので、うまく行かないとイライラしてくる場合も。メンタル面のフォローが重要に。

相手の太陽が 牡牛座

行動ペースの違いが
親密さをストップさせそう

行動ペースが違いすぎる２人。慎重に行動する牡牛座の人をあなたは遅いと感じ、感情のまま飛び出していくあなたを、牡牛座は無鉄砲ととらえがち。一緒にいるのは難しいかも。

相手の太陽が 双子座

フットワークの軽い２人
熱しやすく冷めやすいかも

フットワークの軽さが身上の２人。仲良くなるのも恋の展開も、スピーディーでしょう。ただ、興味が他に移るのも早いので、関係が長続きしにくい組み合わせでもあります。

相手の太陽が 蟹　座

親しくなるほど
すれ違う可能性も

蟹座の人が優しく接してくれても、気づかずスルーしてしまうあなた。また、何気ない一言が蟹座を傷つける場合も。親しくなればなるほど、喧嘩の回数が増えていきそうです。

相手の太陽が 獅子座

互いを尊敬し
ポジティブになれる相性

互いを尊敬できる親友相性。親分肌の獅子座の人はあなたの話を前向きに受け止め、できる限りのサポートをしてくれるでしょう。恋愛のシーンでも長くつき合いができそう。

相手の太陽が 乙女座

仲を深めたいなら
心遣いを理解して

主張が平行線になりやすい組み合わせ。心配性の乙女座の人は、あなたのすることに口出ししてきます。面倒と思わず、相手の心遣いを理解してあげられるなら、つき合えそう。

相手の太陽が 天秤座

考えを尊重して
応援してくれる存在

あなたの考えを尊重してくれる、友達として申し分ない相性。ただ、天秤座の人はあなたの話を楽しんだり応援したりはしてくれますが、問題が起きた際は頼りにならないかも。

相手の太陽が 蠍　座

相手の反応を見つつ
少しずつ距離を縮めて

少しずつ打ち解けていくつき合い方が◎。最初は、蠍座の人の雰囲気に圧倒されていつもの調子が保てないかも。相手の反応を見つつ、徐々にジョークを混ぜて話してみて。

相手の太陽が 射手座

おおいに盛り上がり
意気投合できる相性

夢を語り合うには最高の相性。初対面から互いの話に意気投合し、盛り上がれる可能性大です。異性同士であれば恋愛のステージに上がるのも早いですが、冷めるのも早いかも。

相手の太陽が 山羊座

厳しい指摘は
感謝して受け止めて

厳しい雰囲気をもつ山羊座の人には、苦手意識をもちやすいでしょう。ただ、指摘してくれることはあなたの身になることばかりなので、耳が痛くても聞き入れるのが賢明です。

相手の太陽が 水瓶座

価値観が刺激される
ベストな相性

水瓶座の人の思いも寄らない発想は、あなたの価値観をおおいに刺激してくれます。距離感も心地いいので、友達としてだけでなく恋人としてもベストパートナーとなれそう。

相手の太陽が 魚　座

友人・恋人相性は◎でも
ビジネスは難しそう

あなたの行動を広い心で許してくれる魚座の人とは、相性◎の組み合わせです。ただし、２人とも現実的な視点をもたないので、ビジネスパートナーとしては難しいでしょう。

太陽が山羊座にあるあなた

山羊座に太陽があるあなたは、真面目で実行力に恵まれた人。占いたい相手の「太陽」の位置で基本相性をチェックしましょう。

相手の太陽が 射手座

学べる部分が多い関係 尊敬し合うことが鍵

自由奔放な射手座の人には、反発と憧れという両極端な感情を抱きがち。互いに学べる部分が多いので、コンビを組めば尊敬し合える理想的な関係を維持できるでしょう。

相手の太陽が 獅子座

何から何まで 面倒の見過ぎはNG

獅子座の人の行き届かない部分を、あなたが補う関係になりそうです。でも、何から何まで面倒を見てしまうと、獅子座が裸の王様状態になることも。あくまでも陰からの支援を心がけて。

相手の太陽が 牡羊座

ストレートな姿勢から 多くを学べる相手

直感的に行動してしまう牡羊座は、いつもハラハラさせられる存在。しかし、まっすぐで強気な発言には、気づかされることも多いはず。互いに学びが多い組み合わせでしょう。

相手の太陽が 山羊座

黙っていても通じあう 以心伝心の相性

価値観が似ている者同士なので、いったん友情の絆が結ばれれば、簡単にほどけることはありません。互いに約束を破ることがないため、信頼関係もバッチリ。一生つき合える親友に。

相手の太陽が 乙女座

デリケートさを フォローしてあげて

共同作業ではこの上なくいい組み合わせ。あなたの出す提案に沿って乙女座の人が作業し、確実に結果を出してくれます。私生活では、乙女座の繊細さをフォローしてあげて。

相手の太陽が 牡牛座

足りない部分を 補い合える相性

足りない部分を補える相性。あなたの融通の利かない性格を、牡牛座の人は優しくフォローしてくれます。２人とも安定志向なので、一度絆ができれば末永くつき合えそう。

相手の太陽が 水瓶座

異なる性質ゆえに リスペクトし合える相性

革新的な水瓶座の人と、保守的なあなた。価値観は違っていますが、自立心の強いところは似ています。互いを尊重し、自分にない部分を認め合うことができれば、高め合える相性に。

相手の太陽が 天秤座

程良い距離で 関係を保つのが吉

価値観に大きな開きがあります。交際が長くなるうちに、相手の考えについていけなくなりそう。社交辞令も多い相手なので、すべてを鵜呑みにせず、程良い距離で交流することが重要。

相手の太陽が 双子座

共通の目的があれば 協力し合える関係

安定を好むあなたを双子座の人は面白みのない人と感じ、興味がすぐ変わる双子座を、あなたは落ち着きのない人と感じそう。ただし共通の目的があれば協力し合えるでしょう。

相手の太陽が 魚座

現実的な指摘で 傷つけないよう注意

いつも夢を見ているような魚座の人は、山羊座にとって神経を使う相手。ロマンチックな話を現実視点で論破してしまうと、相手が傷つく場合があるので注意が必要です。

相手の太陽が 蠍座

基本的に寡黙な２人 時間をかけて関係を培って

２人とも寡黙なので、第一印象は良くない場合が多そう。ただし時間をかければ、徐々に仲良くなれるはず。一度つき合いが始まれば、生涯にわたる交流になる可能性が大です。

相手の太陽が 蟹座

良好な関係を築くには 感謝の姿勢が大事

あなたの気づかない部分を補い、細かい部分まで面倒を見てくれるベストパートナー。ただ、蟹座は気遣いのない人を嫌うので、何かしてもらったら感謝の言葉を忘れないで。

太陽が水瓶座にあるあなた

水瓶座に太陽があるあなたは、機転が利き発想がユニーク。占いたい相手の「太陽」の位置で基本相性をチェックしましょう。

相手の太陽が 牡羊座

いい意味で競争ができる対等な関係を築ける相性

アイデア力がある点で共通する2人。いい意味で刺激し合うことができるので、競争相手になれるでしょう。友人としても恋人としても、対等な立場で話ができる組み合わせです。

相手の太陽が 獅子座

距離感がつかめない存在 恋愛相手としては◎

目立ちたがり屋の獅子座と個性的なあなた。互いに気になるけれど、なかなか話しかけられない微妙な距離の相性です。ですが恋愛相手としては、魅力的に映る組み合わせです。

相手の太陽が 射手座

同じ夢に向かえる2人 計画性のなさが弱点

理想に向けて共に高め合える好相性。束縛を嫌う者同士、距離の取り方も抜群です。ただ射手座の人は大雑把なところがあるので、計画性のなさに時々イライラさせられそう。

相手の太陽が 牡牛座

価値観に差があり 絆を深めるのは難しそう

頑固な点は共通しますが、安定を求める牡牛座と改革的な水瓶座では、価値観にかなりの差があります。仕事のパートナーとしては頼りになりますが、それ以外では難しい相性。

相手の太陽が 乙女座

親しくなるには 共通の趣味が必要かも

理性的な点で一致する組み合わせ。互いを頭でっかちな人と感じやすく、親しくするのは難しいかもしれません。ただし共通の趣味があれば、すんなり仲良くなれる可能性も。

相手の太陽が 山羊座

なぜか頭が上がらない 心強い協力者

なぜか頭の上がらない関係です。指摘に反論できないのはもちろん、頼み事をされると嫌とは言えない場合が多そう。大きな夢を実現させたいなら、一番に協力を仰ぎたい相手。

相手の太陽が 双子座

良好な関係を築ける相手 飽きっぽさに用心して

機知に富む2人なので、多くを話さなくても意志を通じ合わせることができる、ベスト相性です。恋の相手にもいいのですが、互いに飽きっぽいので交際が続かないのが弱点。

相手の太陽が 天秤座

共感しやすく たちまち親しくなれる相性

初対面から共感を得やすく、会話が弾む相性。また互いに束縛し合わないので、恋人としても理想的な相手です。どんなシーンで出会っても、たちまち親しくなれるでしょう。

相手の太陽が 水瓶座

ユニークさを 認め合える相性

水瓶座独自の思考回路を理解し合える貴重な存在。言わなくても適度に放っておいてくれるので、気を使う必要を感じないでしょう。淡泊ながら、長くつき合える組み合わせ。

相手の太陽が 蟹 座

関係を継続するなら 適度な距離が重要

蟹座の人は親しい相手とずっと一緒にいようとするので、束縛を嫌うあなたには次第に息苦しくなるかもしれません。グループ内のつき合いに留め、適度な距離を作るのが吉。

相手の太陽が 蠍 座

価値観の違いが 距離を生む関係

常にオープンマインドなあなたにとって、秘密主義の蠍座の人は理解しにくい相手です。友達に対する姿勢も価値観も違いすぎるので、怖くてなかなか接近できないかも。

相手の太陽が 魚 座

歩み寄る努力を怠ると 自然消滅の恐れも

魚座の優しさに心惹かれる部分があるものの、感情重視の考え方にはついていけないものを感じがち。正論だけで攻めると相手を傷つけるので、感情に配慮した対応が必要。

太陽が魚座にあるあなた

魚座に太陽があるあなたは、思いやり深く優しい性格です。占いたい相手の「太陽」の位置で基本相性をチェックしましょう。

相手の太陽が射手座

思いつきの行動に振り回されるかも

性格や行動傾向はだいぶ違いますが、のんびり屋で楽観的なところは似ています。ただし射手座の人は時折直感で行動するので、結果的に振り回されることがあるかもしれません。

相手の太陽が獅子座

頼りになる存在 甘え過ぎは禁物

親分肌の獅子座の人があなたを守ってくれる関係になりそうです。ただ、好意に甘え過ぎると相手の負担になり、関係破綻の原因に。自分でできることは自力で解決する努力を。

相手の太陽が牡羊座

ストレートな表現を受け入れることが大事

牡羊座の人は良くも悪くも率直。そのため、悪気のない一言で傷つけられる場合があります。それを許してあげられるなら、友達としても恋人としてもつき合える組み合わせ。

相手の太陽が山羊座

誠実さが魅力の相手 ルーズにならないように

融通が利かない山羊座の人。規則に比較的ルーズなあなたにとっては、苦手意識をもちやすい相手です。ただし友達・恋人としての誠実さは折り紙つき。末永くつき合えるでしょう。

相手の太陽が乙女座

細かい指摘は成長の糧と受け止めて

細かい指摘が多い乙女座の人は、感覚的に物事をとらえるあなたには苦手な相手かも。ただし批判を素直に受け入れられるなら、あなたを大きく飛躍させてくれる学びの相性です。

相手の太陽が牡牛座

相手のこだわりを理解し穏やかな関係を築いて

牡牛座の人のこだわる事柄を理解してあげられれば、友好的につき合えます。恋人としても穏やかな雰囲気が流れる組み合わせですが、腐れ縁的な関係になりやすい傾向も。

相手の太陽が水瓶座

つき合いが深まるほどモヤモヤするかも

水瓶座の人のクールさを格好いいと思える反面、割り切りが良すぎる点に対して次第にモヤモヤした感情を抱きがちに。つき合いが長くなるにつれて、微妙な距離が生まれそう。

相手の太陽が天秤座

淡白な関係と割り切ったつき合いを

天秤座の人は淡泊な関係を好むため、あなたの考える濃密なつき合いは期待できないでしょう。そういう相手と割り切って交流するなら、ある程度までは親しくなれるはず。

相手の太陽が双子座

適度な距離感が重要 追いかけ過ぎはNG

双子座の人は追えば追うほど逃げて行くタイプなので、親友や恋の相手としては難しい相性です。友達としては、ある程度距離を置いてつき合えるかどうかが、関係維持の鍵に。

相手の太陽が魚座

心から成長しあえる思いやりに満ちた相性

互いが互いの心を癒してあげられる、オアシスのような存在でしょう。ただし、優しさにあふれる２人は何かと譲り合うため、物事を一緒に決める場面では時間がかかるかも。

相手の太陽が蠍座

長くつき合える２人 礼儀を忘れないように注意

言葉以外の何かで共感できる、スピリチュアルな相性。友情、恋愛に関らず、初対面から運命を感じるケースも多いでしょう。末永くつき合うためには礼儀を忘れないことが大事。

相手の太陽が蟹座

感情を共感できる理想的な相手

言葉にできない思いを汲んでくれる、あなたにとって理想的な相手です。長い時間を共に過ごせる仲良しコンビになれそうですが、その分２人だけの世界に閉じこもる恐れも。

女性の金星が牡羊座

牡羊座に金星がある女性は、好き嫌いがハッキリしているタイプ。男性の「火星」の位置から、恋愛の相性をチェックしましょう。

男性の火星が 牡羊座

喧嘩をしてもさっぱり 直球でぶつかり合う２人

好きになると率直に思いを伝え合う２人。人前でも大胆な愛情表現をするでしょう。意見が対立した時は激しい喧嘩をしますが、互いにすぐ忘れてしまうので後腐れはありません。

男性の火星が 獅子座

優しくエスコートされ 紳士的な姿に惹かれる

エスコート上手で、レディファーストを心がける男性です。女性をいい気分にさせてくれるはず。また、女性のはっきりした態度に男性は好感を抱くので、理想的なカップルになりそう。

男性の火星が 射手座

自由奔放な男性に 視野が広がる女性

博識で自由奔放な男性に女性が強く惹かれる相性です。グローバルな視野で女性の好奇心を刺激し、色々な世界に導いてくれるでしょう。互いが生き生きできるベストカップルに。

男性の火星が 牡牛座

テンポの合わない２人 互いの趣味を受け入れて

頑固でのんびりペースの男性に、女性は常にイライラさせられるかも。一緒に行動するのは難しいはず。互いの好みを尊重し合うことができれば、じっくりと仲は進展していきそう。

男性の火星が 乙女座

正反対な２人 反発して衝突ばかりかも

神経質な男性の言動に、嫌気が差してしまいそう。男性側も、女性の細かいことを気にしない、大雑把な態度にイライラしてしまいがち。何かにつけ、衝突が多い関係になる可能性大。

男性の火星が 山羊座

何もかも真逆な２人 息がつまってしまうかも

真面目すぎる男性に女性が辟易《へきえき》するかもしれません。男性は自分が正しいと思い、自己中心的に物事を進めていくので、女性は反発を感じてばかりに。歩み寄る思いやりが必要不可欠。

男性の火星が 双子座

スマートな彼の前では たちまち素直に

せっかちな面がある女性を男性がうまくコントロールする関係です。知的で話題豊富な彼の言うことは、強い意志をもっている女性でも聞き入れやすく、素直になれるでしょう。

男性の火星が 天秤座

足りないものを 補い合える関係

スマートでセンスのいい男性が、細かいことを気にしない女性をうまくサポートしていく好相性。やや男性の優柔不断なところを、女性がリードするように心がけると理想のカップルに。

男性の火星が 水瓶座

一緒にいるだけで楽しい 親友的パートナー

ユニークな発想をもち、何事も恐れず挑戦する男性に、女性が強烈に惹かれる関係です。２人でいると笑いが絶えないはず。ロマンチックな恋人というよりは、友人のような関係に。

男性の火星が 蟹　座

束縛が喧嘩のもとに 程よい距離感を保って

いつも一緒にいたい、甘やかしてほしいと思う男性を、女性がうっとうしく思ってしまうかも。男性が女性を束縛しやすく、女性がそれに反発して喧嘩が増えがちなカップルになりそう。

男性の火星が 蠍　座

理解し合うために 努力が必要な２人

口数が少なく感情表現が少ない男性です。何を考えているかわからず、女性は居心地の悪さを感じることもありそう。男性は女性をせっかちに感じるので、時間をかけることが重要。

男性の火星が 魚　座

母性本能をくすぐられ 離れられない関係に

頼りない面があり涙もろい男性の面倒を、女性がついつい見てしまいます。恋人としては物足りないと思いつつ、女性は男性を気にかけ、なぜか離れることができない関係になりそう。

女性の金星が牡牛座

牡牛座に金星がある女性は、好きなものにこだわるタイプ。男性の「火星」の位置から、恋愛の相性をチェックしましょう。

男性の火星が射手座

無計画の男性にうんざり 行動のペースに違いが

その日の気分で行動する男性を、女性は理解することができません。ルーティンを大切にする女性からすると、何事もルーズで約束も忘れることが多い男性に、困ってばかりになりそう。

男性の火星が獅子座

頑固者同士で喧嘩も多め ルールを決めて対策を

ワンマンで女性に支えてほしいと思う男性に、女性は反感を抱きがち。互いに頑固で主張を譲らないため、喧嘩も増えてしまいそう。ルールを決めるなどの対策が必要になるでしょう。

男性の火星が牡羊座

テンポが合わない２人 女性の態度が鍵に

スピーディーな男性とスローな女性のテンポは合いません。男性はデリカシーに欠ける言動も多く、女性は一緒にいるとストレスがたまりがちに。女性が物怖じしないことが大切。

男性の火星が山羊座

将来を見据えられる２人 ゴールインへ近い交際に

真面目で努力家の男性を、女性は深く尊敬します。将来について語り合うことができ、結婚を前提とした交際が始まりやすい関係です。女性は男性を立てて支えることが喜びになりそう。

男性の火星が乙女座

互いの長所で 支え合える関係

神経質気味の男性ですが、のんびりおっとりした女性のムードに癒されます。知的で金銭感覚がしっかりしている男性に、女性は尊敬の念を抱くでしょう。必要とし合える好相性の２人。

男性の火星が牡牛座

好みが一致する２人 甘いムード漂う関係に

感性が同じ２人は息ぴったり。好きなもの、嫌いなものが同じなので、一緒に行動していると穏やかで充実した時間を過ごせるでしょう。いつまで経っても、甘いムードが漂うはず。

男性の火星が水瓶座

破天荒な男性に疲弊 親しくなりづらいかも

型破りな言動が多い男性に、女性はいつもハラハラさせられ気疲れしそう。また保守的で大胆な挑戦をしない女性を、男性はつまらない人だと感じがち。親しくなるのは難しい２人です。

男性の火星が天秤座

小さなズレを 修正する努力を

おいしいものや美しいものが好きな２人。共通の話題があるのに、なぜか細かいところでかみ合いません。この些細なズレを克服しない限り、親密な関係になる可能性は低そうです。

男性の火星が双子座

物足りなさを感じそう 男性の思い切りが大事

男性は情報通なので、一緒にいると飽きないはず。ただ、決断力がないところに女性は頼りなさを感じるかも。話し上手で話題も豊富ですが、徐々に物足りなさを覚えてしまいそうです。

男性の火星が魚　座

気兼ねがなく 安心できる関係

涙もろく人情に厚い男性を、女性は重く感じることもありますが、基本的に一緒にいるとホッとできるはず。余計な気を使わずに済むので、女性は男性の前で気楽に過ごせます。

男性の火星が蠍　座

わかり合えるまでは マメに連絡を取って

視点や感性がまったく違う２人です。補い合うことができれば、ベストパートナーになれるでしょう。ただし、理解し合うまで時間がかかるので、それまでに疎遠になってしまう恐れも。

男性の火星が蟹　座

相性◎の２人 穏やかな交際になりそう

面倒見がいい男性と、甘え上手な女性とのベストカップル。せかせかしたところがない２人なので、穏やかな関係を築いていけるはず。ただ、相性が良すぎてマンネリ化しやすいところも。

女性の金星が双子座

双子座に金星がある女性は、遊び上手で異性同性問わず人気者。男性の「火星」の位置から、恋愛の相性をチェックしましょう。

男性の火星が牡羊座

頼れる男性に安心して任せられる

相性抜群の２人。社交的でおしゃべり上手な女性が、リードしてくれる男性に頼りがいを感じます。積極的にデートに誘ってくれるので、女性は安心してつき合うことができるでしょう。

男性の火星が獅子座

演出上手な男性ドラマチックな恋に

ドラマチックな演出でデートを楽しませてくれる男性に、女性はときめきそう。男性には強引な面がありますが、そこがまた女性には魅力的に映ります。刺激的な恋愛ができる２人です。

男性の火星が射手座

恋人関係になるには言葉で示す必要が

好奇心旺盛な２人。意気投合しやすいのですが、気まぐれなところも同じ。恋人なのか友人なのかわからない状態が続く恐れも。言葉ではっきりと交際を確認する必要があります。

男性の火星が牡牛座

美意識の高い男性を尊敬することが鍵

出不精な男性に、フットワークの軽い女性は不満を感じるかも。おいしいものや美しいものについて、男性は感心するほどの知識をもっているので、尊敬する姿勢を見せることが重要。

男性の火星が乙女座

口論になりがちな２人互いの長所に目を向けて

趣味や好みが合わず、互いの欠点ばかりが目につく２人です。頭の回転が速く知識が豊富な者同士、言い合いになるとなかなか決着がつかないでしょう。長所を探す努力が必要です。

男性の火星が山羊座

高圧的な態度に本音が言えなくなりそう

冗談が通じない男性です。ウィットに富んだ会話を楽しめず、女性は一緒にいると疲れてしまいそう。亭主関白を地でいくような男性なので、女性は本音を出せずに恐縮する可能性も。

男性の火星が双子座

好みや興味が完全一致ベストパートナー相性

流行に敏感な２人です。話題のスポットに出かける、最新のグルメを楽しむなど、やりたいことが一致しやすいでしょう。ただし、遠距離になってしまうと関係が不安定になる恐れが。

男性の火星が天秤座

洗練された２人華やかなカップルに

おしゃれで、さりげなく流行を取り入れるセンスのある男性です。男性も女性の社交的な姿に感心し、好印象をもつでしょう。華やかでスマートな雰囲気のカップルになりそう。

男性の火星が水瓶座

奇想天外な男性に好奇心が刺激される

ユニークかつ予想もつかない行動で楽しませてくれる男性です。一緒にいて飽きず、笑いも絶えないでしょう。女性のやりたいことを尊重し、応援してくれるので円満につき合えるはず。

男性の火星が蟹　座

束縛しがちな男性互いに距離感を保って

気軽に色々な場所に出かけ、多くの人と会話を楽しみたい女性に対し、男性は２人きりで家で過ごしたい、他の異性と話してほしくないと束縛しがち。程良い距離感を保つ努力が必要。

男性の火星が蠍　座

会話のペースが合わず距離を縮めにくい相性

おしゃべり上手な女性でも、自信をなくしそうなほど反応が少ない男性。男性は女性の落ち着きのなさに戸惑いがち。ぎこちなさが続くため、親しくなるにはかなりの時間を要しそう。

男性の火星が魚　座

正反対の性格歩み寄る努力を

優柔不断で何も決められない男性に、女性は苛立ちを感じ、ドライに物事を捉える女性を、男性は冷たいと感じそう。親しくなるには、かなりの努力と時間が必要になるでしょう。

女性の金星が蟹座

蟹座に金星がある女性は、家庭的で包容力があるタイプ。男性の「火星」の位置から、恋愛の相性をチェックしましょう。

男性の火星が牡羊座

男性を束縛するのはNG 一定の距離感を

恋人とは何をするにもどこに行くにも一緒と考える女性と、自立心の強い男性とは意見が合いません。男性は女心がわからず、思いやりを心がけないと不満をぶつけ合うことが増えそう。

男性の火星が獅子座

女性優位でつき合うと長続きする相性

甘え上手な女性と、頼れる男性のカップルです。男性は女性の家庭的なところに惹かれますが、女性は徐々に男性の自分勝手な振る舞いに疲れを感じそう。女性優位でつき合うと◎。

男性の火星が射手座

ペースに戸惑わずどんと構えるのが吉

気まぐれな男性に女性は振り回されがち。何を言っても本気になってくれないので、不信感を抱くこともあるでしょう。悪気があるわけではないので、怒らずどんと構えるのが賢明です。

男性の火星が牡牛座

気配りのできる男性 一緒にいると満たされる

女性の細やかな変化に気がつき、ほめてくれる男性なので、一緒にいるといい気分になるはず。マイペースな２人ですが、不思議と喧嘩になることは少なく、ベストカップルといえそう。

男性の火星が乙女座

繊細な者同士 支え合える関係

繊細ですが誠実で頭のいい男性です。彼の神経質で不安を抱えやすい面を、女性が大きな愛情で包んであげられそう。互いに相手がいなくては安心できない、ベストカップルになるはず。

男性の火星が山羊座

真逆のタイプだからこそ 気になって仕方がない

正反対の性格と思考をもった２人。反発を感じつつもあまりにも違うので、気になる存在です。喧嘩をしてもなぜか離れられず、周囲からは「お似合いのカップル」と言われそう。

男性の火星が双子座

束縛すると疎遠に 依存しないほうが◎

恋人のことは何でも知っていたい、なるべくそばにいたいと思う女性の束縛から、男性は常に逃げたいと思う相性です。物事の優先順位が違うことを理解した上で、つき合うことが大事。

男性の火星が天秤座

価値観が相反する２人 相手に合わせる努力を

ムードや外見を重要視する男性と、格好悪くても中身を大切に思う女性。価値観がまったく違うので歩み寄るのは難しいでしょう。互いに、相手に合わせる努力が必要になります。

男性の火星が水瓶座

価値観の違いから喧嘩に 理解し合う努力を

デリカシーのない男性の言動に、女性が憤慨してばかりに。訴えても男性は意味がわからないはず。それほど２人の考え方には違いがあります。よく話し合って齟齬をなくす努力が必要。

男性の火星が蟹座

２人きりの世界に没頭 結婚を視野に入れた関係

恋人とは片時も離れたくないと思う２人。何をするにも行動を共にし、周囲を呆れさせることもあるでしょう。すぐに結婚を意識した交際に発展し、それぞれの家族も大切にします。

男性の火星が蠍座

互いを求め合う 情熱的な関係に

寝ても覚めても一緒にいたいと思う、甘いムードたっぷりの２人です。何をするにも行動を共にし、将来についてじっくりと語り合うので、すぐに結婚に至ることも多いでしょう。

男性の火星が魚座

お姫様扱いされ 幸せを感じるはず

優しく何でも受け入れてくれる男性です。いついかなる時も自分を優先し、甘やかしてくれ、望みをなるべく叶えようとしてくれる男性に、女性は感激することが多いでしょう。

女性の金星が獅子座

獅子座に金星がある女性は、華やかでどこにいても目立つ人。男性の「火星」の位置から、恋愛の相性をチェックしましょう。

男性の火星が 射手座

褒め上手な男性と刺激に満ちた恋愛

周囲が恥ずかしくなるような言葉で、ほめることを厭わない男性です。知的好奇心が旺盛で、知らない世界に連れていってくれるので、一緒にいると楽しくて時間を忘れてしまうはず。

男性の火星が 獅子座

切磋琢磨できる関係 いい意味でライバル

２人とも向上心があり、いい意味でのライバル。高め合うことができる関係です。相手の存在がいい刺激となり、恋愛が充実することで、仕事や趣味もさらに満たされたものとなりそう。

男性の火星が 牡羊座

互いを大切にできる２人 相乗効果を生む関係

勇気があって頼もしい男性を、女性は尊敬し一途に愛します。それにより男性はさらに自信を得て、女性を大切にするでしょう。一緒にいると、いい相乗効果を生むベストカップルです。

男性の火星が 山羊座

厳格で真面目な男性 父親のように感じるかも

自分にも周囲にも厳しい男性です。恋愛とは程遠い、まるで父親か教師といるような気分になることも。恋愛関係になるには、相手の意見を尊重し、男性として立てる姿勢が必要です。

男性の火星が 乙女座

奥手で繊細な男性 女性がリードしてあげて

彼は堂々とした女性の態度に尊敬と畏怖の気持ちを抱きます。積極的に女性がリードしないと、関係を進展させるのは難しそう。また、男性はとても繊細なので、言葉遣いに注意して。

男性の火星が 牡牛座

求めすぎると窮屈に 歩調をそろえる努力を

自分を一番に扱ってほしいと望んでも、男性は腰が重く、望むようなアクションを取ってくれません。歩調が合わず、言い合いが多くなる恐れも。要望ばかり押しつけるのは控えて。

男性の火星が 水瓶座

反感が一転して好意に ギャップにほだされそう

考えを否定してくる男性に、女性は反感をもちそう。しかし、いざという時には全面的に応援してくれるので、ほだされてしまうはず。意外な一面を見せられ、虜《とりこ》になるでしょう。

男性の火星が 天秤座

男性の見た目や雰囲気に 女性は夢中になりそう

スマートで洗練された雰囲気の男性に、女性が惚れ込んで関係が始まりそう。女性の扱いもソツがなく紳士的なので、「彼を見せびらかして、みんなに自慢したい」と感じることも。

男性の火星が 双子座

話が弾む好相性 甘い雰囲気は望めないかも

頭の回転が速く、話題が豊富な男性です。２人でいると楽しくて、あっという間に時間が過ぎてしまうでしょう。ただし、つき合っても、あっさりとしたフレンドリーな関係になりそう。

男性の火星が 魚　座

ついつい面倒を見て いつの間にか恋人に

涙もろくお人好しな男性です。頼りにされやすい性格もあって、女性は放っておくことができません。男性も素直に甘えるので、何かと面倒を見ている間に自然と交際がスタートしそう。

男性の火星が 蠍　座

恋愛観が正反対で 負担に感じることも

オープンで何事も周囲に話してしまう女性に対し、恋愛に関することは、なるべく秘密事項にしたい男性。意見が合わないことが多いため、親密になるほどストレスを溜めてしまいそう。

男性の火星が 蟹　座

男性を甘やかすと 不満はたまる一方

互いに、自分の意見を優先してほしいので衝突しがち。ただし、男性が甘え上手なので、結局は女性が男性の言うことを受け入れるはめに。不満が爆発する前に、話し合うことが大事。

女性の金星が乙女座

乙女座に金星がある女性は、おしとやかで清廉な印象。男性の「火星」の位置から、恋愛の相性をチェックしましょう。

男性の火星が 射手座

説明と注意は 伝え方を工夫して

男性の言動を、どうしても無責任に感じてしまいがち。丁寧に説明しても異議を唱えても、聞き流すだけの彼の態度にうんざりしてしまいそう。伝え方を工夫して対応することが大切。

男性の火星が 獅子座

いいところを探して 褒める努力が必要

男性のプライドの高さを、どこまで理解できるかが鍵。男性の欠点をズバリと指摘するので、女性は敬遠されがちです。伝え方を工夫して、男性をほめてあげることも忘れないで。

男性の火星が 牡羊座

配慮のない言動に モヤモヤさせられそう

悪気はないのですが、空気を読まない言動が多い男性です。ムッとさせられることが多いかもしれません。どんなに説明してもなかなか理解してもらえないので、自然と距離が生まれそう。

男性の火星が 山羊座

互いの魅力に夢中 相思相愛の関係に

しっかりしていて大人の魅力あふれる男性です。女性は男性を尊敬し憧れ、男性は有能な秘書のように気配りができる女性を、そばに置いておきたいと思うでしょう。相思相愛の関係に。

男性の火星が 乙女座

視点が同じ2人 欠点の指摘ばかりはNG

観察力が鋭い者同士、互いの欠点ばかり目につく傾向があります。意識してプラスになることを伝え合うようにすると、こだわるところが同じなのでベストパートナーになれるでしょう。

男性の火星が 牡牛座

価値観が似ていて 波長が合う相性

穏やかで忍耐強く、いざという時は助けてくれる男性です。女性の何に対しても丁寧で細やかな心配りに、男性も好感をもつはず。価値観が似ているので、上手くいく2人でしょう。

男性の火星が 水瓶座

感性と価値観の違いは 対話で埋める努力を

博識な男性の言葉に、しばらくは楽しい関係が続きますが、自分の考えを優先してばかりの彼に、次第に疑問を感じそう。元々の感性も違うので、距離ができる前に話し合いを設けて。

男性の火星が 天秤座

ルールを押しつけず 譲り合う余裕を

清潔感があり細やかな言動の女性に、男性は好感をもちます。ただ、女性の要求するルールが厳しくて、交際している間に逃げたい気分になりそう。互いの自由を尊重する努力が必要です。

男性の火星が 双子座

似ているようで似ていない 親しくなるのは長期戦

頭の回転が速く会話上手な2人。いい関係を築けそうですが、興味を惹かれるところがまったく違うため、親しくなるには時間がかかりそう。趣味が合わないので、歩み寄る努力が必要。

男性の火星が 魚座

最初は反発するも 燃え上がるのも早い2人

現実的に物事を判断する女性と、感情的にとらえる男性との性格は正反対。最初は反発し合いますが、徐々に気になる存在に。一度恋愛感情を抱くと、一気に親しくなる相性です。

男性の火星が 蠍座

頼もしいフォローに 安心して甘えられそう

気が小さいところがある女性を、落ち着きがある男性がしっかりフォローします。繊細なところまで気遣いはバッチリなので、一緒にいると安心して離れられなくなってしまいそう。

男性の火星が 蟹座

よく気がつく男性に 安心して甘えられそう

細かいことが気になってしまう女性の感覚を理解し、サポートしてくれる男性です。悩んでいる時は、しっかり話を聞いてくれるので、リラックスしたつき合いを続けることができそう。

女性の金星が天秤座

天秤座に金星がある女性は、社交的で注目されやすいタイプ。男性の「火星」の位置から、恋愛の相性をチェックしましょう。

男性の火星が 牡羊座

性格は違えど尊敬し合える2人

正直で裏表のない性格の男性に女性は惹かれ、男性は女性のエレガントでセンスのいいところに憧れを抱くはず。性格は正反対でも互いを尊重し合えるので、交際は長続きするでしょう。

男性の火星が 獅子座

少し強引な態度も刺激的に感じそう

レディファーストを心がけ、ほめ言葉を口にする男性に女性は喜びを感じます。彼のためにと自分磨きに力を入れ、さらに魅力的に。男性は少し強引ですが、そこがまた魅力になりそう。

男性の火星が 射手座

面倒な話題は切り出し方が大切

活動的でポジティブな男性といると、明るい気分になれます。ただし、面倒な話になるとはぐらかすところがある彼に、不安を感じる場合も。詰め寄らず、話し合う姿勢を見せて。

男性の火星が 牡牛座

2人の微妙な違いは努力して合わせて

のんびりムードの2人ですが、微妙に趣味が違うので親しくなるのは難しそう。相手の好みを把握して、たまにでもいいので合わせてあげると、穏やかな関係を培うことができるはず。

男性の火星が 乙女座

慎重な男性の態度を好意的にとらえてあげて

小さなことに気がつく男性を、女性は最初のうちは「いい人」と認識しますが、徐々にうっとうしく感じるように。大胆な決断をしないので、任せっきりだと物足りなさを感じそうです。

男性の火星が 山羊座

男性の性質を受け入れて歩み寄る努力が大事

威圧的な態度が多い男性に、反感をもちそう。ムダなことが嫌いな彼の言動が、ケチに思えてしまうことも。関係を進展させたいなら、そういう人なのだと理解して歩み寄る必要が。

男性の火星が 双子座

絵に描いたような理想のカップルに

話題豊富で流行に敏感な男性なので、女性は時間を忘れるほど楽しめるはず。また女らしさを常に意識する女性に、男性は惚れ込んでしまいそう。誰もがうらやむ2人になるでしょう。

男性の火星が 天秤座

似た者同士優柔不断に要注意

2人共優柔不断なので、はっきりしない関係が続いてしまう危険が。きちんと告白をして、関係を明確化するように心がけましょう。基本的な好みはピッタリ合うので、相性自体は◎。

男性の火星が 水瓶座

喜びと驚きに満ちた刺激的なつき合いに

ユニークな方法で気持ちを伝えてくれる彼に、今まで知り合った男性たちとは違う魅力を感じそう。嬉しいサプライズも多く、一緒にいると楽しく、いい刺激を受けられる相手です。

男性の火星が 蟹　座

主導権は女性がもってリードしてあげると吉

庶民的な感覚が強い男性です。エレガントさを大切にする女性は違和感を抱きそう。男性リードでのデートはムードがないことが多く、不満を感じがちです。女性が主導権をもつと◎。

男性の火星が 蠍　座

男性の独占欲への対応が大切

誰にでも親切で愛想のいい女性を、独占欲の強い男性が束縛しようとしそう。息苦しさを覚えて、女性は距離を置きたくなりますが、却って悪化するため、話し合うことが重要です。

男性の火星が 魚　座

希望や理想は言葉にして伝えて

優しすぎる男性の態度に、女性はもっと強引になってほしい、リードしてほしいと思ってしまいそう。愛情深い人なので、要求をしっかり伝えるようにすれば、希望を叶えてくれるはず。

女性の金星が蠍座

蠍座に金星がある女性は、好き嫌いが激しく秘めた情熱をもった人。男性の「火星」の位置から、恋愛の相性をチェックしましょう。

男性の火星が 射手座

「1人の時間」を楽しむ余裕をもって

しつこく愛情確認してしまう女性に、男性は食傷気味。常に一緒にいたいと考える女性ですが、彼は単独行動が好きなタイプ。理解して譲歩してあげないと、つき合いは難しいかも。

男性の火星が 獅子座

男性の誇り高さを理解することが大事

面子《めんつ》にこだわり、女性に甘えたり頼ったりする姿を見せたくない男性です。彼をうまくコントロールする秘訣は、おだててほめること。プライドの高さに疲れる前に、操縦法を心得て。

男性の火星が 牡羊座

何事もストレートな男性回りくどい表現はNG

素直ですが、重要な内容もオープンにしてしまう男性に、秘密主義な女性は不信感を抱きがち。ストレートなわかりやすい言葉を選んで、「イヤなことはイヤ」と伝えることが大切です。

男性の火星が 山羊座

頼れる男性に安心して寄り添える

大人びて頼りがいのある男性です。安心してつき合うことができそう。将来設計もしっかりしているので、結婚へも発展しやすい相性です。まず、家族にしっかりと紹介するとさらに◎。

男性の火星が 乙女座

恋人同士の甘いムードはスキンシップが鍵に

理屈っぽい男性ですが、女性に対しては誠実です。ただ甘いムード作りが下手で、まるで兄弟といるような感覚になってしまいそう。スキンシップを増やすことが、関係を深めるコツ。

男性の火星が 牡牛座

情熱的な交際にはきっかけ作りが大事

相手の出方を待ってしまう、受け身な2人。なかなか関係が進展しないかもしれません。しかし、基本的に情熱的でセックスの相性もいいので、交際が始まってしまえば長続きします。

男性の火星が 水瓶座

不安や自信のなさをぶつけないよう注意

独特な価値観をもつ男性です。理解できないことが多く、振り回されてしまいそう。交際していても、自分のことを本当に好きかどうか不安になりますが、しつこく尋ねるのはNG。

男性の火星が 天秤座

モテモテな彼への独占欲を制御して

社交的でモテる男性です。嫉妬深い女性がヤキモキしてしまいそう。男性を独占したいがために、色々と禁止事項を作ってうんざりされる恐れも。束縛は心が離れるだけと理解して。

男性の火星が 双子座

束縛の度が過ぎると関係は破綻しそう

「毎日一緒にいたい」という女性の深く激しい愛情に、自由を愛する男性は、逃げ出してしまいそう。彼をつかまえておきたいなら、1人で過ごす時間も楽しめるようになる必要が。

男性の火星が 魚座

理想を叶えてくれる相性抜群な相手

自分を犠牲にしてでも尽くしてくれる男性に、深い愛情を感じそう。ロマンチックなデートを考えて、甘いムード作りもしてくれる彼に、安心して寄り添うことができるでしょう。

男性の火星が 蠍座

恋愛の相性は抜群嫉妬は控えめに

激しい愛情で結ばれ、片時も離れることがない2人です。すぐに同居を始めるなど、将来を誓い合うでしょう。ただ、共通して嫉妬深いため、ささいなことで相手に疑念を抱きそう。

男性の火星が 蟹座

2人だけの世界に浸りすぎないよう注意

「恋人とは常に一緒にいたい」という意見が一致する2人。寝ても覚めても互いを見つめ、スキンシップを楽しむはず。相性は◎。むしろ、2人の世界に浸りすぎて、批判されないように。

女性の金星が射手座

射手座に金星がある女性は、アクティブで自由な恋愛観の持ち主。男性の「火星」の位置から、恋愛の相性をチェックしましょう。

男性の火星が 射手座

**自由を愛する２人
気兼ねのない交際に**

会いたい時に会えればいいという感覚の２人。周囲から本当に恋人かどうか疑われてしまいそう。本人たちにとっては「個々の自由を尊重しているだけ」なので、交際しやすい相手です。

男性の火星が 獅子座

**互いを高め合い
成長できる２人**

博識で行動力のある女性に影響されて、男性が前向きな気持ちになれるベスト相性です。互いを高め合うことができるので、一度恋愛関係になると、長い交際ができるでしょう。

男性の火星が 牡羊座

**明るくオープンで
刺激に満ちた交際**

しっかりとリードしてくれる男性です。頼もしさを感じ、恋心を抱きそう。２人ともアクティブで、冒険心も旺盛。未体験のことにも果敢に挑戦し、明るくオープンな交際になります。

男性の火星が 山羊座

**耳が痛い言葉も
愛情ゆえと受け止めて**

常に冷静で現実的な男性です。計画性がない女性に不安を感じそう。つい指導的な言動が増えますが、それを聞き流すと関係は終わってしまうはず。真剣に聞き入れる姿勢を見せて。

男性の火星が 乙女座

**繊細な彼の感性を
受け入れることが鍵**

細かいことを一切気にしない女性に、男性がイライラしそう。女性も説教が多い彼を煙たく感じます。男性に歩み寄る姿勢を見せてルールに従わないと、交際は難しいかもしれません。

男性の火星が 牡牛座

**共通の趣味を
楽しむことが秘訣**

アウトドアで活発なデートを楽しみたい女性に対し、男性はインドア派。意見が合わず、一緒にいることが難しいかも。ただ、食事を楽しもうという気持ちは一致するのでグルメデートは◎。

男性の火星が 水瓶座

**何事も一緒に楽しめる
好奇心が満たされる交際**

好奇心旺盛な２人。やりたいことが一致しやすく、すぐに意気投合するでしょう。未経験のことにも積極的にチャレンジして感想を共有できます。互いにとって欠かせない存在になりそう。

男性の火星が 天秤座

**スマートで上品な彼
素直に甘えて**

女性の扱いがスマートで上品な彼に、女性は興味をそそられそう。距離を縮めるには、女性から素直に好意を伝えるのがポイント。その天真爛漫さに、男性も心を動かされるでしょう。

男性の火星が 双子座

**好奇心が刺激され
楽しい時間を過ごせそう**

アクティブな２人。好奇心の赴《おもむ》くまま出かけますが、興味が少し違うので、互いに刺激がもらえます。知識が増え、充実した時間を過ごすことができそう。相性◎のベストカップルです。

男性の火星が 魚 座

**恋愛の価値観を
揃えていく努力を**

できるだけ一緒に過ごしたいと思う男性と、気が向いた時にだけ会えばいいと思う女性。水と油のような２人なので、もめてばかりになりそう。価値観が違うので、歩み寄る努力が必要。

男性の火星が 蠍 座

**ユニークな感性の彼
女性は聞き役に徹して**

独特の世界観をもっている男性です。互いに興味をもちますが、遠慮のない女性の言動に、徐々に彼が抵抗を覚えそう。女性がなるべく聞き役に徹するようにすると、うまくいく２人です。

男性の火星が 蟹 座

**男性の慎重さに
歩み寄る姿勢を見せて**

何事にも保守的な男性です。好奇心旺盛な女性からすると、一緒にいてもつまらないと感じてしまうかも。何かとルールを決めたがる傾向なので、対話する時間を心がけて作ることが大事。

女性の金星が山羊座

山羊座に金星がある女性は、古風で恋愛も慎重派。男性の「火星」の位置から、恋愛の相性をチェックしましょう。

男性の火星が 射手座

振り向かせるには積極的なアプローチを

明るいけれどつかみどころのない男性です。謎に満ちた人物で興味はわきますが、恋愛対象としては難しいと認識して果敢にアプローチしないと、友人の関係のままかもしれません。

男性の火星が 獅子座

人前では男性を立てイニシアチブを譲って

自分がイニシアチブを握りたいと思う２人。何かと衝突してしまいがちです。でも公の場では、男性を立てるようにしてあげると、お願いを素直に聞き入れてくれるようになるはず。

男性の火星が 牡羊座

男性のわがままを受け入れられるかが鍵

自分中心でないと気がすまない男性に、次第に呆れてしまいそう。いくら諭しても聞く耳をもってくれないので、彼のわがままを「可愛い」と許せるかどうかが、交際継続の鍵。

男性の火星が 山羊座

関係性を進めるために将来のことを話題に

慎重な２人です。なかなか交際まで発展しないかもしれません。将来について語るようにすると意気投合できるはず。すぐに互いの家族に紹介し合うと、スムーズに親密な関係に。

男性の火星が 乙女座

気配り上手な男性リラックスした交際に

細やかな気づかいをしてくれる男性です。居心地が良く、リラックスできるでしょう。困っていると、絶妙なタイミングでフォローしてくれるので、なくてはならない存在になりそう。

男性の火星が 牡牛座

ツボをおさえている男性甘えさせてくれそう

五感をフル活用して女性をもてなすのが上手なので、優雅な気分を味わうことができるはず。少し真面目すぎるところがある女性を、うまくリードして甘えさせてくれるでしょう。

男性の火星が 水瓶座

積極的にならないと友人関係のままの可能性

突拍子もないことをしでかす男性です。不可解な存在ゆえに、好奇心が刺激されそう。なかなか恋人関係にはなりにくい相性なので、長期的＆積極的にアプローチする必要があります。

男性の火星が 天秤座

考え方が違う２人リードは女性が◎

外見や体面を気にする男性です。男らしくないと感じることも多そう。八方美人で意見がはっきりしないところも、イライラする原因に。女性がしっかりと男性をリードする必要が。

男性の火星が 双子座

ノリの差に違和感交際は難しい相性

その場のノリや雰囲気で動く男性です。堅実思考の女性からすると、言動が軽く見えてしまうかも。彼も女性を面白味がないと感じるので、恋愛に発展するには根気が必要になりそう。

男性の火星が 魚　座

甘えてくれる男性に安らぎを覚える

甘え上手で誰にでも優しい男性です。頼りなさを感じつつも惹かれていきそう。一緒にいるとホッとでき、自然と笑顔になるでしょう。いざという時には、意外と男らしい点も好印象。

男性の火星が 蠍　座

恋愛関係に進むには色気がポイントに

女性のことをよく見ていて、いざというときに力を貸してくれる男性です。頼もしい存在に映るはず。ただし彼からすると、女性は少し色気が足りないので、意識することが大切です。

男性の火星が 蟹　座

積極的な男性に押されいつの間にか恋に落ちる

人懐っこい性格の男性です。真面目すぎて恋愛下手なところがある女性に、どんどん接近していくでしょう。その遠慮のなさに最初は抵抗を感じますが、徐々にほだされてしまいそう。

女性の金星が水瓶座

水瓶座に金星がある女性は、異性にもフレンドリーに接する人。男性の「火星」の位置から、恋愛の相性をチェックしましょう。

男性の火星が 牡羊座

好奇心旺盛な2人 お似合いのカップルに

行動力のある男性です。女性の目には、理想のタイプとして映るはず。好奇心旺盛な者同士、色々な経験を2人ですることができるでしょう。いつまでもフレッシュな関係でいられそう。

男性の火星が 牡牛座

価値観が違う2人 本音でぶつかって

考え方も趣味もまったく違う2人。意見が対立してばかりで、理解し合うことは難しそう。ただ、遠慮せずに話せる相手なので、本音を打ち明けるうちに愛情が芽生える可能性も。

男性の火星が 双子座

似た者同士 さっぱりした交際に

好奇心を刺激する話題を次々と提供してくれる男性です。何時間話していても飽きないはず。ベッタリとしたつき合いが苦手な2人なので、恋愛の価値観もぴったり。ベストな相性です。

男性の火星が 蟹座

相手の好みを 受け止める努力を

感性がまったく違うので、会話が噛み合いません。互いがいいと感じるものを理解できず、否定するような言動が多くなってしまいそう。もっとおおらかに受け止めることが大事。

男性の火星が 獅子座

自己主張の強さを 制御する必要が

互いにないものをもっているので、強く惹かれ合います。しかし、2人共自己主張が強いので喧嘩になりがち。しっかりとルールを決めて、それを守るようにすると安定するでしょう。

男性の火星が 乙女座

欠点が目につく ちぐはぐな相性

男性の繊細な気遣いは尊敬するものの、決断できない点を残念に感じそう。男性側も思いつきで行動する女性に、振り回されて疲れてしまうはず。交際するにはハードルが高い相性です。

男性の火星が 天秤座

相性抜群の2人 スキンシップを心がけて

社交的で美的センスに優れた男性です。憧れが恋愛感情につながりそう。男性は女性の固定観念にとらわれない発想に驚かされ、尊敬します。スキンシップが少なくなる傾向には要注意。

男性の火星が 蠍　座

価値観の違いは 話し合いで解決して

まったく性格の違う2人。最初から反発を感じそう。互いに言動が理解できず、時には怒りを感じてしまうことも。とにかく時間をかけて話し合いをして、関係を育むことが大事。

男性の火星が 射手座

単独行動を愛する2人 自然消滅に気をつけて

互いに視野が広く、興味の範囲が広いので会話が尽きない2人。共通して自由を愛するので、恋人関係にあっても単独行動が多いのが特徴。放置しすぎると、自然消滅するので要注意。

男性の火星が 山羊座

共通点がないため 興味を抱かない相性

自由で何物にも縛られない女性と、ルールを重んじる男性です。共通点がないので、興味をもつこと自体稀《まれ》ですが、コントロールしたいという欲求から、男性が近づいてくることも。

男性の火星が 水瓶座

交際をきっかけに 交友関係も広がる2人

変わり者と思い、互いに敬遠することもありますが、意気投合すると呆れるほど行動を共にします。共通の友人もできやすく、グループデートを楽しむ機会にも多く恵まれるでしょう。

男性の火星が 魚　座

やや温度差あり 2人で楽しむ時間を

男性は常に女性のことを考えていますが、女性は自分の仕事や趣味、あるいはその時に興味のあることに夢中になり、おざなりにしがち。2人で楽しめる時間をもてるかどうかが鍵に。

女性の金星が魚座

魚座に金星がある女性は、ロマンチックで夢見がちなタイプ。男性の「火星」の位置から、恋愛の相性をチェックしましょう。

男性の火星が射手座

単独行動を好む男性 不満の解消法を見つけて

いつもそばにいたいと思う女性ですが、男性は単独行動が好きなタイプ。勝手に出かけてしまいます。女性は寂しい思いをするかも。不満を伝えても改善はしないでしょう。

男性の火星が獅子座

男性の要求を 受け入れすぎないように

おだて上手な女性とほめられて伸びる男性。なかなかいい組み合わせですが、男性の要求が過剰になりすぎて、女性が疲れてしまうことも。無理な要求は、断ることも必要です。

男性の火星が牡羊座

男性の庇護欲を あおらないように注意

涙もろくお人好しな女性を、男性は放っておくことができません。保護者のように側にいて面倒を見てしまいます。エスカレートすると過保護と感じ、うっとうしく感じることも。

男性の火星が山羊座

世話焼き上手な男性 フォローには甘えて◎

自分を後回しにして、人のことを優先してばかりの女性を、男性は厳しく注意しつつ、しっかりとフォローしてくれます。あれこれ世話を焼いてくれるので、何かと頼りにしそう。

男性の火星が乙女座

面倒見のいい男性に 素直に甘えると◎

何事も私情を挟まず完璧にこなす男性です。ミスが多く情で物事を判断する女性を見ているとイライラするばかり。しかし放っておけず面倒を見るうち、一番の理解者になっているはず。

男性の火星が牡牛座

穏やかに誠実に 愛してくれる交際

のんびりムードの男性です。穏やかな気持ちで接することができそう。女性の希望を聞いてデートプランを練るなどの気遣いもあるので「愛されている」と感じることができるでしょう。

男性の火星が水瓶座

ユニークさに驚きつつも 次第に惹かれそう

男性の超現実的な考え方にショックを受けることもありますが、ユニークで物知りな男性に、女性は興味を抱きそう。世話好きな女性の優しさを、男性も好意的に受け入れます。

男性の火星が天秤座

理想が高い男性 外見を磨く努力を

案外緊張することが多い男性を、優しい女性の笑顔が癒します。ただ、彼は女性のセンスに不満を感じやすいので、希望するファッションやスタイルを心がける必要があります。

男性の火星が双子座

価値観の違いを理解し 干渉しないことが大事

ドライに物事を判断する男性です。人情にあふれた女性は冷たい人と感じるかもしれません。一緒にいると、互いにストレスをためることに。人によって価値観は違うと認識する必要が。

男性の火星が魚座

優しくモテる2人 浮気には十分注意して

相手のことを一番に考え、思いやりをもって接する2人。いつまでも仲睦まじく交際できるでしょう。ただ、互いにモテるタイプで押しに弱いので、浮気しないように注意してください。

男性の火星が蠍座

優しすぎる2人 尽くしすぎに注意

深い情熱をもって愛し合う2人。絆の強い関係になるでしょう。ただ、相手を優先しすぎて周囲が見えなくなってしまうこともあるので、そこは注意してください。セックス相性も◎。

男性の火星が蟹座

息ぴったりの ベストパートナー

独占欲が強い男性と、どちらかというと束縛されたいタイプの女性なので息がぴったり。情熱的な彼の愛情に、女性は満足できるでしょう。セックスの相性も抜群の組み合わせです。

結婚相性 女性の月が牡羊座

牡羊座に月がある女性は、自然体で明るい家庭を望むタイプ。男性の「太陽」の位置から、結婚の相性をチェックしましょう。

男性の太陽が 射手座

自由と夢を重んじる２人 家事の分担は難しそう

パートナーや子どもの夢を大切にする家庭になりそう。ただし彼は自由人なので、行動を束縛しないことがポイント。家事分担には理解がありますが、あまり期待はできないでしょう。

男性の太陽が 獅子座

努力家の夫を 妻が支えると◎

亭主関白の夫になりますが、それに見合うだけの責任を担い、努力しようとします。家族の前で権威を誇示したがるので、それを立ててあげられれば円満な家庭を作れるはずです。

男性の太陽が 牡羊座

喧嘩しても尾を引かず 明るくサッパリした家庭に

勝気で負けず嫌いな点が共通する２人です。納得できないことは喧嘩腰で話す傾向がありますが、怒りが尾を引くことはないでしょう。明るくサッパリした家庭になりそうです。

男性の太陽が 山羊座

古風な価値観を 理解できるなら相性◎

価値観が古風なので、夫は外で稼ぎ、妻は家を守るスタイルを堅持しようとするでしょう。その分責任は放棄しないので、彼の考えに理解を示せるなら、結婚の相性はまずまずです。

男性の太陽が 乙女座

完璧な夫の価値観に ついていけるかが鍵

仕事も家事も勤勉にこなす、模範的な夫になりそう。ただし神経質なので、家の中に汚れやホコリがあると不機嫌に。彼のこだわりを許せるなら、温かな家庭を作れそうです。

男性の太陽が 牡牛座

行動ペースの違いを 埋めるルールが重要

子煩悩でおっとりした夫になりそう。行動ペースが違うため、せっかちな妻はイライラするかも。役割分担や生活スタイルをどう作るかが、結婚を維持するポイントになります。

男性の太陽が 水瓶座

独自のルールを築ける相手 リラックスした結婚生活に

常識や社会規範に縛られない夫婦になりそう。場合によっては妻が働き、夫が「専業主夫」になることも。最も気楽に夫婦関係が続けられる、ベストパートナーと言える相手です。

男性の太陽が 天秤座

生活観念の違いを クリアする必要が

相性自体は悪くありませんが、結婚後もおしゃれな家庭を築きたい彼と、自然体で明るい家庭を望む妻とでは、生活観念が違いすぎるかも。考えの差をクリアできるかが課題になりそう。

男性の太陽が 双子座

フットワークの軽い 爽やかな夫婦に

結婚してからも２人であちこち出かけるような、爽やか夫婦になりそうです。共働きや家事分担にも理解がある夫なので、恋人時代とあまり変わらない生活が送れるでしょう。

男性の太陽が 魚座

夫の嫉妬を受け入れて 愛情を注いで

家族を溺愛する夫になりますが、根が甘えたいタイプなので、子どもに嫉妬することも。大きな子どもがもう１人いるくらいのつもりで応対できるなら、優しい家庭を築けるはず。

男性の太陽が 蠍座

夫の心配性を 受容することが大事

無口ですが気配りのある夫になります。妻の行動を常に把握したいため、１日の予定や帰宅時間、同行者をしつこく聞いてくるかも。次第に面倒に感じてしまいそうです。

男性の太陽が 蟹座

優先順位の違いから 気詰まりを覚えそう

家族中心の優しい夫ですが、妻にはできるだけ家にいてほしいと考えるタイプです。家族を置いて出かけることには難色を示す場合が多そう。次第に息苦しくなるかもしれません。

女性の月が牡牛座

牡牛座に月がある女性は、家族とは常に一緒にいたいタイプ。男性の「太陽」の位置から、結婚の相性をチェックしましょう。

男性の太陽が射手座

自由を愛する夫 急な変化に対応する必要が

彼は今の環境を簡単に捨てて、違う世界に飛び込める人。家庭をもってもその性格は変わらないでしょう。急な転職や引越しを受け入れられるなら、結婚生活も順調に送れるはずです。

男性の太陽が獅子座

外では夫を立てて 内では制御する必要が

夫を表舞台に立たせ、あなたが陰で支えるならバランスのいい関係を築けます。ただし、彼は面倒なことを押しつけてくる傾向があるので、要所要所でコントロールすることも大切。

男性の太陽が牡羊座

仕事に励む夫を 支えられるかがポイント

あなたが家を守り、彼が仕事で稼ぐという役割分担が、きちんとできる組み合わせです。ただし、仕事に邁進する夫は頼もしい一方、家庭を顧みない気がして寂しく感じることも。

男性の太陽が山羊座

堅実で安定していて 落ち着いた結婚生活

世界が狭くなりがちなのが難点ですが、落ち着いて共に歩める組み合わせです。普段は口に出さなくても、妻と子どもを第一に考える誠実な優しさを時折見せてくれるでしょう。

男性の太陽が乙女座

常に助け合える ベストパートナー

思いやりあふれる夫婦になれる組み合わせ。常に助け合い、末永く共に歩める好相性です。慎み深くこぢんまりした生活になりがちですが、心身共に安定した暮らしができるでしょう。

男性の太陽が牡牛座

安定した夫婦生活 突然の出来事には弱そう

安定志向の夫婦になります。どちらも堅実なので、無駄を慎み安定した生活を望むでしょう。ただし２人とも冒険を嫌うため、突然の転勤など想定外の事態には弱い傾向があります。

男性の太陽が水瓶座

家族に対する 考えの差が大きい相手

家族は「一緒にいたい時に一緒にいられればいい」と考える夫です。家族は「常に一緒にいるもの」と考える妻から見て、生涯のパートナーとしては難しい相手かもしれません。

男性の太陽が天秤座

金銭感覚の違いが 生活観念に差を生むかも

贅沢を好む点は一致していますが、金銭感覚が鋭い妻と、そこまで現実的に考えない夫とでは感性が合いません。モテる男性なので、浮気にも気を配っておく必要がありそう。

男性の太陽が双子座

変わらない優先順位に 不安を覚えるかも

結婚後も、恋人時代と変わらない生活をしようとする夫です。いつまでも甘い雰囲気を失わない関係には満足できるものの、友達づき合い優先の生活スタイルに不安を感じるかも。

男性の太陽が魚座

やや頼りない夫を 妻が支えてあげて

互いを思いやる夫婦になりますが、やや頼りないところがある夫。結婚当初は妻がリードしてあげる形になるでしょう。年数が経てば、責任感も出てしっかりした夫になりそう。

男性の太陽が蠍座

口数が少ないけれど 家族の絆は◎

普段はあまり話をしませんが、家族のピンチには一致団結して取り組むことができる２人です。ただしどちらも会話が得意ではないので、近所づき合いは得意とは言えないかも。

男性の太陽が蟹座

家庭を一番に考える 理想的な夫に

家庭を大切に考える点は共通しているので、安定した結婚生活を維持できそうです。育児や子どもの教育の話も親身に話を聞いてくれるので、妻にとって理想的な夫になるでしょう。

女性の月が双子座

双子座に月がある女性は、結婚しても趣味や外出を謳歌するタイプ。男性の「太陽」の位置から、結婚の相性をチェックしましょう。

男性の太陽が 牡羊座

好奇心旺盛で行動的な2人 刺激に満ちた結婚生活に

情報通の妻と行動力抜群の夫。話題の場所にいち早く足を運ぶなど、外出が好きな夫婦になりそう。特に共通の趣味をもつと、絆がグッと深まるはず。楽しい結婚生活になるでしょう。

男性の太陽が 獅子座

社交的な妻の姿に 夫が感謝する

妻が夫をそつなく支える関係になります。表では常に夫を立てるので、周囲にも好印象を与えるはず。記念日には外食するなど、意識して特別なイベントをすると結婚生活はより良好に。

男性の太陽が 射手座

どんな時も助け合える ベストな結婚相性

いつまでも若々しい感性をもち続ける2人です。いい意味で刺激を与え合えるでしょう。ある時は夫婦、ある時は戦友のように、二人三脚で生涯を支え合えるベストパートナーです。

男性の太陽が 牡牛座

出不精の夫には 期待しないほうが◎

子育てには協力してくれますが、家から出ない夫に退屈を感じてしまいそう。行動ペースの違いを踏まえ、妻は友達と出かけるなど工夫をすれば、ストレスのない結婚生活になるはず。

男性の太陽が 乙女座

夫の神経質なところに 合わせる努力が必要

細かいことが気になる2人です。特に掃除や衛生面に関しては、キレイの基準が違うので言い合いになる恐れも。できるだけ夫の水準に妻が合わせて暮らすのが、家庭円満のコツ。

男性の太陽が 山羊座

共通の趣味を探して 生活にメリハリを作って

冷静で落ち着きがある彼は、ピンチの時は頼りになるパートナーです。ただし日常では面白味のない人にしか思えないのが難点。2人でできる趣味や、共通の話題を探してみて。

男性の太陽が 双子座

価値観が同じ2人 賑やかな結婚生活に

友達同士のような、爽やかな夫婦になりそう。互いの友達づき合いを大切にするため、常にお客様が絶えない家庭になるでしょう。育児や家事分担にも、協力してくれる可能性大。

男性の太陽が 天秤座

華やかでスマートな2人 洗練された結婚生活に

周囲がうらやましがるような、おしゃれな結婚生活を送るでしょう。共働きにも理解があり、生活自体はストレスなく過ごせるはず。貯蓄には無関心になりがちなので、努めて意識して。

男性の太陽が 水瓶座

家事を分担できる2人 支え合える結婚生活

家事分担は当然と考えてくれるので、育児や家事でストレスを感じる割合は低いでしょう。ただ、子どもの独立後は互いに趣味に没頭する傾向なので、顔を合わせる回数はグッと減るかも。

男性の太陽が 蟹 座

家庭第一の夫に 行動範囲を制限されそう

家の中を守ってほしい夫と、家に閉じこもっていられない妻の組み合わせ。特に子どもができると、妻の外出に神経を尖らせてしまいそう。買い物など所用の外出で息抜きする工夫を。

男性の太陽が 蠍 座

束縛多めの生活に 息抜きを心がけて

妻や嫁の役割をそつなくこなす女性に、夫が感謝する関係になりそう。ただ、彼は妻と常に一緒にいたい人。妻は単独の外出がなかなかできず、次第にストレスを溜めることになりがち。

男性の太陽が 魚 座

夫の頼りなさに 不満を抱きそう

思いやりのある夫ですが、優しすぎて現実面では頼りなく感じるかも。何事も妻が牽引《けんいん》役にならざるを得ない2人です。子どもが生まれて家族が増えれば、しっかりしてくれそう。

女性の月が蟹座

蟹座に月がある女性は、家事や育児に情熱を注ぐタイプ。男性の「太陽」の位置から、結婚の相性をチェックしましょう。

男性の太陽が射手座

冒険心旺盛な夫を寛大に受け止めて

いつまでも冒険心を失わない夫は、「突然会社を辞めて起業」など、時々突拍子もないことをして妻を慌てさせそう。そんな夫の行動を、寛大に受け止められるかどうかが分かれ目に。

男性の太陽が獅子座

亭主関白の夫を支える良妻賢母な妻に

親分肌の夫を支える、しっかり者の妻という夫婦になりそう。亭主関白を気取る彼は家事を手伝ってくれることは少ないですが、家庭内では対等な立場で話をしてくれるはずです。

男性の太陽が牡羊座

仕事中心の夫は褒めて伸ばすことが大事

仕事に集中して家庭を顧みない夫に、妻が不満を溜めてしまいそう。特に子どもの教育に関しては意見が対立しやすいでしょう。いい夫に育てるには、ほめてから物事を頼むのがコツ。

男性の太陽が山羊座

堅実で質素ながら充実した結婚生活

派手なことを好まない２人です。質素ながら温かい家庭を築いていけるでしょう。厳しい父親と優しい母親になりやすい組み合わせなので、子育ては昔ながらのしつけ方になりそう。

男性の太陽が乙女座

細やかな気配りで夫の要望に応えて

気になるところが少し違う２人。マメな彼は家事分担も快く協力してくれますが、担当以外の家事にも口出しをしそう。細かい指摘を受け止めて、それに応える努力が必要です。

男性の太陽が牡牛座

金銭感覚の細かさを受け入れる努力が必要

穏やかな家庭を築ける２人です。子育てや家事の相談にも快く乗ってくれる、理想的な夫になるでしょう。ただし節約・貯蓄に細かい男性なので、家計のやりくりでは苦労するかも。

男性の太陽が水瓶座

微妙にすれ違う２人ズレは早めに修正を

価値観が微妙に合わない２人です。家事を手伝おうとする夫を、妻は守備範囲への侵入者と感じ、夫は妻の世間話をうっとうしく感じがち。感覚のズレは早めに修正することが肝心。

男性の太陽が天秤座

互いの理想を擦り合わせる努力を

夫は生活臭のある妻を嫌がり、妻は贅沢を好む夫を浮世離れしていると感じる傾向があります。互いの考える夫婦像の違いをどう調整していくかが、結婚を維持する鍵になるでしょう。

男性の太陽が双子座

レジャーには熱心な夫家事育児は妻任せかも

勝手気ままな夫の行動に、妻が振り回されそう。レジャーの準備など楽しいことは積極的に手伝ってくれますが、家事などの地味で面倒なことは押しつける可能性が高いでしょう。

男性の太陽が魚座

優しくモテる夫女性関係には目を光らせて

思いやりがあり、とても優しい男性です。仕事の愚痴を聞いてくれたり、フォローしてくれたりするでしょう。結婚生活は充実しますがとてもモテる人なので、交友関係は要チェック。

男性の太陽が蠍座

包容力のある夫以心伝心できるはず

「妻と子どもを温かく見守る夫」という家族の構図になりそうです。無口な彼ですが、以心伝心で気持ちが伝わるので問題はありません。相談にも乗って、支えてくれるでしょう。

男性の太陽が蟹座

子育てに熱心な２人やりすぎないよう注意

子どもを大切にする夫婦になりそう。育児や家事に関しても協力してくれるので、ストレスなく生活できるでしょう。ただし教育熱心すぎて、周りが見えなくならないよう注意して。

女性の月が獅子座

獅子座に月がある女性は、理想の家庭を夢見て頑張る人。男性の「太陽」の位置から、結婚の相性をチェックしましょう。

男性の太陽が 射手座

夢や目標をもっていきいきできる夫婦

夢が夫婦の潤滑剤になります。少年のような純粋さを残す夫は、妻にいい刺激を与えるはず。また妻の目標を応援してくれるので、仕事や趣味に向かう活力も与えてくれるでしょう。

男性の太陽が 獅子座

自己主張が強い２人褒め合うことを心がけて

２人共自己主張が強いので、一度ぶつかると激しいバトルが予想されます。ただ、基本的に相性は悪くないので、互いに相手を立て、ほめ合うことを心がければいい関係を維持できそう。

男性の太陽が 牡羊座

共通の目的を掲げて協力できる２人

共通の目的に向かって頑張る夫婦になれそう。マイホーム購入など、具体的な目標を作るのがおすすめ。子育ては「強くたくましく」といった、野性的な養育方針になる傾向があります。

男性の太陽が 山羊座

共通で楽しめる趣味が価値観の差を埋めそう

価値観が違いすぎる２人です。夫の好みは妻にとってつまらなく、妻の好きな物は夫にとって贅沢に感じがち。互いの理解を深めるためには、共通で楽しめる趣味や話題が必要に。

男性の太陽が 乙女座

家事も育児も分担かかあ天下で上手くいく

神経の細かいデリケートな男性なので、妻が精神的に支えてあげる必要があります。若干かかあ天下に傾きがちですが、それ以外では家事も育児も分担できる家庭を築けるでしょう。

男性の太陽が 牡牛座

経済的な余裕が円満な生活には不可欠

子煩悩な点は共通していますが、派手好きな妻と節約家な夫の組み合わせなので、特に金銭問題でもめやすいかも。経済状態に余裕を作るべく、共働きで稼ぐとうまくいくでしょう。

男性の太陽が 水瓶座

話し合いを重ねて対等な夫婦関係に

張り合いつつも、心の奥底では信頼している２人。基本的に夫婦は対等と考えるので、子どもの教育から将来設計、家事分担まできちんと話し合って決める家庭になるでしょう。

男性の太陽が 天秤座

外見に気を使う２人出費がかさみそう

注目度抜群の夫婦。夫は妻に美しくいてほしい気持ちがあるので、衣服や美容に関する費用が多くなりそう。節約にはあまり興味がない２人なので、共働きで稼ぐ必要がありそう。

男性の太陽が 双子座

好奇心旺盛な２人外出を楽しめそう

流行に敏感な夫婦になりそう。話題のスポットや新しいショップには、必ず行きたいと考える２人です。休日も進んで旅行やレジャーに出かける、アクティブな家庭になりそうです。

男性の太陽が 魚　座

頼れる夫にするには時間をかけて教育を

甘えん坊な夫なので、主導権は妻に移りがち。指示には素直に従ってくれますが、夫としての責任感をもたせたければ、それなりの教育が必要になるでしょう。時間をかけることが大事。

男性の太陽が 蠍　座

理想の夫婦像を話し合って定めて

互いの考える夫婦像にズレがある２人。妻自身は外に出て活動することを望み、夫は妻に家を守ってもらいたいと望みがち。喧嘩になる前に、認識を擦り合わせる話し合いをして。

男性の太陽が 蟹　座

夫の理解を得て妻が働くと◎

家族を慈しんでくれる夫には感謝できるのですが、上昇志向は今ひとつなので物足りなさを感じがち。夫の理解を得られるのならば、妻が仕事中心の生活を目指すほうがいいでしょう。

女性の月が乙女座

乙女座に月がある女性は、穏やかで安定した家庭が理想。男性の「太陽」の位置から、結婚の相性をチェックしましょう。

男性の太陽が射手座

夫の自由な振る舞いを余裕をもって眺めて

豪快な夫と繊細な妻の組み合わせです。性格が対照的なので、夫の行動に振り回されることが多いかも。上手くやっていくためには、基本的に行動を束縛しないことがポイントです。

男性の太陽が獅子座

夫をおだてて支え影からコントロールを

獅子座の夫はおだてに弱い一面があるので、影から妻がコントロールすると◎。対外的には夫を一番に立て、常に妻は一歩下がって見せると上手くいくはず。見下す態度はNGです。

男性の太陽が牡羊座

せっかちな夫のペースに合わせる努力が必要

頼りになる夫です。ただし彼はせっかちなので、会話や状況説明などは単純明快を心がける必要があります。家事の分担や育児への協力は、ほとんど得られないかもしれません。

男性の太陽が山羊座

堅実で穏やかな家庭に1人の時間を作ってあげて

融通が利かないことが難点ですが、堅実で穏やかな家庭を作っていける2人です。時折、夫は1人になりたがる傾向があるので、そういう時は意識して放っておいてあげると◎。

男性の太陽が乙女座

二人三脚で支え合える2人狭くなりがちな視野に注意

喜びも悲しみも分け合える組み合わせ。共に働き、家事も育児も協力してくれる、まめな夫になるでしょう。ただし視野が狭くなりがちなので、不意の事態には対応しきれない場合も。

男性の太陽が牡牛座

何事も補い合えるベストな夫婦に

おっとりした夫を几帳面な妻がサポートすることになりそう。基本方針は夫、具体的行動は妻が担当すると、役割分担が自然とできるはず。貯蓄も計画的にできる、ベスト相性です。

男性の太陽が水瓶座

夫の趣味へのこだわりを割り切って理解して

知的な話題で盛り上がる夫婦になりそう。水瓶座の夫はこだわりが強い傾向があるので、趣味にハマると家の中が浸食されがちに。そういう性格だと割り切る潔さが大切です。

男性の太陽が天秤座

生活レベルに合わせて贅沢を楽しんで

洗練された生活を送りたい夫です。何かとお金のかかることを好むので、ある程度までは要望を受け入れつつ、収入レベルに合わせた生活をするよう心がければ、夫婦仲は安泰でしょう。

男性の太陽が双子座

金銭感覚の違いを話し合いで埋めて

金銭感覚が違う2人。将来に備えて貯蓄したい妻にとって、趣味や買い物で生活を楽しもうとする夫の行動は、軽率&ルーズに思えてしまいそう。貯蓄の方針を話し合う必要があります。

男性の太陽が魚座

子ども扱いしないで対等な立場を意識して

どうしても妻が夫の上に立つ力関係になりがち。ただし、子ども扱いしてしまうと、反発されることも。対等な立ち位置で意見をきちんと聞いてあげれば、夫婦関係は長続きするでしょう。

男性の太陽が蠍座

無口な夫のペースに合わせて

概ね仲良くやっていける2人。ただ蠍座の夫は無口なので、大事な話し合いで黙りこくってしまうかも。無理に急かさず、粘り強く意見を待ってあげることが、いい夫婦関係を保つコツ。

男性の太陽が蟹座

家庭のことに熱心な2人やりすぎには気をつけて

こぢんまりとした優しい家庭を築ける2人です。手抜きを嫌う妻と妻に協力的な夫なので、子どもの養育にも熱心ですが、情熱的になりすぎてのめり込み、視野が狭くなる可能性も。

女性の月が天秤座

天秤座に月がある女性は、結婚しても積極的に外出したいタイプ。男性の「太陽」の位置から、結婚の相性をチェックしましょう。

男性の太陽が 射手座

夫婦の相性は◎
危機管理をしっかりと

ポジティブ思考の夫が、妻に元気を与える夫婦関係です。一緒にいるとパワーを感じ、楽しく過ごせそう。ただしどちらも危機管理能力は低めなので、突然の対応はお粗末。対策が必要。

男性の太陽が 獅子座

娯楽第一の生活
貯蓄に懸念が残りそう

何かと注目を集める2人です。娯楽を好む点が一致しているので、週末のディナーやライブに夫婦で出かけるなど、刺激的な毎日になりそう。その分、金銭管理はしっかりと。

男性の太陽が 牡羊座

「個」を大切にする2人
共同作業はルールが必要

仕事中心の夫と趣味中心で暮らしたい妻の組み合わせ。互いの領域に干渉しないなら問題はないのですが、育児など「協力して行うこと」ができると、ルールを設ける必要がありそう。

男性の太陽が 山羊座

地味で堅実な夫を
尊敬できるかが鍵

地味で堅実な夫との生活は、快楽主義の妻にとって単調に感じそう。ただし、問題が起こった時の、夫の対応力はピカイチ。彼のそういう面を尊敬できるなら、結婚生活は長続きします。

男性の太陽が 乙女座

夫の細かい指摘を
受け入れられるかが鍵

夫は共働きや家事分担に理解がある人ですが、協力する分、妻のやり方に口を出してくる傾向があります。指摘を素直に受け入れられるなら、結婚生活を長く続けられるでしょう。

男性の太陽が 牡牛座

金銭感覚の違いは
早めの解決が肝心

生活スタイルが微妙に違う2人。特に金銭感覚の差は大きく、妻は夫をケチと思い、夫は妻を浪費家と感じがち。結婚を長く続けるためには、どちらかの感覚に合わせることが大事。

男性の太陽が 水瓶座

交友関係の広い夫
好奇心が満たされそう

水瓶座の夫は多角的な視点を与えてくれる存在です。いい意味で価値観や世界を広げ、学びの多い結婚生活を送れます。夫の友人も個性的な人が多いので、妻は退屈しないはず。

男性の太陽が 天秤座

価値観が似ている夫婦
一緒に楽しめる趣味も沢山

考え方や価値観が似ているため、ストレスをためることなく仲良く暮らせるでしょう。インテリアや生活スタイルの好みもピッタリなので、互いに心地よい空間作りが楽しめる好相性。

男性の太陽が 双子座

多趣味な夫と
対話の絶えない生活

多趣味で情報通な夫の話は面白く、妻も聞き上手。長く話しても飽きないでしょう。そろっての外出も多いので、退屈しない理想的な生活が送れそう。華やかで楽しい毎日になるはず。

男性の太陽が 魚 座

妻が大黒柱となって
音頭をとる必要が

気弱なものの素直で従順な夫です。頼りにはなりませんが、その優しさに癒される生活になるはず。ただ、実務や金銭の管理などを夫にお願いするのは厳しく、妻の負担が多そう。

男性の太陽が 蠍 座

社交的な妻に
夫が嫉妬しそう

友達づき合いを断らない妻の行動は、家庭一筋の夫を不安にさせそう。それが夫の嫉妬や束縛につながる場合があるので、事前に友達を紹介するなど、安心させる気配りが大切に。

男性の太陽が 蟹 座

行動範囲の制限には
柔軟に対応して

窮屈な結婚生活になるかもしれません。できるだけ外出したい妻に対し、夫は家にいることを求めます。彼と結婚するなら、外に出かける言い訳を考えるなど、小技が必要になりそう。

女性の月が蠍座

蠍座に月がある女性は、家族の絆を大切にするタイプ。男性の「太陽」の位置から、結婚の相性をチェックしましょう。

男性の太陽が 射手座

夫の夢を応援できるかが重要なポイント

壮大な夢を語るのは夫でも、現実的な部分は妻頼みという関係に。どうしても、妻に負担がかかってしまう組み合わせです。夫を応援できるなら、うまくやっていけるはずです。

男性の太陽が 獅子座

ストレス発散の場を見つけることが大事

ストレスが溜まりやすい組み合わせ。外で威張りグセのある夫の態度を、妻は苦々しく感じがち。それぞれ別の趣味をもつなどして、不満を発散させる場を作れば夫婦仲は円満に。

男性の太陽が 牡羊座

価値観のギャップは思いやりで埋めて

起業やお店の経営など、夫婦共通の大きな目標をもつと団結力が高まります。ただし基本的な価値観や行動のスピードにはかなりのギャップがあるため、互いへの思いやりが必須です。

男性の太陽が 山羊座

性質がよく似た２人偏りがちな判断に注意

人生を真剣に生きる２人なので、何事にも協力し合って、全力で取り組むでしょう。ただし２人共考え方が堅く、判断が偏る傾向が。信頼できる相談相手をもつとうまくいきます。

男性の太陽が 乙女座

妻の的確なフォローで上手くいく組み合わせ

少々神経が細くナイーブですが、誠実な夫は妻にとって信頼に足る相手です。夫の自信のなさを妻がフォローし、２人で協力し合って子育てや家庭の問題に取り組んでいけるでしょう。

男性の太陽が 牡牛座

堅実で安定した生活絆の強い家族に

絆の強い一家になるでしょう。目立つことを好まず、生活は質素ですが子どもには愛情を惜しみません。また蓄財力が高いので、早めにマイホームを取得することになりそうです。

男性の太陽が 水瓶座

交友の考え方が違う点を話し合って解決して

価値観にズレがある２人。友達づき合いを大切にする夫は頻繁に友達を招き、プライベートを大切にしたい妻はストレスを感じそう。衝突する前に話し合いをして、解決しましょう。

男性の太陽が 天秤座

夫への猜疑心《さいぎしん》はきちんと解決して

天秤座の夫は本心を見せないので、妻は今ひとつ不信感を拭えないかもしれません。結果、メールやアドレスを盗み見するなどしがち。一度腹を割って話し合う必要がありそうです。

男性の太陽が 双子座

嘘や隠しごとのないオープンな関係が大事

交友関係が広く、外出が増えがちな夫です。鋭い洞察力を備えた妻なので、浮気や嘘は簡単に見破ってしまいそう。円満な家庭を続けるためには、互いに嘘をつかないことが重要に。

男性の太陽が 魚　座

健気な夫の姿に母性本能が刺激されそう

気弱ながら妻子を大切にする夫です。そんな夫を妻はいじらしく思うでしょう。守るべきものが増えるにつれて、しっかりする夫なので、温かい目で成長を見守るのが賢明です。

男性の太陽が 蠍　座

以心伝心できる２人結婚相性は抜群

言葉にせずとも、気持ちのやりとりができる相性です。互いの気持ちを察して必要な行動を取るので、その手際に周囲が驚くことも。相手を信頼する分、浮気は許さないでしょう。

男性の太陽が 蟹　座

相思相愛の関係を築ける２人に

互いが互いを必要とし合う関係を育める結婚相性です。夫は妻に無上の愛情を、妻は夫に絶対的な信頼を捧げます。子どもができると、夫婦のつながりはさらに強まるでしょう。

女性の月が射手座

射手座に月がある女性は、結婚しても仕事をもちたいタイプ。男性の「太陽」の位置から、結婚の相性をチェックしましょう。

男性の太陽が 獅子座

仕事も家事も対等な夫婦関係に

妻は結婚しても仕事をもち、社会で活躍したいと考えます。夫はそんな妻の自立心を応援してくれるので、結果的に家事の分担を引き受けてくれるはず。対等な関係を築ける２人です。

男性の太陽が 牡羊座

夢を忘れずに協力し合える２人

子どものような純粋さを残した２人です。互いの行動を縛らないので、結婚しても夢を諦めず前進できるでしょう。また、子どもにはスポーツを習わせたいと考える傾向があります。

男性の太陽が 射手座

アウトドア派の２人陽気でおおらかな夫婦に

アウトドアや外出が大好きな２人。陽気で万事におおらかです。子どもにはたくましく育ってほしいと考えるせいか、家族が増えると自然の多い環境に移住する傾向があります。

男性の太陽が 牡牛座

行動のペースを活かすことが大事

行動ペースの違いを強みに変えられるかが、結婚を維持する鍵です。慎重な夫を妻がリードし、妻の軽はずみな言動を夫が抑えられれば、いい夫婦関係を続けていけるでしょう。

男性の太陽が 乙女座

細かい夫の要望を許容してあげて

何事も細かい夫と、おおらかな妻の組み合わせです。妻は家事が大雑把になる傾向があるので、口出しする夫とバトルになりがち。夫の指摘を妻がどこまで許容できるかが鍵に。

男性の太陽が 山羊座

計画性のある夫に妻が相談すると◎

妻の計画性のなさを、要所要所で夫が引き締める関係です。貯蓄などの長期計画を立てたら、一度夫にアドバイスを求めると◎。ただ家事の分担は、積極的にはしてくれなさそう。

男性の太陽が 双子座

結婚しても恋人のような爽やかな雰囲気の２人

いつまでも恋人同士のような爽やかさがあり、子どもができると外出が大好きな家庭になりそう。持ち前の好奇心で話題の映画を観に行くなど、日々の生活を楽しめる夫婦です。

男性の太陽が 天秤座

細かいこと以外は妻を尊重してくれそう

紳士的な夫と肝っ玉奥さんになりそうな２人。一見考えが合わなそうですが、夫が妻の主張を尊重してくれるので問題ないでしょう。インテリアの好みなど細かい点ではモメることも。

男性の太陽が 水瓶座

交友関係が広く人の出入りが絶えない家に

家庭に縛られたくないと考える２人です。どちらも交友関係が広く、人の出入りが絶えない賑やかな生活になるでしょう。退屈を嫌うので、引っ越しが多くなりがちなのも特徴。

男性の太陽が 蟹　座

これからの生活を十分相談して

外で仕事に励みたい妻と、家を守ることに専念してほしい夫の組み合わせ。生活が長くなるほどケンカになりやすいので、結婚前に一度、家庭のあり方や将来について話し合って。

男性の太陽が 蠍　座

夫の機嫌を損ねると長引く恐れが

無口な夫に最初は戸惑いますが、頼めば家事も協力してくれるはず。家庭を大切にするので、結婚生活は辛くないでしょう。ただし、一度怒らせると収まるまでが長いので、気をつけて。

男性の太陽が 魚　座

夢見がちな２人は生活も現実逃避しがち

家事や育児に協力的な夫ですが、女性から見ると少し頼りなさを感じることがありそう。互いに将来のビジョンが同じならうまくいきますが、やや現実離れした夢を描く傾向も。

女性の月が山羊座

山羊座に月がある女性は、堅実な結婚観をもっている人。男性の「太陽」の位置から、結婚の相性をチェックしましょう。

男性の太陽が 射手座

正反対な性格の2人 違いから学びを得て

楽天家の夫と生真面目な妻の組み合わせ。夫の言動にイライラもしますが、ポジティブ思考から得るものも多いはず。学びをくれる存在と考えれば、上手くやっていける相性です。

男性の太陽が 獅子座

陽気で派手な夫 明るく朗らかな家庭に

夫の抜けている部分を、妻が影から支える関係に。陽気で賑やか好きな夫のおかげで、笑いの絶えない家庭になるでしょう。ただし、金銭面では引き締めが必要かもしれません。

男性の太陽が 牡羊座

方針の違いは さりげない修正が◎

単純ながらも、家族を養おうという責任感と心意気をもった夫です。意見が違う時は真っ向から批判するより、表向きは彼に従い、要所要所で軌道修正をしてあげるのが理想的。

男性の太陽が 山羊座

質素で控えめながら 尊敬される夫婦に

質実剛健を体現する家庭を築ける2人です。目立つことは好みませんが、必要なところではお金も労力も惜しみません。年数が経つにつれ、周囲から尊敬される夫婦になるでしょう。

男性の太陽が 乙女座

何事も相談して 絆を育てる2人

互いに相手を尊重することができる夫婦です。お金の話や家庭内の重要な事項は、必ず2人で相談して決めるはず。折に触れて感謝の言葉を伝えれば、絆はますます深まるでしょう。

男性の太陽が 牡牛座

行動は常に家族単位 堅実で安定した生活

地道で堅実な家庭を作っていける夫婦です。生活設計を立てて慎重に問題を解決していくので、時間はかかりますが安全に歩んでいけるでしょう。基本的に一家全員での行動を好む家族に。

男性の太陽が 水瓶座

価値観の違いは 話し合って解決を

考え方が違うため、何かと話し合う機会が多い夫婦になりそう。しかし議論すればわかり合えるので、子どものことから将来の貯蓄計画まで、相談し合って決めていくとうまくいきます。

男性の太陽が 天秤座

価値観の違いが刺激に 共同作業は難航しそう

共通点が少ない2人です。それが却って刺激となり、充実した結婚生活を送るでしょう。反面、子どもの養育など夫婦で取り組む問題では、共通の見解を見出せず解決まで時間がかかりそう。

男性の太陽が 双子座

意見の違いは 話し合って解決

なかなかテンポがかみ合わない2人。理想の家庭像にも食い違いがあるので、擢り合せが必要です。相手の中に尊敬できるポイントを見出せれば、互いにない部分を補い合う夫婦に。

男性の太陽が 魚　座

妻が夫をリードし 家族を引っ張る

夢見る夫を、現実的な妻が引っ張る組み合わせ。結果として夫が妻の指示に従う「婦唱夫随《ふしょうふずい》」スタイルになりそう。子どもの前で夫をないがしろにする発言はNGなので、注意しましょう。

男性の太陽が 蠍　座

互いに信頼し合い 気遣い合える夫婦に

深い信頼でつながる家庭を築けそう。口には出しませんが夫は常に妻を気遣い、妻も夫を心配しています。子どもは2人で協力して育て、しつけや教育にも熱心になるでしょう。

男性の太陽が 蟹　座

すべてにおいて 役割分担ができる2人

子煩悩な父親としつけに厳しい母親の組み合わせ。子どもの教育に限らず、すべてにおいて「怒る」「なだめる」の役割分担ができるので、バランスのいい家庭を築けるでしょう。

女性の月が水瓶座

水瓶座に月がある女性は、自立心が強く結婚生活に依存しないタイプ。男性の「太陽」の位置から、結婚の相性をチェックしましょう。

男性の太陽が 牡羊座

常識に縛られず いいものを取り入れる

常識に縛られない2人なので、夫婦別姓や別居婚など一風変わった家族形態になるかもしれません。また子どもができると、教育などでもユニークな方針を取ることがありそう。

男性の太陽が 牡牛座

生活の価値観に差 解消法を見つけて

変わらない生活を求める夫と革命を求める妻。生き方に開きがあるため、結婚年数が経つほど不満が溜まりそう。１人旅をするなど、夫承諾のもと不満を解消する方法を見つけて。

男性の太陽が 双子座

好奇心旺盛で フレッシュな夫婦に

いつまでも若々しい雰囲気をもつ夫婦になります。流行の食べ物を買ってくるなど、家庭に刺激を取り入れようとするでしょう。子どもができると、教育熱心な親になる傾向も。

男性の太陽が 蟹　座

家庭一番の夫への 理解と対応が重要

夫婦は常に一緒にいるものと考える蟹座の夫は、妻に目の届くところにいることを要求します。息苦しさを覚える前に、働きに出るなど安全に距離を取れる方法を模索してみるべき。

男性の太陽が 獅子座

夫の明るさ・前向きさに 励まされそう

獅子座の夫はいつも前向き。うるさく感じる時もある反面、明るい話題を家庭にもち込んでくれます。楽しそうに笑い合っている家族を見ると、何があっても許せてしまうはず。

男性の太陽が 乙女座

基本的に理解ある夫 嫌味は受け流して

夫は共働きや家事分担に理解があるタイプですが、時々チクリと嫌味を言うことも。真っ向から反発しないで、さらりと受け流すかユーモアで返すのが◎。口論は避けるのが賢明です。

男性の太陽が 天秤座

親友のように仲が良く 幸せが末永く続く2人

互いにプライベートを尊重しあい、揺るぎない信頼関係と愛情で結ばれる理想の組み合わせです。ご近所でも評判のおしどり夫婦に。退屈しらずの賑やかな家庭を築けるでしょう。

男性の太陽が 蠍　座

妥協できるポイントを 探すことが大事

交友関係が広い妻は、家に友達を招きたいと考えますが、家を息抜きの場と考える夫は難色を示しがち。結婚関係を維持するためには、互いの妥協点を話し合いで探る必要があります。

男性の太陽が 射手座

夢に向かえる2人 現実的な視点も大切に

互いの夢を、実現に向けて共に叶えていこうと誓える夫婦です。ただし、子育てなどの共同作業や金銭面での問題など、現実的な負担を考えない傾向があるので注意しましょう。

男性の太陽が 山羊座

現実的な目線の夫 共通の趣味を見つけて

妻のアイデアを、現実目線で夫がジャッジしそう。愛情ゆえの助言なので、発想を否定されても悲観的にならないことが重要です。価値観の差を埋めるには、共通の趣味が一番。

男性の太陽が 水瓶座

自立心が旺盛で 恋人のような夫婦に

自立心が強い2人です。夫婦と言っても籍だけという関係になるかもしれません。その分、恋人時代の甘い雰囲気が長続きしますが、あまり出産や子育てには興味を抱けない可能性も。

男性の太陽が 魚　座

甘えたがる夫を 受容できるかどうか

優しく甘えさせてくれる夫ですが、その分自分も妻に甘えたい気持ち強いよう。最初は可愛く思えても、次第に構うことが面倒になってくるかも。「大きな子ども」と割り切れるかが鍵に。

女性の月が魚座

魚座に月がある女性は、結婚すると夫との時間を大切にするタイプ。男性の「太陽」の位置から、結婚の相性をチェックしましょう。

男性の太陽が 射手座

言葉を大切にすれば夢と絆が育ちそう

妻の繊細な心の動きを、夫はなかなか理解できないでしょう。何事も面倒がらず、きちんと言葉で伝えることが大切です。一緒に同じ夢を描くことができると、それが夫婦の絆に。

男性の太陽が 獅子座

夫の頼もしさに感謝することを忘れないで

夫が妻を全面的に守る関係になるでしょう。結婚当初は頼もしく感じますが、慣れてくると夫の優しさの上にあぐらをかきがち。昔と変わらず、感謝と尊敬の念をもつことが大切です。

男性の太陽が 牡羊座

優先順位の違いを受け入れる心の強さを

「外で稼ぐのが夫の役割」と考える男性です。結果として、家の中や妻をないがしろにしてしまう傾向が。構ってもらえなくても夫を信じ、一緒に生きていく心のタフさが求められそう。

男性の太陽が 山羊座

口数の少ない夫会話以外で愛情を測って

口下手な夫なので、なかなか妻をほめたり、感謝を示したりすることはないかもしれません。それをさびしいと思わず、愛情を信じて過ごせるかが結婚維持の分かれ目になりそう。

男性の太陽が 乙女座

フォローしてくれる夫教師のような存在に

細かいところに気がつく夫です。妻のミスを指摘してくれる、教師のような存在になりそう。なかなかほめてくれませんが、そういう人だと割り切って、卑屈にならないよう注意して。

男性の太陽が 牡牛座

甘い雰囲気が続く2人ヤキモチに用心して

恋人時代からの甘い雰囲気が、結婚しても長続きしやすい組み合わせ。いい相性ですが、子どもができると夫の愛情が子どもばかりに向いてしまい、妻がヤキモチを焼く可能性も。

男性の太陽が 水瓶座

夫の価値観を理解して優先することが大事

理性的な夫に頼もしさを感じる反面、家族より友達づき合いを優先しがちな点を不満に感じそう。家庭に波風を立てたくないなら、彼の価値観を優先する姿勢が何より大切になります。

男性の太陽が 天秤座

楽しいことが好きな2人金銭管理をしっかりと

快楽主義の夫とルーズな妻の組み合わせです。どちらも娯楽好きな点は一致していますが、金銭管理が甘いのが弱点。結婚生活の豊かさも諦めたくないなら、節約術を身につけましょう。

男性の太陽が 双子座

頭の回転が早く頼れる夫ただし頼り過ぎに注意

機転の利く夫はとても頼りになりますが、頼るばかりではNG。自力でできることは努力し、1人では難しい部分だけ相談するよう心がければ、良好な関係を維持できるはずです。

男性の太陽が 魚座

愛し愛される夫婦に金銭管理は要注意

愛情を与え合える、甘い家庭を築けるでしょう。ただしどちらも現実視点が弱いので、金銭面や生活面に不安が。将来的にマイホームを持ちたいと考えているなら、努力が必要かも。

男性の太陽が 蠍座

愛情深く理想的な夫嫉妬深さには注意して

言葉にしなくても自然と気持ちが伝わる夫婦に。家事も育児も快く分担してくれて、理想的な夫になるでしょう。ただし嫉妬深いので、異性の友達は早めに紹介しておく必要があります。

男性の太陽が 蟹座

相性が良すぎる2人交際範囲が狭まることも

愛妻家の夫です。珍しい物があれば、まず妻に買ってあげようと考えてくれます。子どもも可愛がってくれるし不満はないのですが、結婚を機に交友関係が狭くなる傾向があります。

COLUMN

星座の境目が本によって違う理由

時間や場所によって星座の位置は変わる

生まれ星座が、生まれた時の太陽の位置を示していることは既にお話しました。現在私たちが使用している暦は太陽の動きを元にしていますから、生まれた月日さえわかれば、生まれ星座（その時の太陽の位置）が正確にわかりそうなものです。しかし実際には、一年は厳密に365日というわけではなく、端数が生じます。そのため、暦と太陽の動きの間で少しずつズレが生じるのです。そのため年によって太陽の位置、星座を移動する瞬間も、少しずつ変わってしまいます。

また、太陽は必ずしも午前0時に星座を移動するわけではありませんから、「太陽が星座をまたぐ日」が存在します。この「またぐ日」を前後どちらの星座に入れるかという問題もあるわけです。

一般的な12星座占いでは、これらの悩ましい問題を一刀両断にすることができません。そこで平均値をとるわけですが、そこは占術家の判断によるため、一日程度の差が生じてしまうのです。

ですから、境目生まれの人が正確な太陽の位置を知りたい時は、自分の生まれた年の天文暦を調べたり、ホロスコープ作成システムで正確な出生ホロスコープを作成したほうがいいでしょう。もちろん、その時は生まれた時間と場所を、しっかり調べる必要があります。

さて、もう1つ、よく聞かれる質問に「誕生日が境目の人は、両方の星座の性質をもっているのか？」というものがあります。境目に生まれた場合、太陽とほぼ一緒に運行している水星と金星が、太陽の前後の星座にあることがままあります。すると、その星たちの影響で、境目に当たる2つの星座、両方の性質をもっているように見えるのです。出生地と出生時間を調べ、正確なホロスコープを作成すると「両方の星座の性質をもっているわけではない」ことがわかるでしょう。

第七章

西洋占星術で運勢を占う

西洋占星術で運勢を占う

過去・現在・未来の運気がわかる

出生ホロスコープと、現在の星の運行を照らし合わせることで、運勢を占うことができます。「トランジット法」と呼ばれるこの方法は、知りたいタイミングの惑星の運行が、出生時のホロスコープにどのような影響を及ぼすかを判断するものです。

出生ホロスコープのハウスを惑星が通過する時は、様々な現象や出来事がもたらされます。何が起きるかは、通過するハウスによって異なります。惑星の運行を読み解くことで、幸運の訪れやトラブルにみまわれやすい時期を知ることができるのです。運勢のサイクルを知り、充実した日々を過ごすヒントを探りましょう。

木星

木星は、大きな幸運をもたらしてくれる拡大と発展の惑星。約1年かけて、1つの星座を通過していきます。それがあなたのホロスコープの何ハウスに当たるかによって、どのような幸運を手にできるかが変わります。

土星

試練や課題をもたらすとされる土星は、ひと星座を通過するのに約2年半かかります。あなたのホロスコープのハウスが示すテーマから、与えられた課題を読み解きましょう。しっかり取り組めば、大きく成長できるはずです。

太陽

太陽は例年、規則的な動きをします。そのため毎年同じ時期には、あなたのホロスコープ上の同じハウスに来るはずですので、太陽は約1か月の基本的な運勢を示します。これを知れば、毎年12ヵ月の基本的な運勢の流れがつかめます。

水星

水星は仕事や職場のコミュニケーションを判断するのに最適な惑星です。能力を発揮する機会はいつか、どのようなシチュエーションの時に活躍できるのか、ということがわかります。反対に、注意が必要な時も把握できます。

金星

金星で恋愛と金銭に関することを判断できます。恋の出会い運がある時やアプローチする好機はいつか、金銭的に恵まれる時はいつか、といったことがわかります。反対にチャンスを逃しやすく、後悔しやすい時もわかります。

火星

火星は行動力を表す惑星で、特に体調に影響します。注意して過ごすべき期間、活動的になっていい期間というのがわかります。重要な予定を健康に過ごせる時に設定するなど、うまく活用して過ごすとスムーズな生活が送れます。

運勢の調べ方

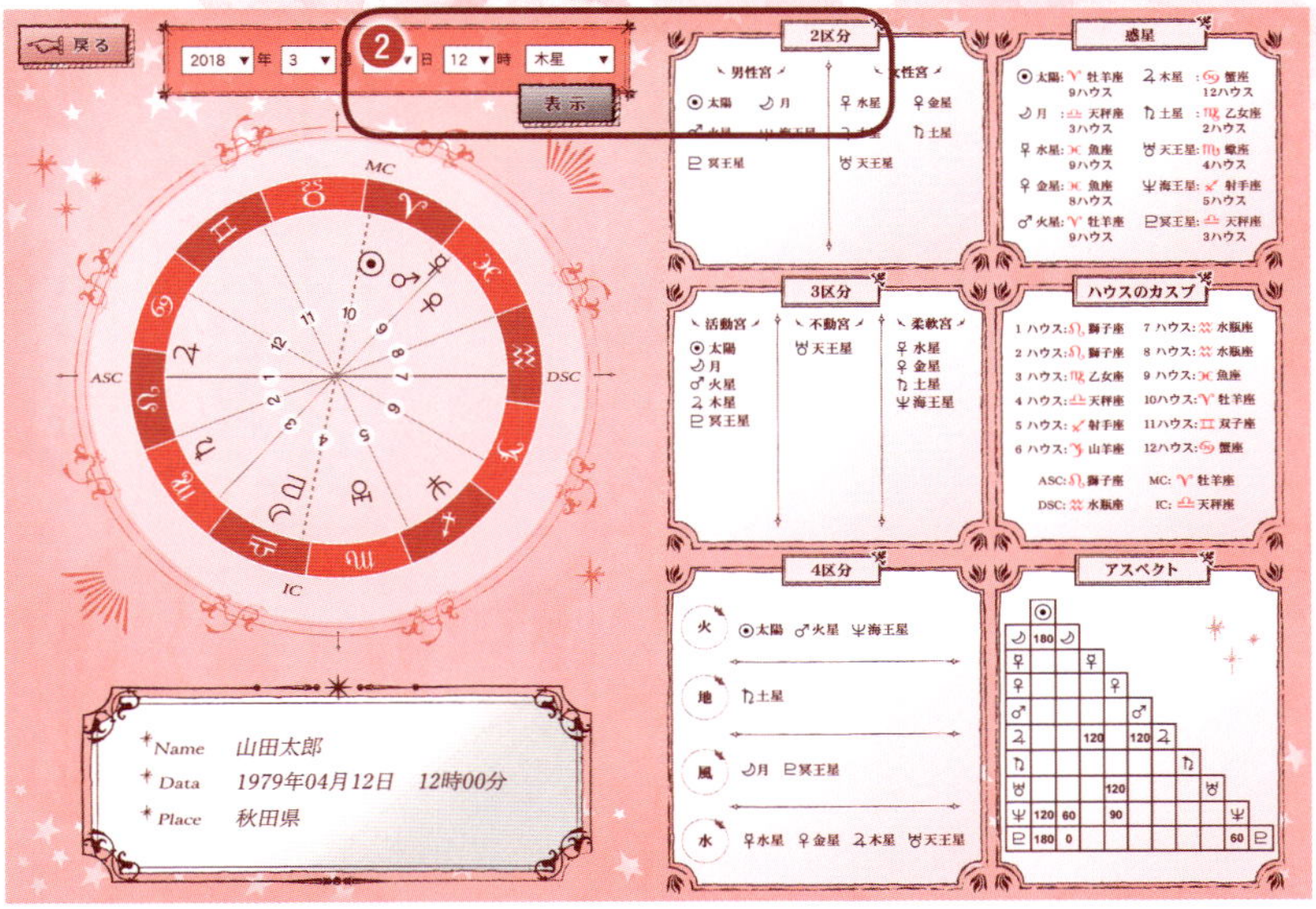

❶　あなたのホロスコープの出し方（P14〜15）を参考に、出生ホロスコープを出します。

❷　画面左上のプルダウンメニューから、占いたい日付を選びます。

❸　占いたい項目の惑星を選び、表示をクリックします。

惑星	占えるテーマ
木星	ビッグチャンス
土星	取り組む課題
太陽	全体運
水星	仕事運
金星	恋愛運、金運
火星	健康運

第七章

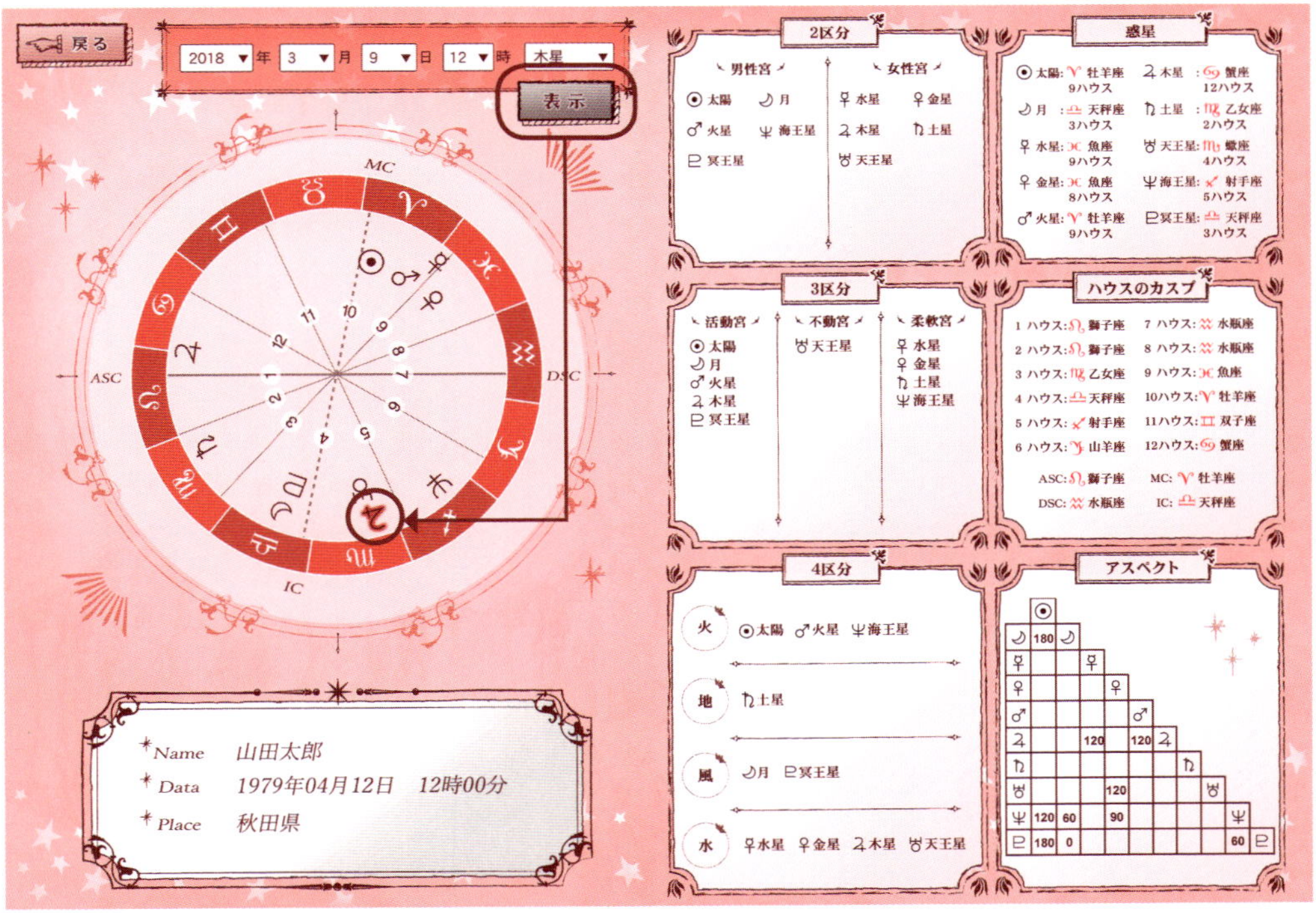

❹　表示された惑星の位置が、何番のハウスなのかで運勢を占うことができます。ちょうど境界線の上にある時は、両方の運勢の意味をチェックし、総合的に判断してください。

ビッグチャンス

木星が1ハウス
成功のチャンスが到来 何かと注目される

意志が尊重され、注目を集めやすくなります。才能が開花し、活躍の場が拡大するでしょう。活動的になり、新しい目標や希望がわいてきやすい時期です。リーダーとして頼りにされ、成功へのチャンスにも恵まれます。新しいことへのチャレンジはすべて吉です。

木星が2ハウス
収入が増える兆し 貯蓄に最適な時期

給料がアップしたり、安定した収入源を確保できたりしそうです。副収入サイドビジネスが当たり、副収入が得られるようになる可能性も。貯蓄意欲が湧くため、貯金も増えるでしょう。不動産や資産の活用もうまくいく時期。見る目も肥えて、満足のいく買い物ができそう。

木星が3ハウス
交友関係が広がり 意欲がみなぎる

新しい対人関係が広がります。また、友人との交流も活性化し、多くの連絡が入るでしょう。才能が開花し、能力を活かすチャンスに恵まれます。趣味や勉学、習い事なども上達しやすい時です。好奇心旺盛になり、様々なことにチャレンジしたくなるでしょう。

木星が4ハウス
家族との絆が深まり 引っ越しの可能性も

家庭生活が安定します。家族が増えるなど、家庭に関する喜び事があるでしょう。実家を離れている場合は帰省したり、こまめに連絡を取るようにして。家族、特に母親との絆が深まり、一緒に行動することが増えそう。引っ越しなどで、快適な場所に移る可能性も。

木星が5ハウス
芸術面・恋愛面で 機会に恵まれそう

レジャーや遊びに出かける機会が増えます。新たに夢中になれる楽しみを見つける場合も。創造力が豊かになり、芸術・文学などの分野で周囲から高評価を得られるでしょう。恋愛の機会に恵まれ、理想のタイプとも出会いやすく、楽しいデートができるはず。

木星が6ハウス
働き方を見直し 健康管理に最適な時

好環境や好条件の職場に勤務できます。理想の働き方ができ、同僚ともいい関係を築けます。健康的に過ごせるので、ケアや治療を心がけると、身体に関わる長年の悩みから解放される可能性も。一方で、過信すると体調を崩す危険性があります。

西洋占星術で運勢を占う

♃木星が告げるあなたの

木星が7ハウス
契約は強気が◎ 結婚のチャンスも

結婚のチャンスに恵まれます。交際中のカップルはゴールインの可能性が。恋人がいない場合も、紹介やお見合いなどで、好みの相手を見つけられる時期。契約や訴訟問題なども有利な結果を得やすいでしょう。共同経営や出資にも向いている期間です。

木星が8ハウス
夫婦の絆が深まる時 遺産が舞い込むかも

遺産が入るなど、予定外の金銭が舞い込みやすい時です。高額の買い物や投資も、失敗しにくいはず。ローンを組むのも◎。夫婦関係が充実し、絆が深くなるタイミングです。結婚によって財に恵まれる可能性も。性生活が充実し妊娠しやすい時期でもあります。

木星が9ハウス
知的好奇心を満たすタイミング

研究などの取り組みが評価されます。公に発表すれば、表彰される可能性も。または、興味ある分野を深く学ぶのにいい時期です。特に外国語の学習が◎。海外旅行や海外文化に触れる機会が増え、視野が広がるでしょう。精神的に豊かになれるはず。

木星が10ハウス
社会的地位の向上 就職・転職も◎

周囲から能力や仕事ぶりで高評価を得られ、社会的地位が向上します。名誉や名声を手にできるでしょう。昇級や昇格をしやすいので、試験は積極的に受けて。自分の能力に適した仕事を見つけやすく、就職や転職はスムーズに決まりそうです。

木星が11ハウス
人生の目的が見つかり 交友関係が華やかに

人生の新たな目標が見つかる時。達成するチャンスにも恵まれるでしょう。同じ感覚や意志をもった友人と出会いやすく、交際関係は華やかになりそう。共通の趣味や目標をもったグループに所属することで、多くの協力者に恵まれ、活躍の場が広がるはず。

木星が12ハウス
悩みから解放され 精神的にもゆとりが

悩みやコンプレックスが解消されます。障害や問題があっても、援助者や協力者が現れて乗り越えていけるでしょう。ボランティア活動に携わることで、精神的にゆとりが生まれます。直感が鋭くなるため、未然にトラブルが防げるようになることも。

取り組む課題

土星が1ハウス
孤独と困難を努力で乗り越えて

自分の存在価値や意義に、疑問と不安を感じる時期。体調が優れないことが多くなる可能性もあります。周囲から賛同が得られず、孤独を感じるかもしれません。しかし、努力を重ねれば、困難を乗り越えて物事を達成する根気が身につけられるタイミングです。

土星が2ハウス
収入や労働に陰り価値観を見直す時期

収入が減少したり、労働の対価が得られなかったりということがあります。また審美眼が曇り、後悔する買い物をしやすい時期。改めて何に価値をおくか、何を重要視するか考える必要があります。反面、無駄遣いが減り、お金の大切さを実感できる時ともいえます。

土星が3ハウス
頭の回転が鈍る時期対人関係に用心して

頭の回転が鈍り、勉強や仕事のスピードが落ちそう。ただ、一度身につけたものは確実に力となるので、資格取得や試験勉強などに向いている時期でもあります。対人関係で悩みを抱えやすくなるので、コミュニケーションの取り方を工夫するなど対応策が必要です。

土星が4ハウス
家庭に問題発生関係を見つめ直して

家庭で問題が発生しやすくなり、対応に追われる可能性が。引っ越しや家族の都合で、不満や不便を感じやすい環境・状態で暮らすことになるかもしれません。家族からのプレッシャーで、思うように自分らしさを出せない場合も。関係を見つめ直して対応を。

土星が5ハウス
レジャーの機会が減り恋愛運も停滞しそう

レジャーや遊ぶ機会が減ります。予定していてもキャンセルになったり、思った以上に楽しめなかったりしそう。恋愛は出会いに恵まれにくくなり、好きな人がいても発展しづらくなります。恋人への気持ちが急に冷める場合も。また、ギャンブルは禁物です。

土星が6ハウス
健康と職場に関する悩みを抱える時期

健康問題が浮上する時期。疲れやすく、病気にかかりやすくなります。一度体調を崩すと、長期化してしまう恐れも。一方で、じっくりと体調を整えるよう努力すれば、強靭な身体を手に入れられそう。また職場で問題が発生しやすく、悩みを抱えやすい時です。

西洋占星術で運勢を占う

♄土星が告げるあなたが

土星が7ハウス
結婚にまつわるトラブルが多発

結婚相手と出会いにくい時期です。恋人がいても結婚へと進展しなかったり、結婚そのものに疑問を感じることも。周囲からも反対されやすく、また、結婚していても束縛や制約が多く悩むことが増えるでしょう。契約事は不利になりやすいので、注意が必要です。

土星が8ハウス
夫婦生活に試練 金銭トラブルにも注意

相続問題や借金を抱えやすくなる時期。安易にローンを組んだり、保証人になったりしないように注意しましょう。夫婦生活に試練が訪れるかもしれません。性生活に満足できなかったり、妊娠しにくい期間なので、時間をかけて解決へと尽力するようにしてください。

土星が9ハウス
海外旅行や留学は準備を入念に

柔軟な発想ができなくなり、考え方や視野が狭くなりそう。疑心暗鬼に陥りやすい傾向も。海外旅行や留学はトラブルに巻き込まれやすいので、事前にしっかり準備するなど対策が必要です。ただし、時間をかけて資格や学問に関する勉強や研究をするにはいい時期。

土星が10ハウス
社会的プレッシャーに心身共に疲れそう

社会的責任が重くのしかかることが増え、苦労しそう。実力に見合っていないハードな仕事内容に取り組まなければならず、上司や目上の人に反発を感じるかも。心身共に疲労しやすい時期です。一方で、ひたむきな努力を重ねれば、実力が身につく時でもあります。

土星が11ハウス
友人関係が整理され孤立することも

真の友人が誰かということが、わかるような出来事が起きます。自分の意見に共感・賛同してくれる人がおらず、孤独感を味わう場合も。新たな目標が見つかりにくく、やる気の出ない日が増えそう。周囲と比較して落ち込まずに、マイペースを貫くことが大事。

土星が12ハウス
コンプレックスが増えて悩みそう

コンプレックスを刺激されて落ち込んだり、人に言えない悩みを抱える時期。他人の秘密を知って苦しむこともありそう。人づき合いが億劫になり、引きこもる可能性があります。人のためになることや、ボランティアをすることで、精神的に救われるでしょう。

第七章

全体運

太陽が1ハウス
注目を集めやすく自分に自信がつく

自信をもって行動できるようになり、注目を集めやすい時期。何に対しても意欲的になるので、未知の世界にチャレンジするいい機会です。リーダーとして認められ、活躍の場が広がるはず。ただし、デリカシーに欠けることがあるので、言動には注意してください。

太陽が2ハウス
自分のペースで何事も楽しめる時

何事もマイペースで過ごせます。何かにじっくりと取り組むと、成果が出やすいでしょう。趣味の時間を大切にすると、食事やレジャーを一緒に楽しめる、嗜好がピッタリ合う友人ができそう。ただ、行動がスローになりすぎると、周囲に迷惑がかかるので注意。

太陽が3ハウス
好奇心が活性し外出や旅のチャンス

色々なことに興味をもてる時期。新たに習い事や勉強を始める好機です。また、仕事で能力を活かすチャンスに恵まれ、やりがいを感じられるようになるでしょう。技能や技術が身につきやすい時でもあります。友人から誘われて、外出や旅行の機会が増えそう。

太陽が4ハウス
生活スタイルに変化柔軟に対応して

引っ越し、就職や進学、社内の異動、対人関係、体調により生活スタイルを変えければならないことになりそう。その時の状況をしっかり見極めて、柔軟に対処していくことが大事。感情的になりやすく、勢いで物事を決めてしまうと後悔するので注意してください。

太陽が5ハウス
今までの努力の成果が出やすい時期

自己主張が強くなりますが、応援してくれる人脈に恵まれる時期です。やりたいことに積極的に取り組むといいでしょう。今までの努力の成果が出やすく、表彰されたり、プロとして認められたりといったことも。また、記憶に残る楽しいレジャー体験ができそう。

太陽が6ハウス
神経がデリケートに健康への意識を高めて

神経質になり、ストレスが増える時です。しかし細かい気配りができるので、仕事や対人面では高評価を得られるでしょう。体調が不安定になりやすく、規則正しい生活やバランスのいい食事を意識する必要が。健康への意識を高めれば、活動的になれる時期です。

西洋占星術で運勢を占う

太陽が告げるあなたの

太陽が7ハウス

注目度アップの時期 交流も増えそう

社交性が豊かになり、多くの人との交流が期待できます。誘いも増え、注目が集まる時です。交渉上手になるので、仕事で契約を成立させる、デートの約束を取りつけるといったことにも向きます。おしゃれに力を入れると、さらに異性からの人気が高まるでしょう。

太陽が8ハウス

頑なな姿勢はNG 上手に気分転換して

持続力があり、面倒な仕事などを最後までやり抜くことができる時期です。ただ、自分の意志を明確にもつのはいいのですが、強引になりすぎて周囲を振り回してしまう恐れが。嫉妬深くなって、周囲の活躍をねたむことも。好きなことをして気分転換をしましょう。

太陽が9ハウス

怠けずに励むと 希望が叶う時期

好調期。希望が叶いやすいので、やりたいことはどんどん公言していくと◎。思わぬ形で実現したり、協力者に恵まれたりします。海外旅行や体験型のレジャーを楽しむと、いい時間を過ごせるはず。一方で怠けだすと、歯止めがかかりにくいので注意してください。

太陽が10ハウス

プレッシャーに負けず 地道な努力が大事

仕事や勉強、自分が責任を負うべきことに向き合う必要が出てきます。プレッシャーのかかることが重なり、対人面でも衝突が多くなるでしょう。イライラすることが増えるので、うまくストレスを発散するよう心がけましょう。何事も地道な努力が必要な時です。

太陽が11ハウス

仲間との交流が 楽しめる時期

同じ意見や趣味をもつ仲間との行動が楽しめる時です。また、そのような仲間と出会えるタイミングなので、興味を惹かれたことはすぐに始めて◎。初対面でも意気投合できそう。勘が冴えるので、問題解決に挑む、企画を提案するといったことに取り組んで。

太陽が12ハウス

トラブル対応は 冷静&的確に

何をするのも面倒になりやすい時。コンプレックスを刺激されやすく、ささいなことで傷つくようになります。トラブルが発生しやすいので、対処に追われそう。勝手に妄想して不安になってしまうことも増えるため、きちんと事実を把握するようにしましょう。

仕事運

水星が1ハウス
才能が開花して役職に抜擢されるかも

才能が開花しやすく、特技も活かしやすい時期なので、自信をもって仕事に取り組めるでしょう。経験のないこともスムーズに身につけられ、能力を認められて重要な役職に抜擢される可能性も。仕事に夢中になりすぎ、ワーカホリックにならないように注意して。

水星が2ハウス
特技や技能、趣味が収入アップにつながる

持ち前の特技や技能を活かすことができ、それが収入に直結しそう。仕事に有益な対人関係ができる時期でもあり、趣味に取り組むうちにスカウトされて、副収入が得られるようになることも。持久力が高まり、溜まっている仕事をやり遂げることができそう。

水星が3ハウス
キャリアアップに◎資格取得を目指して

キャリアアップしやすい時です。仕事に役立つ勉強をしたり、資格取得を目指したりすると◎。積極的に昇格試験などを受けるようにし、技能を高めることに適した時期です。習い事などが免許皆伝となり、それが仕事につながっていく可能性もあります。

水星が4ハウス
仕事内容に変化やる気の維持に努めて

異動になったり、役職が変わったりと職場や仕事内容に変化がある時です。気分がのって、非常にスムーズに仕事が進められる時と、そうでない時の落差が激しくなるタイミング。「こっちが楽そう」と安易に選択すると、今までの努力が無駄になるので要注意。

水星が5ハウス
アイデアを活かして成功をつかめる時期

アイデアが豊富に湧き、クリエイティブな才能が光る時です。積極的に企画を提案していけば採用されるはず。コンテストや公募などにチャレンジするのも◎。表彰される、プロとして認められるといった可能性があります。起業や独立に有利な情報にも恵まれそう。

水星が6ハウス
集中力が高まりいい結果が出せる

集中力が高まり、繊細さや技能を必要とする仕事をこなせる時期です。機械的処理、文書・図表の作成など、高い技術が必要なこともクリアできるはず。部下や後輩も頼りになる時ですが、周囲に厳しい目を向け、高いレベルを求めすぎる傾向があるので注意して。

西洋占星術で運勢を占う

☿水星が告げるあなたの

第七章

水星が7ハウス

ライバルと切磋琢磨 交渉事に適した時期

プレゼンや交渉がうまくいく時です。取引先の要望をしっかり聞き、先方の望むものを提供できるので、評価が高まるでしょう。秘書的な能力も光ります。ライバルも登場しやすいタイミングですが、切磋琢磨できる相手なので、能力を高め合うことができるはず。

水星が8ハウス

ペースは落ちるものの粘り強く作業できそう

集中力が高まりますが、じっくりと仕事に取り組みすぎてペースが落ちそう。ただ、バイタリティーにも恵まれるので、多くの仕事をこなせるはず。結果的には難しい仕事に対しても、粘り強く対応していくことでクリアできます。ベテランの意見を大切にしたい時。

水星が9ハウス

スキルアップに精を出すと◎

確実に結果を出すことができる時。特に研究などに携わる専門職の場合は、高い評価を得られるタイミングです。情報収集では、海外のサイトや文献にも目を通すと◎。スキルアップを目指して、スクール通いや留学の準備をスタートさせるのもおすすめです。

水星が10ハウス

やりがいと責任を感じプレッシャーとの戦いに

やりがいがある一方、重い責任がある仕事を任されます。プレッシャーが大きく、問題も発生してスムーズにはいかないでしょう。しかし、ここでの経験が糧となり、キャリアアップのきっかけをつかめます。上司や先輩のアドバイスを大切に、最後までやり抜いて。

水星が11ハウス

集団での対応が◎ ひらめきが冴える時期

同僚との連携がスムーズになる時です。グループで行動するようにすると、仕事がはかどるでしょう。役割分担するのも◎。問題があると思うところは、積極的に周囲に伝えて改善に取り組んで。この期間のひらめきは、仕事に活かせることが多くなります。

水星が12ハウス

ケアレスミスに注意したい時

集中力に欠け、ミスが増える時。忘れ物やなくし物をしやすいので、書類やメールの管理には注意が必要です。また、取引先や顧客の名称を間違う確率も上がるタイミング。サービス業や補佐的なポジションに就いている場合は、実力が発揮できる時期です。

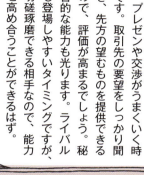

恋愛運

金星が1ハウス
魅力がアップして異性から注目されそう

魅力が引き立ち、周囲から注目を集めてかわいがられます。異性から誘われたり告白されたりと、人気が高まりそう。好みの異性と出会って、トントン拍子に交際に発展する可能性が。自分からも積極的にアプローチできる時期。交際中なら結婚話が浮上することも。

金星が2ハウス
異性への目が厳しくなる時期

異性に求める条件が厳しくなり、なかなか好きな人ができない時。恋人に対しても要求が多くなり、不満をもたれやすいでしょう。条件がそろっていなくても、嗜好が合う相手とは一気に親密になれるので、より好みばかりせず、試しにデートしてみるのも手。

金星が3ハウス
友情が愛情に変化し恋人候補が現れる時

友情が愛情に変化しやすい時です。仲間と思っていた相手にときめいたり、家族の知り合いが恋人候補となる可能性も。また、趣味や習い事を通じて気の合う人が現れますが、最初は友人のような関係から始まるため、甘いムードになるまでは時間がかかりそう。

金星が4ハウス
家族ぐるみの縁が恋愛に発展する時

家族の知り合いの中から、気になる異性が登場しそう。または、幼なじみと関係が進展しやすい時です。一方、恋愛に対して臆病になりやすく、片思い状態が長引く暗示も。恋人との間に誤解が生まれやすいので、憶測で行動したり、曖昧な態度を取ったりしないこと。

金星が5ハウス
恋愛のチャンスが増加積極的に行動して

恋のチャンスに恵まれます。外出の機会を増やして積極的に行動範囲を広げると、理想のタイプの異性と知り合えそう。アプローチの成功率が高く、大恋愛に発展する兆しも。交際中の相手との関係もステップアップして、周囲から祝福されるようになるでしょう。

金星が6ハウス
恋する気力が低下し後悔が増えそう

恋する気力が低下しそう。せっかくの誘いを断って後悔するなどの行動を起こしがちに。素直になって。異性へのアピールも失敗が増えるため、研究する必要があります。カップルはマンネリに陥りやすいので、デートを工夫するなどの対策を考えましょう。

西洋占星術で運勢を占う

金星が告げるあなたの

金星が7ハウス
結婚を意識する時 プロポーズの期待も◎

結婚へとつながる出会いにめぐり合いやすい時。色々な人に会う機会を増やしましょう。お見合いや婚活パーティへの参加もおすすめです。また、そういった話も舞い込みやすいでしょう。カップルはプロポーズされたり、自分からする機会に恵まれるはず。

金星が10ハウス
年上の人と出会い 結婚へとつながりそう

年上の人と縁ができやすい時です。結婚前提の紹介やお見合いをお願いすると◎。仕事を通じての出会いが増える時期ですが、職場が恋愛禁止など、障害を伴いそうです。不倫しやすい傾向もあり、アプローチも成功しにくい期間なので十分に注意しましょう。

金星が8ハウス
愛情表現がホットに 授かり婚の可能性も

愛情表現が情熱的になります。しつこくなったり、強引になったりもしやすいので注意が必要です。身体の関係から始めてしまう、もしくは身体だけの関係を続けてしまう傾向も。カップルはセックスが充実して、妊娠しやすい時。それがきっかけで結婚に至る場合も。

金星が11ハウス
趣味を通じて 恋人候補が出現

趣味の集まりから、恋人候補が現れそう。同年齢の人や職場の同期とも意気投合しやすい時期です。ハプニングがきっかけとなって、恋に落ちる可能性もあります。グループデートをすると、プラスになる経験ができるはず。恋人の良さを再認識する出来事も。

金星が9ハウス
気の合う異性と出会い 交際に発展しそう

習い事やスクール、旅行先などで、意気投合する異性と出会えそう。会話が弾み、自然と交際がスタートしやすいタイミングです。外国人が交際相手となる可能性も。意中の相手に接近するチャンスに恵まれやすいので、積極的にアプローチするのがおすすめ。

金星が12ハウス
恋愛トラブルに注意 恋人選びは慎重に

ライバルの登場や三角関係になるなど、トラブルに遭いやすい時。浮気したりされたりといった恐れもあります。騙されやすいので、この時期の恋人選びは慎重になって。強引に迫られつき合う、寂しさを紛らわすために交際する、という危険性も高め。

第七章

金運

金星が1ハウス
臨時収入や給料アップに期待

思いがけないプレゼントをもらったり、臨時収入を得たりと、いわゆる「棚ボタ的」ラッキーが期待できる時期です。買い物では運命を感じるアイテムと出会えそう。ギャンブルではビギナーズラックの予感も。気前が良くなりますが、一気に大金を使いすぎないように。

金星が2ハウス
支出は増加傾向も貯蓄にも意欲的に

ずっと欲しかった物が手に入りやすい時。売り切れてあきらめていたものが見つかる場合も。支出は増加傾向になる一方、貯蓄への意欲がわいて、長続きしやすいタイミングです。ただし、投資や投機的なものは不向きなので、手を出さないようにしましょう。

金星が3ハウス
クジや懸賞に当選しやすい

クジや懸賞が当たりやすい時です。特に雑誌などメディアを通じて応募するものにツキがあるでしょう。ネットショッピングを活用すると、いい買い物ができます。人気のサイトやクチコミをチェックして購入するようにすれば、後悔しない買い物ができます。

金星が4ハウス
節約を心がけ財布の紐は締めて

収支を見直して、無駄がないか確認するのにいい時。節約できるところがないか、よくチェックしましょう。あてにしていた収入がなくなる、または延期になるといったハプニングの恐れがあります。強引な店員やセールスに遭う可能性も。衝動買いに要注意です。

金星が5ハウス
金運は概ね良好出費は増えそう

臨時収入がありそう。プレゼント運やギャンブル運も良好ですが、過度な期待は禁物。レジャーなどの娯楽に使うお金が増えるので、他の支出を抑えるなどの調整を。しかし、払った以上の満足感を得られやすい時です。事業が軌道に乗って、儲けが出る可能性も。

金星が6ハウス
無駄を減らして節約できる時期

節約意識が高まる時です。様々な工夫をすることで、無駄を減らすことができるはず。買い物でおまけしてもらえる、偶然セール価格で購入できるといった、プチラッキーに出会いやすいでしょう。しかし、安さにつられて浪費しないように注意してください。

西洋占星術で運勢を占う 金星が告げるあなたの

金星が7ハウス
ステージアップして収入も増えそう

仕事やアルバイトの情報が舞い込みやすい時。転職について、周囲に相談するのも◎。実力が認められて、ヘッドハンティングされる可能性があります。ただし、契約内容はしっかり確認してから決断を。また、プレゼントをもらう機会が増加する時期です。

金星が8ハウス
収支はどちらも増えそうな時

周りからおごってもらえたり、お土産などをもらいやすい時期ですが、急な冠婚葬祭で支出も増えそう。また、高額の買い物をしやすいタイミングです。長期のローンを組む場合は、しっかりと返済計画を立てましょう。投資で儲けるチャンスが舞い込む可能性も。

金星が9ハウス
資産運用に適した時臨時ボーナスも

貯蓄や投資についての知識を身につけると、うまく運用できます。職場で能力が評価されて、給料のベースアップがありそう。臨時ボーナスの可能性も。独立や開業のチャンスにも恵まれやすいでしょう。量販店ではなく専門店に行くと、望んだ物が買えるはず。

金星が10ハウス
ショッピングは時間をかけて

目上の人からかわいがられて、ご馳走してもらったり得したりする機会が多いでしょう。職場での働きぶりが評価されて、将来的に昇給につながるポジションに就ける可能性も。買い物は時間をかけないと後悔しそう。口コミではなく自分の目で確かめて購入を。

金星が11ハウス
共同購入やネットでの買い物に幸運

交友関係が活性化すると同時に、おつき合いに関する支出が増えるでしょう。突然の出費もありそうですが大きな痛手にはなりません。共同購入やネットを活用して買い物をすると、特典やポイント付与の恩恵にあずかれそう。趣味が高じて収入につながる可能性も。

金星が12ハウス
いつも以上に計画的に金銭管理を徹底して

無計画にお金を使ってしまいそう。本当に必要な時に、お金がなくて困ってしまう恐れがあります。詐欺に遭いやすい、貸した物が戻ってこないといったハプニングも起きやすいので、堅実に過ごすのが◎。売り物をうっかり破損するなどの事故にも用心して。

第七章

健康運

火星が1ハウス

とても活発な時期 疲れを溜めないで

とても活発に行動でき、何事もスピーディーに処理できる時期。バイタリティーにあふれ、徹夜や連続勤務もこなせそう。一方で、それまでに疲れを溜めていた場合は、発熱しやすいことも。また、頭痛や歯痛が起きやすく、火傷や怪我をしやすい傾向もあります。

火星が2ハウス

行動が億劫になり ダラダラしそう

特に体調が悪いわけではありませんが、行動がややスローになり、何事も時間がかかってしまいそう。面倒に感じることが増えて、ダラダラしがちに。食べすぎや飲みすぎ、喉の痛みに注意しましょう。運動不足になりやすいので、意識して動く時間を作るようにして。

火星が3ハウス

持続力に不安 こまめにケアをして

まずまずの体調をキープできますが、持続力に欠ける時。長時間労働などには不向きです。疲労を溜めないことが重要なので、毎日こまめにケアしてください。メディアで紹介されている健康法に、自分に合うものが見つかりそう。腱鞘炎《けんしょうえん》など腕、肩の病気に要注意。

火星が4ハウス

崩しやすい体調に 十分注意をして

体調を崩しやすいので、予防をしっかりすることと、無理をしないようにすることが大事。身近な人から感染しやすい傾向もあるので、自分だけでなく周囲のケアも心がけましょう。気になっていて放置していた箇所は悪化する恐れが。早めに専門機関で治療を。

火星が5ハウス

病状・体調は快方へ 張り切りすぎに注意

アクティブに過ごせる時です。悩まされていた症状は快方に向かうでしょう。稀《まれ》に悪化する場合がありますが、徹底的に治療をすることで完治させることができるはず。体力を過信して、知らず知らずのうちに疲れを溜めてしまい、過労でダウンする恐れも。

火星が6ハウス

健康について学ぶと 体質改善する時期

健康に関して耳よりな情報が入ってきます。積極的に試してみると、大きく体調改善する可能性が。健康について勉強するのも◎。予防法や応急処置などの知識を学ぶなど、様々な内容に触れてみましょう。胃腸が乱れやすいので、日々の食事には気を配って。

西洋占星術で運勢を占う

火星が告げるあなたの

火星が7ハウス

体調は不安定 対策・予防が重要に

体調が不安定になりやすいので、予防や睡眠をしっかりとるなどの対策を。また、改めて自分に不足している栄養分を確認したり、専門機関で徹底的に検査をして、不調の原因と向き合うのも◎。偏食が原因で腎臓の病気にかかりやすいので用心しましょう。

火星が8ハウス

女性は婦人科系の病気に用心して

スッキリしない気分の時です。特に病院にかかったり、薬を飲んだりするほどではないけれど、何となくだるさを感じるかもしれません。無理せず、好きなことをして過ごすなど、ゆったりとした時間を大切に。女性の場合、婦人科系の病気、生理不順などに注意を。

火星が9ハウス

体調不良が改善し 疲れ知らずに

好調期間。病状があった場合は、快方へと進むでしょう。体調についての悩みは専門家に相談すると解決しそう。自分に合ったケアや健康法を見出すことができるので、疲れ知らずに。一方、太りやすい傾向があるので、食べすぎやお酒の飲みすぎには気をつけて。

火星が10ハウス

無理が増える時期 ケアは入念に

注意が必要な期間。自分のペースで過ごすことができず、無理する場面が増えます。疲労が溜まり、病気にかかってしまう恐れも。一度患うと長引く傾向です。持病が悪化しやすいので、ケアは入念に行うのが◎。栄養バランスの崩れにも注意したい時です。

火星が11ハウス

問題なく過ごせる時期 知識の過信に注意

特に体調の変化を感じることなく、マイペースに過ごせる時。サプリや軽い運動、最新の健康法などをうまく活用すると、よりスッキリした気分で過ごせます。ただし、知識偏重になりやすいので、鵜《う》呑《の》みにせず本当に効果があるのか確認しながら進めましょう。

火星が12ハウス

メンタルが体調に影響 リラックスが大切

体調が不安定になりそう。特に精神面の影響を受けやすいので、リラックスする時間を大切にしましょう。この期間に始めたことは、良くも悪くも習慣化、もしくは中毒的に夢中になってしまう恐れがあるので要注意。嗜好品の取りすぎ、神経系の病気に注意を。

COLUMN

運気が悪い時のアドバイス

悪い運気は永遠に続かない

運気はよくお天気に例えられます。運気がいいというのはさしずめ清々しい晴れの日、悪い日は雨、ということになるでしょうか。でも雨だって私たちが生きていくためには必要なものですし、雨を必要以上に恐れる人もいないでしょう。

運気も同じです。ただ、占いを利用してこの先のお天気をあらかじめ予測できれば、それに適った過ごし方ができるというわけです。

では「雨の日にふさわしい過ごし方」とは一体どんなものでしょうか。消極的な対処法としては、新規の案件は控える、大きな決断や方向転換などはしない、ということが言えると思います。これらのことは、やはり運気のいい時に行った方がスムーズだからです。どうしてもしなければいけない時は慎重に、信頼できる人によく相談する、ということが大切です。また、ハプニングに柔軟に対応できるような体制を整えておくことも必要でしょう。

一方、低い運気というのは「インプットのタイミング」と言い換えることもできます。自分の中に栄養となるものを蓄え、しっかりとした根を張る時期なのです。具体的には、勉強をする、資格を取る、身体のメンテナンスをする、貯蓄をする……などなど。ボランティアで、善行を積むのもおすすめです。ここでしっかりと心と体に栄養を与えておくことによって、運気が上昇に転じた時に、今度は大きく枝葉を広げ、力を外へと出していくことができるのです。

占いを学ぶと理解できることの一つに、運気は誰しも平等にアップダウンを繰り返す、ということがあります。星は常に巡ります。悪い運気がずっと続くことはないのです。開運の秘訣は、むしろ低迷した運気の時期の過ごし方にあるとも言えるでしょう。

ホロスコープ
Q&A

Q いいホロスコープの条件はありますか？

A ホロスコープに良し悪しはありません

幸運を表す「木星」と試練を表す「土星」は、どんな人の出生ホロスコープにも存在しています。つまり、生まれた瞬間に人は誰しも、「幸運」と「試練」を同時に手にしているということです。

ただし、人にはそれぞれ「向いている生き方」があります。出生ホロスコープの示す特質を活かして人生を歩んでいる場合は、「いいホロスコープ」といえるかもしれません。しかし、自分のもつ特質をまったく活かせず悩んでいるのなら……それは、残念ながら「悪いホロスコープ」といえるのかもしれませんね。

しかし、簡単に「いい」「悪い」だけで言い表せるような出生ホロスコープは、存在しないことを覚えておいてください。

Q 双子の性格や運勢は同じになりますか？

A 完全に「同じ」になる可能性は低そう

双子のホロスコープが、寸分たがいなければ、性格や運勢の傾向はごく似てくると考えます。しかし、完全に「同時刻に生まれる双子」というのは、稀ではないでしょうか。少なくとも数分の差は出るはずです。出生時間が少しでもずれれば、ハウスの星座、ハウスに入っている惑星などに違いが出てきます。よって、双子であってもそれぞれ違うホロスコープとなり、完全に同じ性格や運勢になるとはいえません。

また、男女で生まれた双子だと性別も違いますから、ホロスコープの読み方も異なってきます。

さらに、生まれ順など別要素も加味すると、双子であっても、性格や運勢に違いが生じてくるでしょう。

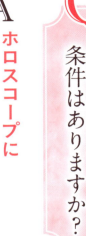

Q 2、3、4区分で足りていない要素は？

A ないものを補うよりあるものを活かしましょう

出生ホロスコープは十人十色。バランス良く入っていることが、一概に「いい」とは言えません。特性を活かすことができる環境に身を置くと、足りないものが気にならなくなります。それどころか「足りなくて良かった」と感じる可能性もあります。足りないからこそ、できることがあるともいえるわけです。よって、自分の特質は何なのか、それを活かす環境にいるか、ということが重要になります。

ただ、どうしても「もっていない要素」が必要な場合は、パートナーに「その要素をもっている人物」を選びましょう。自分にないところを補ってくれるので、様々なことがスムーズになり、トラブル予防にもなります。

Q アセンダントの解説が当てはまりません

A アセンダントだけが容姿に影響する訳ではありません

出生ホロスコープにおいて、人格形成の主要要素にはアセンダントの星座の他に、太陽と月も強く影響しているといわれています。アセンダントの星座と、太陽星座&月星座のイメージがかけ離れたものだと、アセンダントの示す星座の特徴が出にくくなる傾向があります。

おしゃれなどをして着飾る時には、金星星座の影響が強く現れますし、体型・体格には健康状態を表す6ハウスの惑星や火星が入っているハウスがどこかということも、関係するでしょう。もちろん、基本的なパーソナリティーを表す1ハウスにある惑星も関ってくるので、アセンダントの星座が容姿に当てはまらない場合は、これらの要素も加味してみてくださいね。

Q 反対の意味の惑星が同じハウスにある時は？

A 時と場合によって現れる影響が違います

同じハウスに反対の意味をもつ惑星があるからといって、どちらかの影響が消える、互いに意味を打ち消し合うということはありません。存在している限りは、どちらも影響すると考えてください。両方の意味をもった状態で、影響が出るということです。

例えば１ハウスが蟹座で、そこに木星と土星があるとすれば、家族や親しくつき合っている人にはおおらかですが、それ以外の人には、厳格な態度をとる……と読み解くことができます。

置かれている条件や環境、状況によって、そのどちらかが強く現れたり、弱くなったりすると考えてください。どちらかというと、アスペクトが多い惑星のほうが強く現れる傾向です。

Q 反対の意味のアスペクトをもつ惑星の解釈

A 矛盾していても両方の要素をもちます

両方の要素があると考えてください。そもそも、アスペクトはすべてが同じ意味を指し示すことはめったにありません。矛盾した内容を含むことのほうが多いでしょう。

例えば、金運に恵まれるという意味と、散財しやすいという意味が同時にあったとします。その場合、お金には恵まれるけれど、すぐに使い切ってしまうタイプだということが考えられます。あるいは、持っているお金をすべて使ってしまうものの、すぐに臨時収入に恵まれて、結局困らない、ということも考えられるでしょう。

その矛盾した内容が環境や状況の影響を受けながら、ミックスされる……と考えるとわかりやすいはずです。

Q 特殊なアスペクトを教えてください

A 特殊アスペクトには、グランド・トライン、グランド・クロス、T字スクエア、ヨドなどがあります

一般的に、グランド・トラインをもつ人は、幸運な人生を送ると言われています。それとは逆に、グランド・クロスとT字スクエアは厳しい人生になり、ヨドは不安定になりやすい……と考えられています。特殊アスペクトはまったくない人がいる一方、複数ある人もいます。一概に、数が多ければいい、少なければいいというものでもありません。

また、「厳しいアスペクトをもっている」＝「不幸」というわけでもありません。社長や経営者など、グループのトップにいる人はグランド・クロスやT字スクエアといった、特殊アスペクトをもっている人が多い傾向です。厳しい世界にいる人には、必要なアスペクトといえるかもしれません。

Q 日食や月食は意味がありますか？

A 占法によっては重要視する場合も

古代の人々は、太陽や月が欠けてしまう現象を不吉なこととして扱いました。

これを西洋占星術的に解釈すると、日食は黄道と白道の交点付近で太陽と月がコンジャンクションになること、月食は同じくそれぞれの軌道の交点付近で太陽と月がオポジションになった時に起こる現象、ということができます。

西洋占星術では、黄道と白道の二つの交点をそれぞれドラゴン・ヘッド、ドラゴン・テイルとして意味を持たせることもあります。そのような場合には、さらに特別な意味合いが加わるでしょう。具体的にどのような意味を持つのかは占術家によっても意見の分かれるところで、まだ研究途上と言えそうです。

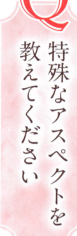

ルネ・ヴァン・ダール研究所《けんきゅうじょ》

1976年、ルネ・ヴァン・ダール・ワタナベが創立した、占いや神秘学、および心の研究所。「世界の占い」を学術的に解析し、新しい心理学の立場から研究。創立以来、人間の幸せのありかたを実践的に追究し続けることを使命としている。著書は『ぐるぐる占星天文暦 2018年〜2030年』(星雲社)、『ラッキーガールをめざせ☆ 女子力アップ心理テスト&うらないBOOK』(PHP研究所)、『タロットダイアリー』(フリースペース) など。PC・スマホサイト、アプリも多数監修。

本文イラスト●フクイサチヨ
本文デザイン●菅野涼子(株式会社説話社) 苅谷涼子
CD-ROM制作●株式会社アールアールジェイ
編集協力●平田摩耶子(株式会社説話社)
編集担当●田丸智子(ナツメ出版企画株式会社)

CD-ROM付《つ》き
いちばんやさしい西洋占星術入門《せいようせんせいじゅつにゅうもん》

2018年3月9日 初版発行

著 者 ルネ・ヴァン・ダール研究所《けんきゅうじょ》
発行者 田村正隆

発行所 株式会社ナツメ社
東京都千代田区神田神保町1-52 ナツメ社ビル1F(〒101-0051)
電話 03-3291-1257(代表) FAX 03-3291-5761
振替 00130-1-58661
制 作 ナツメ出版企画株式会社
東京都千代田区神田神保町1-52 ナツメ社ビル3F(〒101-0051)
電話 03-3295-3921(代表)
印刷所 株式会社リーブルテック

ISBN978-4-8163-6418-1
Printed in Japan
<価格はカバーに表示してあります>
<乱丁・落丁本はお取り替えします>